청소년을 위한

삼국유사

청소년을 위한

삼국유사

일연 지음 ◉ 이상인 옮김

해 저문 깊은 산길에

가도 가도 사방이 막혔네.

송죽松竹 그늘은 그윽하기만 하고

골짜기를 울리는 물소리 더욱 새롭구나.

자고 가려 함은 길을 잃어서가 아니요

스님을 인도하려 함일세.

원컨대 내 청을 들어만 주시고

길손이 누구인지 묻지 마오.

우리 민족의 고대 역사와 문화를 고스란히 담아낸 《삼국유사》가 청소년들에게 다가선다. 귀중한 자료로 평가되고 있음은 누구나 알고 있는 사실이다. 또한 일연 선사가 전란으로 피폐해진 민족의 혼을 일깨우기 위해 붓을 들었다는 것도 그 울림이 자못 깊다. 이 귀한 책을 전문가들뿐만 아니라 청소년들이 즐겨 읽을 수 있다면, 그 가치는 더욱 빛날 것이다. 문학 과목을 공부하기 위해 어렵게 접했던 향가鄕歌보다는 이야기 속에 피어난 아름다운 꽃으로 향가를 음미한다면 얼마나 즐거운 일이랴. 고대 역사와 문화, 문학의 귀중한 자료보다 오랜 역사의 흐름 속에 담긴 이야기로써 접하는 것도 매우 의미 있는 일일 것이다.

《삼국유사》는 고조선을 바탕으로 삼한, 부여, 고구려, 신라로 이어지는 역사를 담고 있다. 고대국가들의 흥망성쇠와 그에 얽힌 설화가 여기에서 꽃처럼 피어난다. 또한 왕들과 관련된 이야기가 마치 거목巨木의 옹이처럼 박혀 있으며, 오랜 역사의 나이테 속에 살다간 조상들의 삶을 담아내고 있다. 또한 이 책에는 불교에 관한 다양한 이야기들도 수록되어 있는데, 불교의 전래와 고승들에 얽힌 이야기, 절과 탑에 전해지는 이야기들이 그러하다. 그밖에도 세상 밖에서 숨어 살던 이들의 이야기나 효성이 지극했던 사람들의 이야기도 담겨 있다.

신화와 설화 속에서 향가는 그야말로 꽃 중의 꽃이리라. 설화와 함께 향가를 감상할 수 있어 그 꽃에 향기를 더한다. 이 이야기를 읽다 보면 어느새 대숲에 이는 바람에 섞여 만파식적의 소리가 들리는가 싶어지고, 귀에 댓잎을 꽂은 군사들의 날쌘 움직임 소리가 들려오기도 한다. 나라를 위해 죽음도 두려워하지 않았던 충신의 이야기와 떠나는 남편을 목놓아 부르짖으며 망부석이 되었다는 애틋한 이야기들은 아직도 그 향기가 짙다. 신물에게 여러 번 잡혀갔다는 수로부인의 아름다움만큼이나 향기롭다.

이 책에서 역사의 향기를 맡으며 조상의 숨결을 느끼는 청소년들을 떠올리는 것도 이야기를 풀어내는 또 하나의 즐거움일 것이다. 그래서 이 책에서는 청소년들이 보다 쉽게 우리 역사에 다가설 수 있도록 했다. 이야기를 중심으로 풀어내면서 간혹 살을 붙여 흥미를 더하기도 했으며, 다소 어렵고 전문적인 부분은 젖혀놓기도 했음을 밝혀둔다. 어려운 단어들은 본문 속에서 풀기도 했으나, 그렇지 못한 것들은 따로 주를 달아 설명했다.

역사적인 사실과 인물의 삶을 통해 그 시대의 문화를 읽어내고 역사의 나이테 속에 살다간 조상들의 숨결을 느끼는 소중한 징검다리가 되었으면 싶다. 아무쪼록 《삼국유사》의 진한 향기가 청소년의 가슴에 깊이 스며들기를 기원하며, 애써주신 출판사 분들께도 아울러 고마움을 전한다.

2008년 늦여름에
이상인

《삼국유사》는 고려 충렬왕 때의 보각국사 일연이 지은 역사서다. 신라·고구려·백제 3국의 유사遺事를 모아 편찬했으나, 그 연대는 정확히 알 수는 없으니 대략 1281~1283년(충렬왕 7~9)으로 추정할 뿐이다. 김부식이 편찬한 《삼국사기三國史記》와 함께 현존하는 고대 사적史籍으로 고대의 사료를 갖추고 있는 귀중한 문헌이다. 《삼국사기》가 정사正史로 사관들에 의해 쓰여 그 체재나 문사가 훌륭하다면, 《삼국유사》는 야사野史로 일연 혼자 쓴 것이라 거기에 따르지 못하는 아쉬움이 있다.

하지만 《삼국유사》에서만 볼 수 있는 많은 고대 자료들이 담겨 있어 그 아쉬움을 털어내기에 충분할 뿐만 아니라 그 가치 또한 높은 역사서다. 육당 최남선은 일찍이 《삼국유사》를 평하여 "《삼국사기》와 《삼국유사》 중에서 하나를 택해야 할 경우를 가정한다면, 나는 서슴지 않고 후자를 택할 것이다"라고 말했다.

특히 고조선에 관한 서술은 대한민국의 반만년 역사를 증명하며, 단군을 국조國祖로 받드는 근거를 제시해주고 있다. 그 밖에도 많은 전설과 신화가 수록되어 있어 설화문학서라고도 불릴 만하며, 특히 향찰로 표기된 〈혜성가〉 등 14수의 신라 향가가 실려 있어 한국 고대 문학사를 실증하는 절대적인 가치를 지니고 있다.

또한 《삼국유사》는 《삼국사기》에서 누락되었던 내용을 보완한 것이면서도, 그것이 가지지 못한 여러 가지 사실들을 전해주는 자료이다. 한반도를 중심으로 생

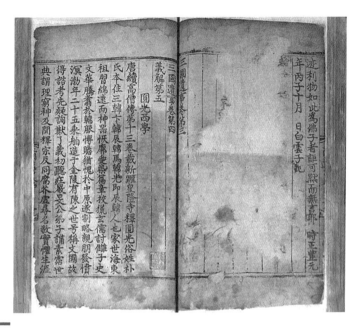

삼국유사 일연이 지은 《삼국유사》는 신화와 설화와 구전전승의 기록이 풍부하게 기록되어 있어 《삼국사기》와 함께 중요한 사적 가치가 있다.

멸滅하며 이어진 우리 민족의 형성 과정을 살필 수 있게 한 점이나, 신라가 삼국을 통일한 후에 당나라의 예속에서 벗어나기 위한 투쟁을 통해 민족의 자주의식을 보여준 점, 《가락국기》를 통해 역사에서 사라진 가락국의 모습을 상세하게 전해주는 점 등이 그러하다.

아무래도 《삼국사기》는 김부식이 만년에 왕명을 받고 찬수한 만큼 그의 유가경험적 의식이 내포될 수밖에 없다. 또한 사료의 취사선택에서도 역사적 사실의 합리성이 기준이 되었기에 신화와 전설, 구전되는 풍부한 기록들이 대부분 무시되었다. 인간 삶의 역사를 유가적 기준에 따라 판단하고 거기에 미달된 것은 가차없이 삭제한 셈이다. 결국 인간의 삶이 보여주는 다양하고 적나라한 모습은 누락될 수밖에 없었다.

하지만 구전되는 이야기야말로 우리의 진정한 삶을 담고 있는 역사가 아닐까 한다. 자연스럽고 적나라한 그래서 웃음이 되기도 하고, 슬픔이 되기도 하는 우리 조상의 이야기야말로 산 역사일 것이다. 아마도 이 점에서 일연은 《삼국유사》를 집필했을 것이다. 이것이 바로 《삼국유사》가 《삼국사기》와 마찬가지로 중요한 사적 가치를 갖고 있는 점이다.

일연은 고려 희종 2년(1206) 6월 경북 경주 장상군에서 태어났다. 일연의 태몽은 특별한데 어머니의 꿈에 태양이 집으로 들어와 어머니의 배를 비추어 3일 후 태기를 느꼈다고 한다. 그래서인지 《삼국유사》 역시 원초성을 벗어나지 않는다.

아홉 살 되던 해 집을 나와 광주 무량사로 들어갔다. 그러나 곧바로 출가하지 않았다. 어느 정도의 교육을 먼저 받은 것으로 보인다. 승려가 된 것은 그의 나이 14세 때로 가지산문의 발원지인 설악산 진전사陳田寺에서 머리를 깎고 승려가 된다. 법명은 견명見明이고 자는 회연晦然으로 지었다.

인각사 **일연 동상** 일연은 고려인이 민족적 자긍심과 정신적 중심을 잃고 방황하는 모습을 안타깝게 여겨 그들에게 민족적 자존심을 심어주고자 《삼국유사》를 저술했다.

그 후 51세에 선사, 54세에 대선사가 된다. 당시는 왕가의 정통성이 일개 무사에 의해 흔들리던 때였다. 즉, 최초로 무인 군사쿠데타가 발발한 시대다. 외적으로는 몽고와의 40여 년 전쟁에 굴복한 시기이기도 하다. 이 당시 불교가 어떤 구실을 했는지는 정확히 파악되지 않기에 안타깝게도 일연을 이해하는 데 다소 어려움이 있다. 다만 왕들의 각별한 존경을 받았을 것이라 추측할 뿐이다.

충렬왕의 간곡한 청에 마지못해 77세 때 국존이 되었다. 그러나 일연은 곧 번잡한 세속에 염증을 느끼고 때마침 병든 노모를 모시고자 낙향을 결심한다. 이에 충렬왕은 그 뜻을 받아들여 그가 머물 인각사를 중축 보수해 주는 등 세심한 배려를 한다. 후에 일연은 노모가 죽자 어머니의 산소를 지켜볼 수 있는 곳에 자신의 부도를 세우는 효성을 보이기도 한다. 일연은 1289년 84세의 나이로 열반에 든다.

일연의 비문에는 《계송잡개》 3권, 《어록》 2권, 《중편조동오위》 2권, 《조도》 2권, 《대장수지록》 3권, 《제승법수》 7권, 《조정사원》 30권, 《선문염송사원》 30권 등의 불교서적이 전하고 있으나 단 《삼국유사》는 빠져 있다. 이는 아마도 당시 사람들이 《삼국유사》를 낮게 평가했기 때문이었을 것이다.

그러나 일연이 《삼국유사》를 저술하게 된 결정적 이유는 40여 년의 긴 몽고와의 전쟁으로 황룡사 구층탑을 비롯하여 엄청난 문화재가 고스란히 소실되고, 지금까지 갖고 있던 고려인의

일연 비문 일연 비문에는 《계송잡개》를 비롯한 여러 불교서적이 열거되어 있으나, 《삼국유사》는 빠져 있다.

일연의 탄생

민족적 자긍심과 정신적 중심을 잃고 방황하는 모습들에 안타까움을 느꼈기 때문이다. 비록 속세를 떠난 신분이었지만 민족적 자존심을 잃어가던 민중들에게 작은 희망이라도 주고자 저술한 것이다.

또한 일연은 《삼국유사》를 통해 백제, 신라, 고구려라는 삼국을 한데 묶어 인간의 삶의 모습을 그리려고 노력했다. 천년을 이어온 신라와 신라를 이어 내려온 고려가 한 뿌리라는 깊은 의식을 갖고 있었던 것이다. 이런 뿌리 깊은 주체적 사고로 책 첫머리에 개국설화인 〈단군신화〉를 싣고 있다. 이렇듯 민간 자료가 상당 부분을 차지하는 것은 일연 자신이 왕실과 가까우면서도 피지배 계층인 민중에게 애정을 갖고 있었음을 알 수 있다.

현재 경북 군위군에 있는 인각사에는 보물 제428호로 지정된 보각국사비普覺國師碑와 보각국사정조지탑普覺國師靜照之塔 등이 남아 있다. 또한 인각사 터는 사적 제374호로도 지정되어 있다.

이 중 보각국사비의 비문은 고려 충렬왕이 민지閔漬에게 명해 지은 명문名文으로 글씨는 왕희지의 유필을 찾아 따라 새긴 것이다. 하지만 임진왜란 때 자획에 균열이 가고, 또 비석 조각 가루를 먹으면 과거에 합격한다는 속설 때문에 사람들이 비석을 갈아 마신 탓에 지금은 형체가 많이 훼손되었다. 다행히 비문의 사본이 오대산 월정사에 보관되어 있다.

❖ 차 례 ❖

제1장 나라를 세우다

제5장 고승들의 뜻을 담다

제6장 비법으로 적을 물리치다

제7장 하늘을 감동시키다

나라를 세우다

널리 인간을 이롭게 하라

평소 인간세상에 관심이 많았던 환인의 서자 환웅은 곧잘 천하를 내려다보았다. 아들의 뜻을 안 환인은 세 봉우리가 솟은 태백산(지금의 묘향산)을 내려다보고, 널리 인간을 이롭게 할 만하다 여기고는 신의 위력을 지닌 천부인天符印 3개를 환웅에게 주면서 그곳을 다스리도록 했다.

그리하여 환웅은 3,000명의 무리를 이끌고 태백산 신단수神壇樹*에 내려와 그곳을 신시라 이름 지었다. 이분이 바로 환웅천왕이다. 환웅은 풍백風伯, 우사雨師, 운사雲師에게 곡식, 수명, 질병, 형벌, 선악 등을 주관하게 하고, 인간의 모든 일 360여 가지를 주관하여 세상을 다스리고 가르쳐 이끌었다.

그때 호랑이와 곰이 한 굴에 살고 있었다. 그들은 매일 환웅에게 사람이 되게 해달라고 빌었다. 이에 환웅은 신비한 쑥 한 줌과 마늘** 20개를 주면서 말했다.

"이것을 먹고 100일 동안 햇빛을 보지 마라.

* 환웅이 처음 내려온 곳이다. 신단수가 정확히 어디냐는 기록마다 차이가 있기에 아직까지 정확하게 파악되지 않았다. 다만 일종의 제사를 지내던 곳이 아니겠냐는 의견이 설득력을 얻고 있다.
** 원본에는 산蒜으로 되어 있다. 이 산에는 마늘을 뜻하는 대산大蒜과 달래를 뜻하는 소산小蒜이 있는데, 마늘은 기원 전후 서역에서 들어왔기 때문에 그 이전에 있었던 소산, 즉 달래로 추측된다.

제1장 나라를 세우다

청동검·청동거울·청동방울 천부인은 청동검·청동거울·청동방울로 알려져 있지만, 이 역시 추측일 뿐 확실하지는 않다. 다만 북한에서 조문 경粗文鏡·팔주령八珠鈴·비파검琵琶劍이 출토된 데에서 비롯된 학설 중 하나다. 이 학설에 근거해서 본다면 천부인은 고조선이 제정일치 사회임을 의미한다.

그러면 곧 사람이 될 수 있을 것이다."

이에 곰은 묵묵히 쑥과 마늘을 먹고 21일이 지나 여자가 되었다. 하지만 호랑이는 금기를 지키지 못해 결국 사람이 되지 못했다.

시간이 지나 인간이 된 웅녀에게 고민이 생겼다. 아무도 웅녀와 혼인해서 살려고 하지 않았다. 그래서 날마다 신단수 아래에서 잉태하기를 빌었다. 이를 불쌍히 여긴 환웅이 잠시 사람으로 변하여 웅녀와 혼인했고, 웅녀는 이내 잉태하여 아들을 낳았다. 바로 단군왕검檀君王儉이다.

단군왕검은 요임금이 즉위한 지 50년에 평양성(서경)에 도읍을 정하고 조선이라고 이름을 지었다. 그리고 백악산 아사달阿斯達로 도읍을 옮겼다. 이곳을 궁홀산弓忽山(방홀산), 또는 금미달이라고도 한다. 단군왕검은 1,500년 동안 나라를 다스렸다.

주나라 무왕이 즉위한 기묘년에 기자를 조선의 제후로 봉했다. 이에 단군은 거처를 황해도 구월산 아래 장당경으로 옮겼다가 후에 아사달에 숨어 산신이 되니, 나이가 1,908세였다. 《위서魏書》에는 이를 이렇게 전한다.

지금부터 2,000년 전에 단군왕검이 있었다. 아사달에 도읍을 정하고 나라를 열어 이름을 조선朝鮮이라 불렀으니, 요임금과 같은 시기였다.

또 당나라 《배구전裴矩傳》에는 다음과 같이 쓰여 있다.

고려는 원래 고죽국(해주海州)이다. 주나라가 기자를 조선에 봉하고, 한나라는 세 군으로 나누어 다스렸으니, 이것이 곧 현토와 낙랑과 대방이다.

북부여

해모수왕

전한 선제 신작 3년 임술년(기원전 59) 4월 8일이었다. 하루는 천제가 다섯 마리 용이 끄는 수레를 타고 흘승골성(대요大遼 의주醫州 근처)에 내려왔다. 그리고 곧 도읍을 정해 왕이라 칭하고, 국호를 북부여라 했다. 또한 스스로 해모수解慕漱라 이름 지었다.

그렇게 시간이 흘러 아들을 낳았는데 이름은 부루夫婁요, 성은 해解였다. 해모수는 나중에 옥황상제의 명으로 동부여로 도읍을 옮겼다. 동명왕이 북부여를 이어 졸본에 도읍을 정하니 졸본부여卒本扶餘, 곧 고구려의 시조다.•

> •북부여를 이끌었던 왕들은 제1대 해모수, 제2대 모수리慕漱離, 제3대 고해사高奚斯, 제4대 고우루高于婁, 제5대 고두막高豆莫, 제6대 고무서高無胥, 제7대 고주몽高朱蒙 등이다.

동부여

해부루, 두꺼비 모양의 금빛 아이를 얻다

북부여 왕 해부루解夫婁의 대신 아란불阿蘭弗*이 어느 날 꿈을 꾸었다. 꿈에 하늘님이 내려와 이렇게 말했다.

"내 자손이 장차 이곳에 나라를 세우고자 하니 너는 이곳을 피하거라. 동해의 가섭원이 토양이 비옥하여 도읍으로 적당하도다."

잠에서 깬 아란불은 꿈이 하도 이상해서 왕에게 알렸다. 이를 들은 왕은 하늘의 뜻이라 여기고, 그의 말에 따라 가섭원으로 도읍을 옮겼다. 그리고 나라 이름을 동부여東夫餘라 정했다.

해부루왕은 늙도록 자식이 없었다. 그래서 산천에 제사를 지내며 후손 얻기를 간절히 빌었다.

그러던 어느 날 왕의 말이 곤연鯤淵에 이르렀을 때였다. 큰 돌을 마주 대한 말이 갑자기 눈물을 흘리는 것이었다. 해부루왕이 이상히 여겨 돌을 들춰보게 했더니, 과연 두꺼비 모양의 금빛 아이가 있었다. 왕이 기뻐하며 말했다.

"이는 분명 하늘이 내게 주신 귀한 자식이리라."

> *동부여의 국상으로 알려져 있다. 언제 태어나 죽었는지는 전해지지 않는다. 다만 하늘의 계시를 받아 수도를 옮기도록 권유했다고 한다.

그리고 아이의 이름을 금와金蛙라 짓고 거두어 길렀다. 금와는 성장해서 태자가 되었는데, 부루가 죽자 자리를 이어 왕이 되었다. 후에 금와는 태자 대소에게 왕위를 물려주었다. 이후 지황 3년 임오년(22)에 고구려 무휼 왕이 대소를 죽이고 나라를 멸망시켰다.●

● 동부여를 이끌었던 왕들은 제1대 해부루와 제2대 금와, 그리고 금와왕의 아들인 대소帶素이다.

고구려

주몽은 하늘의 아들이요,
하백의 손자다

고구려는 졸본부여다. 어떤 사람들은 고구려가 지금의 화
주나 성주에 있었다고 말하지만 이는 모두 잘못된 것이다. 졸본주는 요동의 경계
에 있었다.

국사國史인 《고려본기高麗本紀》*는 이에 대해
이렇게 전한다.

시조 동명성제의 성은 고씨요, 이름은 주몽朱
蒙이다. 먼저 북부여의 왕 해부루는 동부여로
피해 가고, 부루가 죽자 금와가 왕위를 이었다.
그러던 어느 날 금와왕이 태백산 남쪽 우발수

에 갔을 때였다. 그곳에 웬 여인 하나가 있었는데 왕을 본 여자가 말했다.

"저는 하백의 딸 유화柳花라 합니다. 물 밖에서 동생들과 함께 놀고 있었지요. 그
때 한 남자가 오더니 자기는 하늘님의 아들 해모수라 했습니다. 그는 저를 웅신산
熊神山 아래 압록강 근처의 집 안으로 꾀어 남몰래 정을 통하고 가서는 돌아오지 않
았습니다. 그런데 부모님은 제가 중매도 없이 남자를 따라갔다고 꾸짖고 이곳에

제1장 나라를 세우다

가두었습니다."

금와왕은 유화의 말이 너무 신기하고 이상해 성에 데려와 깊은 방에 가두었다. 그러자 희괴한 일이 벌어졌다. 빛이 없는 방에 햇빛이 비춰드는 것이었다. 더욱 신기한 것은 유화가 햇빛을 피해 몸을 움직이면 햇빛이 쫓아와 다시 비추는 것이었다. 이 일이 있은 지 얼마 후 유화는 곧 태기가 있어 크기가 닷 되쯤 되는 알 하나를 낳았다.

이를 본 금와왕은 사람이 알을 낳았으니 상서롭지 못하다며 그것을 개와 돼지에게 던져주라고 명했다. 하지만 어찌 된 영문인지 동물들이 알을 먹지 않았다. 이에 다시 길에다 버렸더니 소와 말이 피해 갔으며, 대신 새와 짐승들이 와서 알을 품는 것이었다. 최후의 방법으로 알을 쪼개려고도 해봤으나 깰 수가 없어 결국 왕은 유화에게 알을 되돌려 주었다.

유화는 알을 천에 싸서 따뜻한 곳에 두었다. 그리고 얼마 뒤 한 아이가 껍질을 깨고 나왔는데, 골격이나 겉모습이 영특하고 기이했다. 나이 일곱에 기골이 또래 아이들보다 뛰어났으며 활 솜씨는 백발백중이었다. 당시 '주몽朱蒙'이란 말은 세상에서 제일 활 잘 쏘는 사람을 일컬었는데, 이를 따서 이름을 지었다.

금와왕에게는 일곱 아들이 있었다. 늘 주몽과 어울려 놀았으나 재주가 주몽보다 못했다. 그러자 주몽을 시기한 큰아들 대소가 왕에게 아뢰었다.

"주몽은 사람에게서 태어나지 않았는데, 어찌 보통 사람들과 같겠습니까? 그러니 일찍 경계하지 않으면 후환이 있을까 두렵습니다."

하지만 왕은 그 말을 듣지 않고 주몽에게 말을 기르게 했다. 한편 이런 상황을 안 주몽은 꾀를 냈다. 좋은 말을 적게 먹여 여위게 길렀고, 둔한 말은 잘 먹여 살찌게 했다. 역시나 금와왕은 살찐 말을 타고 여윈 말은 주몽에게 주었다.

얼마 후 왕의 아들들과 신하들이 주몽을 해치려고 하는 것을 안 유화가 주몽을 불러 말했다.

"사람들이 너를 해치려고 하니 빨리 떠나도록 하라. 네 재주와 지략으로 어디를 가든 못 살겠느냐?"

주몽은 결국 어머니의 말에 따라 측근인 오이烏伊를 비롯한 세 사람과 함께 길을 떠났다. 곧 왕자들과 신하들이 뒤를 쫓았다. 다급해진 주몽이 엄수에 이르러 물을 보며 말했다.

"나는 하늘님의 아들이자 하백의 손자다. 멀리 달아나고자 하는데 뒤쫓는 자들이 다가오니 어쩌면 좋겠는가?"

그러자 물고기와 자라가 다리를 만들어 주었다. 그리고 그들이 무사히 건너자 다리를 풀어 버렸다. 덕분에 그들을 쫓던 기병들은 강을 건널 수가 없었다.

도망친 주몽은 졸본주(현토군과의 경계)에 이르러 도읍을 정했다. 궁을 지을 겨를이 없어 다만 비류수에 띠집을 짓고 살면서 국호를 고구려라 하고, 고를 성씨로 삼았다. 이때 주몽의 나이 열두 살이었다. 한나라 효원제 건소 2년 갑신년(기원전 37)에 즉위하여 비로소 왕이 되었다. 《주림전珠琳傳》 제21권에 이렇게 실려 있다.

옛날 영품리왕의 시비가 임신을 하자, 관상을 보는 자가 점을 쳐 말했다.

"장차 왕이 될 것입니다."

왕은 자신의 아들이 아니니 마땅히 죽여야 한다고 말했다. 그러자 시비가 말했다.

"이상한 기운이 하늘에서 내려와 임신한 것입니다."

드디어 아이를 낳자 왕은 상서롭지 못한 일로 여겨 돼지우리에 내다버리니 돼지가 입김을 불어 보호해 주고, 마구간에 내다버리니 말이 젖을 먹여서 죽지 않게 해주었다. 이 아이가 자라서 마침내 부여의 왕이 되었다.

제1장 나라를 세우다

온조왕의 계통이 동명왕에게서 나오다

신라의 시조 혁거세왕 즉위 19년, 임오년(기원전 39)에 변한 사람들이 항복해 왔다. 《신구당서新舊唐書》에는 변한의 후손들이 낙랑 땅에 있다고 했고, 《후한서後漢書》*에는 남쪽에 변한이, 서쪽에 마한이, 동쪽에 진한이 있다고 했다. 최치원은 변한이 백제라고 말했다. 《삼국사기》〈백제본기百濟本紀〉를 살펴보면 온조왕이 나라를 일으킨 것은 홍가 4년 갑진년(기원전 17)이었으니, 혁거세와 동명왕 시대보다 40여 년 뒤였다. 그런데 《당서唐書》에 변한의 후손들이 낙랑 땅에 있었다고 한 것은 온조왕의 계통이 동명왕에게서 나왔기 때문에 그렇게 말한 것이다.

낙랑에서 태어나 변한에 나라를 세우고, 마한 등과 나란히 섰던 자가 온조왕 전에 있었던 듯 말하나, 도읍이 낙랑 북쪽에 있었던 것은 아니다. 어떤 이는 구룡산을 변나산이라 한 것에 빗대어 고구려를 변한이라 하지만 이는 잘못된 것이다. 마땅히 옛 현인의 말에 따라 바르게 해야 한다. 즉, 백제 땅에도 변산이 있었기에 변한이라 한 것이다.

*송나라 범엽范曄이 저술한 《후한서》는 《신구당서》와 같은 중국 사서로 광무제光武帝부터 헌제獻帝까지 후한後漢의 13대 196년간의 역사를 기록하고 있다. 《후한서》는 중국 사서이지만 고구려, 신라, 백제, 왜 등에 관한 기록도 상당히 남아 있어 우리나라 역사 연구에 큰 도움을 주고 있는 책이기도 하다.

자줏빛 알에서 아름다운 사내아이가 나오다

옛날 진한 땅에는 육촌이 있었다. 첫째는 알천의 양산촌인데 그 남쪽은 지금의 담엄사**嚴寺**다. 촌장은 알평으로, 처음 하늘에서 표암봉에 내려와 급량부 이씨의 조상이 되었다.

둘째는 돌산 고허촌으로 촌장은 소벌도리다. 처음 형산에 내려와 사량부 정씨의 조상이 되었다. 지금의 남산부*로 구량벌, 마등오, 도북, 회덕 등 남촌이 여기에 속한다.

> * 사로육촌 중 하나인 돌산 고허촌의 다른 말이다. 즉, 원래 돌산 고허촌이었던 것을 고려 태조 때 남산부南山部로 개칭한 것이다.

셋째는 무산 대수촌이다. 촌장은 구례마로 처음에 이산(개비산)에 내려와 점량부, 또는 모량부 손씨의 조상이 되었다. 지금은 장복부라 하여 박곡촌 등 서촌이 여기에 속한다.

넷째는 자산의 진지촌이다. 촌장은 지백호로 처음에 화산에 내려와 본피부 최씨의 조상이 되었다. 지금은 통선부라 한다. 시파 등 동남촌이 여기에 속한다. 최치원이 바로 본피부 사람이다. 지금은 황룡사 남쪽 미탄사에 옛터가 있는데, 이것이 마지막 남은 옛집이다.

다섯째는 금산 가리촌(금강산 백율사 북쪽 산)이다. 촌장은 지타로 처음 명활산에 내려와 한기부 배씨의 조상이 되었다. 지금은 가덕부라 한다. 상서지, 하서지, 내아 등의 동촌이 여기에 속한다.

여섯째는 명활산의 고야촌이다. 촌장은 호진이다. 처음에 금강산에 내려와 습비부 설씨의 조상이 되었다. 지금은 임천부라 하고, 물이촌, 잉구미촌, 궐곡 등 동북촌이 여기에 속한다.

여섯 부의 조상들은 모두 하늘에서 내려왔다. 노례왕 9년(32)에 여섯 부의 명칭을 고치고 성씨를 하사했다. 지금 사람들이 말하기를, 중흥부가 어머니가 되고, 장복부가 아버지가 되고, 임천부가 아들이 되고, 가덕군은 딸이 된다고 하나 자세하지 않다.

전한 지절 원년 임자년(기원전 69) 3월 초하루였다. 이 여섯 부족의 시조들은 자제들을 데리고 알천 언덕 위에 모여 의논했다.

"우리에게 임금이 없어 백성을 다스리지 못하는 탓에 백성들이 제멋대로 하고 있소. 그러니 어서 덕 있는 사람을 찾아 임금으로 삼고, 나라를 세워 도읍을 정합시다."

그들은 높은 곳에 올라 남쪽을 바라보았다. 그때 양산 아래 나정蘿井 주변에 이상한 기운이 번개처럼 드리워졌다. 그리고 백마 한 마리가 꿇어앉아 절을 하고 있었다. 그곳을 조사해 보니 자줏빛 알 하나가 있었다. 말은 사람을 보자 길게 울더니 하늘로 올라가 버렸다.

사람들이 알을 쪼개니 단정한 모양의 아름다운 사내아이가 나왔다. 이 광경에 모두 놀라며 이상하게 여겼다. 아이를 동천에 씻어 주었더니, 몸에서는 광채가 나고 새와 짐승들이 따라 춤을 추었다. 그리고 천지가 진동했고, 해와 달이 청명했다. 이에 사람들은 아이를 혁거세라 이름 지어 주었다. 그 후 왕위에 올라서는 거슬감居瑟邯(거서간 居西干)이라 했다.

사람들은 다투어 칭찬하며 말했다.

경주 오릉 신라의 시조인 박혁거세왕과 알영부인, 제2대 남해왕, 제3대 유리왕, 제5대 파사왕의 능으로 알려졌다.

"천자天子가 내려왔으니 마땅히 덕 있는 여군을 찾아 짝을 지어야 합니다."

이 말이 있은 직후, 사량리의 알영정 가에 계룡이 나타났다. 그 용은 신기하게도 왼쪽 갈비에서 여자아이를 낳았다. 여자아이는 얼굴이 매우 고왔으나 입술이 닭의 부리 같았다. 사람들이 월성 북천으로 데리고 가 목욕을 시켰더니 그 부리가 떨어졌다. 이 일로 그 내를 발천이라 불렀다.

사람들은 남산 서쪽 기슭에 궁실을 세우고 성스러운 두 아이를 받들어 길렀다. 남자아이는 알에서 태어났는데, 그 알 모양이 박과 같았다. 당시 마을 사람들은 표주박을 '박朴'이라고 했기에 이를 따 성을 박으로 정했다. 여자아이는 태어난 우물에서 이름을 땄다. 열세 살이 되어 오봉 원년 갑자년(기원전 57)에 사내아이는 왕이 되었고, 여자아이는 왕후가 되었다.

국호를 서라벌徐羅伐 또는 서벌이라 하고, 혹은 사라斯羅, 사로斯盧라고도 했다. 처음 왕이 계정에서 출생한 까닭에 계림국이라 하니, 계룡이 상서로움을 나타냈기

제1장 나라를 세우다

당간지주 경주 오릉 입구의 홍살문을 세운 기둥은 원래 당
간지주幢竿支柱로 이곳에 담엄사가 있었다는 사실을 뒷받침
한다. 담엄사는 《삼국유사》에 나오는 '7처가람(흥륜사, 영묘
사, 영흥사, 황룡사, 분황사, 천왕사, 담엄사)'의 하나다.

때문이다. 일설에는 탈해왕 때 김알지가 태어난 날 밤, 닭이 숲 속에서 울었다 하여 국호를 계림이라 했다고 한다. 후세에 드디어 신라라는 국호를 정했다.

나라를 다스린 지 61년 되던 어느 날 왕은 하늘로 올라갔다. 7일 뒤에 몸만 남아 땅에 흩어져 떨어졌다. 왕후도 역시 왕을 따라 세상을 떠났다 한다. 나라 사람들은 이들을 합장하고자 했으나 큰 뱀이 나타나 막았다. 그러므로 오체五體를 따로 장사 지내어 오릉五陵을 만들었다. 능의 이름을 사릉이라 했고, 담엄사 북쪽 능이 이것이다. 그 후 태자 남해왕이 왕위를 이었다.

남해왕

'차차웅'은 존장을 칭하는 말이다

남해거서간은 차차웅次次雄●을 뜻한다. 이는 존장尊長을 칭하는 말로 오직 남해왕만을 일컫는다. 아버지는 혁거세요, 어머니는 알영부인이며, 왕비는 운제부인이다. 전한 평제 원시 4년 갑자년(4)에 즉위하여 나라를 다스린 지 21년, 즉 지황 4년 갑신년(24)에 죽었다. 이 왕을 세 황제 중 첫째라 한다.

> ●신라는 제23대 법흥왕 전까지 왕을 가리켜 '거서간·차차웅·이사금·마립간' 등 다양한 호칭으로 불렸다. 여기서 차차웅이라는 칭호는 혁거세왕의 장자로 왕위를 이은 남해왕의 칭호로, 이때에만 사용되었다. 차차웅은 '무당'이라는 뜻이다.

《삼국사三國事》를 살펴보면, 신라에서는 왕을 거서간이라 불렀다. 이는 진한의 말로 왕을 뜻하며, 귀인의 칭호로 사용되었다. 다른 말로 차차웅, 또는 자충慈充이라고도 하는데 김대문은 말하기를 "차차웅은 방언으로 무당을 이른다. 세상 사람들은 무당이 귀신을 섬겨 제사를 숭상하기 때문에 두려워하고 공경하여 존장을 자충이라 한다"고 했다. 혹은 이사금尼師今이라고도 하는데, 이는 잇금을 말한 것이다.

잇금이란 말에는 다음과 같은 사연이 있다. 남해왕이 죽은 후 그 아들 노례가 매부인 탈해에게 왕위를 양보했다. 그러자 탈해가 말하기를, "내가 듣기에 성스럽고

제1장 나라를 세우다

지혜로운 사람은 이가 많다고 합니다" 하고 떡을 물어 시험해 보았다고 한다. 잇금이란 말은 여기서 유래한 것이다.

어떤 사람은 임금을 마립간이라 했다. 김대문이 해석하기를, "마립간이란 궐橛을 뜻하는 방언으로, 궐표는 자리에 따라 정하니 왕궐이 주가 되고 신궐은 아래에 벌려 있다. 이로 해서 이름 한 것"이라고 했다.

또 《사론史論》에는 이렇게 말했다. 신라에서 거서간과 차차웅은 한 번이요, 이사금은 열여섯이며, 마립간은 네 번이다. 신라 말 이름 있는 유학자 최치원은 《제왕연대력》(신라 역대 왕력)에서 모두 'ㅇ왕'이라고만 하고, 거서간 등은 말하지 않았다. 아마도 그 말이 비속하여 부르기에 부족하다고 여겼던 것 같다. 하지만 신라의 일을 기록하는 데 방언을 모두 그대로 두는 것이 당연하다. 참고로 신라인은 임금이 죽은 뒤에 갈문왕이라 불렸는데, 자세하지 않다.

남해왕 때 낙랑국* 사람들이 금성을 침범했다가 이기지 못하고 돌아갔다. 또 천봉 5년 무인년(18)에 고구려에 속했던 일곱 나라가 항복해 왔다.

●《삼국사기》에 기록된 낙랑은 두 가지로 나눠진다. 첫째는 37년 이전에 나타난 낙랑이다. 즉, 최씨낙랑국으로 신라의 북쪽에 있었다. 둘째는 37년 이후에 나타난 낙랑국으로, 즉 중국의 낙랑군이다. 고구려 서쪽에 있었다.

노례왕

'잇금'으로 덕을 시험하다

노례이질금*(유리왕儒理王 혹은 유례왕儒禮王)이 막 왕이 되었을 때였다. 노례는 자신보다 지략이 뛰어난 매부 탈해에게 왕위를 양보하려고 했다. 그러자 탈해가 이렇게 말했다.

"옛날 말에 이가 많은 사람이 덕이 있다고 하였으니, 우리 서로 이를 세어 왕을 정하도록 합시다."

이리하여 노례와 탈해는 떡을 물어 살펴보았다. 그 결과 노례가 이가 더 많아 먼저 왕위에 올랐다. 이 때문에 잇금이라 했다. 즉, 이질금이라 부른 것은 노례왕 때 비롯되었다고 할 수 있다.

노례왕은 유성공 경시 원년 계미년(23)에 즉위했으며, 6부의 이름을 고쳐서 정하고 여섯 성姓(이李, 최崔, 손孫, 정鄭, 배裵, 설薛)을 내려 주었다.

이때 처음으로 〈도솔가兜率歌〉를 지었으니 차

● 족장이나 우두머리라는 뜻으로 '이사금'이라고도 한다. 후에는 임금이라는 의미로 확장되었다.

●● 2행시의 단연체형 노래에서 벗어난 노래를 말한다. 여기서 '사뇌'와 '사뇌가'란 말의 해석에는 여러 가지 견해가 있는데, 그 중 대표적인 것은 사뇌를 '10구체의 향가를 일컫는 말로 보는 것과 '향가와 같은 뜻'으로 보는 견해다.

●●● 삼한시대에 지금의 경상북도 청도군 이서면에 있던 것으로 추측되는 소국이다. 이 지역은 대규모 청동기시대 군락이 발달했던 곳으로 이서국 역시 철기문화를 바탕으로 신라에 강력하게 대항했을 것으로 추측된다.

제1장 나라를 세우다

사□詞(후렴구)가 있는 사뇌격詞腦格[*][*]이었다. 또 쟁기와 보습과 얼음을 저장하는 창고와 수레를 만들었으며, 건무 18년(42)에 이서국伊西國[*][*][*]을 쳐서 멸망시켰다. 이 해에 고구려 군사가 쳐들어 왔다.

탈해왕

숫돌과 숯을 묻어 제 집을 삼다

탈해이질금에 대해 다음과 같은 이야기가 전해진다. 남해왕 때의 일이다. 어느 날 가락국의 바다에 배 한 척이 닿았다. 이에 가락국의 수로왕이 신하나 백성들과 함께 북을 두드리며 배를 맞이해 머물게 하고자 했다. 그러나 배는 나는 듯이 계림 동쪽 하서지촌의 아진포로 달아났다. 그때 포구에 아진의선이라는 노파가 살고 있었는데, 혁거세왕에게 고기를 잡아 바치던 어부의 어미였다. 노파가 바다를 바라보며 말했다.

"웬 바위에 까치들이 모여 울꼬?"

노파가 하도 이상해 배를 타고 가 살펴보니 바위가 아니라 배였다. 거기에 까치들이 모여 울고 있었던 것이다.

배에는 길이 20자에, 너비가 13자인 궤 하나가 놓여 있었다. 노파는 일단 배를 끌어다 나무 숲 아래 두었지만, 흉조인지 길조인지 알 수가 없었다. 그래서 하늘에 기도를 하고 조심스레 궤를 여니 궤 안에는 단정히 생긴 사내아이와 일곱 가지 보배, 그리고 노비가 가득 차 있었다. 노파는 예삿일이 아니구나 싶어 7일 동안 극진히 대접하니 그제야 사내아이가 말을 꺼냈다.

"저는 용성국龍城國*의 사람입니다. 우리나라에는 대대로 28명의 용왕이 있어서 만백성들을 가르쳐 성명을 바르게 했습니다. 이 왕들은 모두 사람으로 태어나 대여섯 살부터 왕위에 오르게 되지요. 제 아버지는 함달파왕이고, 어머니는 적녀국의 공주였습니다. 두 분 사이에는 오래도록 자식이 없었지요. 그래서 어머니는 자식을 달라고 7년을 기도한 끝에 커다란 알

● 《삼국유사》에서 말하는 용성국의 용성은 촐라 왕국의 항구도시 나가파티남Nagapattinam을 가리킨다고 볼 수 있다. 타밀어로 나가Naga는 '코브라'를 뜻하지만, 힌두교도에게는 코브라가 용으로 전화되어 숭배 대상이 되었기 때문에 '용'으로도 불리며 파티남pattinam은 '도시'를 뜻해 '나가파티남'은 결국 '용성'을 의미한다. 따라서 철기 생산과 해상 무역으로 번성했던 나가파티남, 즉 용성이 소재했던 촐라 왕국을 용성국으로 지칭한 것으로 보인다.

하나를 낳았습니다. 이에 아버지 함달파왕이 모든 신하들을 모아 묻기를, '사람이 알을 낳는 것은 예나 지금이나 없는 일이니, 이것은 길하지 못하다' 하고, 궤를 만들어 나를 그 속에 넣고 일곱 보배와 노비들을 함께 배 안에 실은 뒤 바다에 띄웠답니다. 그리고 인연 있는 땅에 이르러 나라를 세우고 집안을 이루라고 하셨지요. 그러자 갑자기 붉은 용이 나타나더니 배를 호위해서 이곳에 이르렀습니다."

말을 마친 사내아이는 지팡이를 끌고 노비 둘과 함께 토함산 위에 올랐다. 그리고 돌무덤을 쌓고 7일 동안 머물더니, 성 안을 바라보며 살 만한 곳을 찾았다. 그러다 산봉우리 하나가 눈에 띄었는데 마치 초승달 같았다. 가히 오래 살 만한 지세였다. 이내 내려가 살펴보니 호공瓠公의 집이었다.

아이는 집이 탐이 나 꾀를 냈다. 그 집 곁에다 숫돌과 숯을 몰래 묻어 놓고, 이튿날 아침에 그 집에 가 꾸짖으며 말했다.

"이곳은 우리 조상이 대대로 살던 집이오."

호공은 당연히 그게 무슨 소리냐며 화를 냈다. 결국 둘의 싸움은 결판이 나지 않아 관청에 고하게 되었다. 관리가 아이에게 물었다.

"네 집이라는 것을 어찌 증명하겠느냐?"

"우리 조상은 본래 야장이었소. 잠시 이웃 고을에 간 사이에 다른 사람이 빼앗

토함산에서 바라본 전경과 토함산
정상에 있는 비석 경상북도 경주에
있으며 신라시대에는 동악東嶽이라
했다. 불국사와 석굴암이 있다.

아 살고 있는 것입니다. 땅을 파서 조사해 보면 알 수가 있을 것이오."

아이가 가리킨 곳을 파니 과연 숫돌과 숯이 나왔다. 이리하여 그 집은 사내아이가 차지하게 되었다. 이 사내아이가 바로 탈해이다. 남해왕은 탈해가 지혜가 뛰어난 것을 알고 큰 공주를 아내로 삼게 했는데 바로 아효부인이다.

하루는 탈해가 동악(토함산)에 올라 돌아볼 때였다. 내려오는 길에 목이 말라 하인에게 물을 떠오게 했다. 그런데 하인이 물을 떠 가지고 오던 길에 갈증이 나 몰래 먼저 마시고는 탈해에게 주려고 했다. 하지만 어찌 된 일인지 물 잔이 입에 붙

제1장 나라를 세우다

탈해왕릉비와 탈해왕릉 탈해는 남해왕 5년에 왕의 사위가 되고, 10년에 군국정사軍國政事를 맡았다. 유리왕이 죽자 남해왕의 유언에 따라 왕위를 이어 받았다. 왕에 오른 후 백제를 종종 공격했으나, 일본과는 서로 친하게 지냈다. 65년에 국호를 시림에서 계림鷄林으로 바꾸고 새롭게 관제를 개편했다. 77년에는 가야加耶와 싸워 크게 승리했다.

어 떨어지지 않았다. 이를 안 탈해가 꾸짖자 하인이 맹세했다.

"이제부터 가까운 곳이든 먼 곳이든 감히 먼저 마시지 않겠습니다."

그제야 잔이 입에서 떨어졌다. 이때부터 하인은 탈해에게 복종하여 절대 그를 속이지 않았다. 지금 동악의 요내정遙乃井이라 부르는 우물이 바로 이것이다.

노례왕이 죽자 광무제 중원 2년 정사년(57) 6월에 탈해가 왕위에 올랐다. 그리고 옛날에 남의 집을 내 집이라 하여 빼앗았으므로 성을 석씨昔氏로 했다. 또는 까치 때문에 궤를 열었다 하여 까치 작鵲이라는 글자에서 조鳥 자를 떼고 석씨昔氏로 성을 삼았다고도 한다. 또 궤를 열고 알을 벗기고 나왔다 해서 이름을 탈해라 했다.

탈해가 왕위에 있은 지 23년 만인 건초 4년 기묘년(79)에 죽어서 소천의 언덕에 장사 지냈다. 그 두개골의 둘레가 석 자 두 치이고, 신장은 아홉 자 일곱 치였다고 한나. 이는 엉키어 하나처럼 가지런했는데, 천하에 짝이 없는 역사의 골격이었다. 후에 이것을 부수어 소상塑像을 만들어 대궐 안에 모셔 두었다. 그랬더니 혼령이 나타나 말하기를, "내 뼈를 동악에 안치해 두어라" 해서 그곳에 묻었다.

김알지

신라의 김씨, 알지에서 비롯되다

영평 3년 경신년(60), 탈해왕 때의 일이다. 8월 초나흗날 밤 호공이 월성의 서쪽 마을을 지나고 있었다. 그 때 크고 밝은 빛이 시림始林* 한가운데에서 비치는 것이 보였다. 자줏빛 구름이 하늘에서 땅까지 뻗쳤는데 그 구름 속에 황금 궤가 나뭇가

> * '계림'과 같은 의미로 경주의 옛날 이름이다. 신라 김씨 왕조의 시조인 김알지가 태어날 때 숲속에 닭이 울었다고 하여 붙여진 이름이다.

지에 걸려 있었고, 그 빛은 궤 속에서 나오는 것이었다. 더 이상한 것은 흰 닭이 나무 밑에서 울고 있었다.

놀란 호공은 즉시 탈해왕에게 이 사실을 아뢰었다. 왕은 곧 그 숲에 가 궤를 열어보았다. 그러나 사내아기가 누웠다가 곧 일어났다. 그런데 그 모양이 옛날 혁거세왕이 알에서 태어난 것과 같았다. 그리하여 아이의 이름을 알지閼智라고 지었다. 알지란 우리말로 어린아이를 일컫는다.

탈해왕이 아이를 안고 대궐로 돌아오니 새와 짐승들이 서로 따르면서 기뻐하여 뛰놀고 춤을 추었다. 탈해왕은 길일을 가려 알지를 태자로 책봉했다. 그러나 알지는 뒤에 바사婆娑에게 양보하고 왕위에 오르지 않았다.

경주 계림 이 숲은 첨성대와 월성 사이에 있으며, 김알지가 태어난 곳이라는 전설이 있는 신성한 숲이기도 하다.

　알지는 금 궤짝에서 나왔다 하여 성을 김씨金氏라 했다. 후에 알지는 열한을 낳고 열한은 아도를 낳고, 아도는 수류를 낳고, 수류는 욱부를 낳고, 욱부는 구도를 낳고, 구도는 미추(즉, 알지의 7대손)*를 낳으니 미추가 왕위에 올랐다. 이렇듯 신라의 김씨는 알지에서 시작된 것이다.

●신라 제13대 왕으로 이로써 신라 왕족 계보에 김씨가 등장하게 되었다. 재위 기간 동안 농업을 장려하고 백제를 견제했다. 사후에도 신라를 위해 힘썼다는 전설이 내려오기도 한다.

바다 건너 일본의 왕이 된 신라인

신라 제8대 아달라阿達羅이사금이 즉위한 지 4년 정유년 (157), 동해 바닷가에 연오랑延烏郞과 세오녀細烏女 부부가 살고 있었다. 그러던 어느 날이었다. 연오랑이 바다에 나가 해조를 따고 있는데 갑자기 바위 하나가 나타나 더니 연오랑을 등에 업고 일본으로 가버렸다. 바위를 타고 나타난 연오랑을 본 일본 사람들은 그가 범상한 사람이 아니라며 왕으로 삼았다.

이 사실을 모르는 세오녀는 남편이 돌아오지 않는 것이 이상해 바닷가에 나가 보았다. 그런데 웬 바위 위에 남편의 신만 있는 게 아닌가. 이를 본 세오녀는 그 바위 위에 올라갔다. 그러자 바위가 세오녀 또한 연오랑처럼 일본으로 데려갔다. 일본 사람들은 또 놀라고 이상히 여겨 왕에게 이 사실을 아뢰었다. 이리하여 부부가 서로 만나게 되니, 연오랑은 그녀를 귀비貴妃로 삼았다.

그런데 연오랑과 세오녀가 일본으로 간 뒤 신라에는 이상한 일이 벌어졌다. 해와 달이 빛을 잃은 것이다. 일관日官*이 왕에게 아뢰었다.

"신라에 있던 해와 달의 정기가 일본으로 가

● 천체의 움직임을 보고 길흉을 점치는 일을 맡은 관직으로 주로 왕의 측근에서 앞일을 점쳐 알리는 일을 했다.

버렸기 때문에 이러한 괴이한 일이 생기는 것입니다."

왕이 사자를 보내서 두 사람을 찾으니 연오랑이 말했다.

"내가 이 나라에 온 것은 하늘이 시킨 일인데 어찌 돌아갈 수가 있겠는가? 대신 왕비가 손수 짠 고운 비단이 있으니 이것으로 하늘에 제사를 드리면 될 것이다."

사자가 돌아와서 이 사실을 보고하고 연오랑의 말대로 비단을 가지고 하늘에 제사를 드렸다. 그런 뒤에야 해와 달의 정기가 원래대로 돌아왔다. 이에 그 비단을 임금의 창고에 간수하고 국보로 삼으니 그 창고를 귀비고貴妃庫라 한다. 또 하늘에 제사 지낸 곳을 영일현迎日懸, 또는 도기야都祈野라 한다.

미추왕과 죽엽군

귀에 댓잎을 꽂은 군사들이 신라를 지키다

제13대 미추이질금(미추왕)은 김알지의 7대손이다. 대대로 빛나는 집안의 전통을 잇고, 또 성스러운 덕이 있었다. 첨해의 뒤를 이어 왕위에 올랐다. 왕위에 오른 지 23년 만에 죽었으며 능은 흥륜사 동쪽에 있다.

제14대 유리왕 때의 일이다. 이서국 사람들이 금성을 공격해 왔다. 이에 신라도 군사를 크게 일으켜 막았으나 오랫동안 대항하기에는 역부족이었다. 그런데 그때 갑자기 이상한 군사가 와서 신라를 도우니, 그 군사는 하나같이 귀에 댓잎을 꽂고 있었다. 어찌 되었든 이들이 신라 군사를 도와 이서국을 격파하게 되었다. 그리고 승리 후 홀연히 그 군사들도 사라졌는데, 어디로 갔는지는 아무도 알 수가 없었다. 다만 댓잎이 미추왕의 능 앞에 쌓여 있을 뿐이었다. 이에 사람들은 선왕이 넌지시 도와 나라에 공을 세웠다는 것을 알았다. 이리하여 미추왕릉을 죽현릉竹現陵이라고 부르게 되었다.

한번은 이런 일도 있었다. 제37대 혜공왕 대력 14년 기미년(779) 4월이었다. 김유신의 무덤에서 갑자기 회오리바람이 일었다. 그런데 그 속에 장군 하나가 준마를 타고 있었으니, 바로 김유신이었다. 그리고 그를 따라 군사 40여 명이 갑옷을

미추왕릉 죽현릉 또는 죽장릉竹長陵이라고도 하는데, 모두 대나무잎을 귀에 꽂은 죽엽군竹葉軍이 나와 외적을 막았다고 한데서 유래했다. 경상북도 경주시 황남리 고분군에 있다.

입고 무기를 든 채 죽현릉으로 들어가는 게 아닌가. 이내 능 속에서 진동하는 듯, 곡을 하며 우는 듯, 혹은 하소연하는 듯한 소리가 들렸다.

"신은 평생 혼란한 시국을 구제하고 삼국을 통일한 공이 있습니다. 그리고 혼백이 되어서도 나라를 보호하여 재앙을 제거하고 환난을 구제하는 마음은 잠시도 변함이 없습니다. 하온데 지난 경술년에 신의 자손이 죄 없이 죽임을 당하였으니, 이것은 임금과 신하들이 나의 공렬功烈을 생각지 않은 것입니다. 신은 차라리 먼 곳으로 가서 다시는 나라를 위해서 힘쓰지 않을까 합니다. 바라옵건대 왕께서는 허락해 주십시오."

이에 미추왕은 대답했다.

"나와 공이 이 나라를 보호하지 않는다면 저 백성들을 어떻게 할 것인가. 그러니 공은 전과 같이 힘쓰도록 하오."

유신이 세 번이나 청해도 미추왕은 세 번 다 허락하지 않았다. 이에 회오리바람

제1장 나라를 세우다

은 돌아가고 말았다.

혜공왕이 이 소식을 듣고 두려워하여 대신 김경신을 김유신의 능에 보내 잘못을 인정하고 용서를 빌었다. 그리고 공덕보전 30결을 취선사鷲仙寺에 하사하여 김유신의 명복을 빌게 했다. 취선사는 평양을 토벌한 김유신의 복을 빌기 위해 세운 절이었다.

이때 미추왕의 혼령이 아니었다면 김유신의 노여움을 막지는 못했을 것이다. 이리하여 나라 사람들이 그 덕에 감사하고자 삼산三山●과 함께 제사 지내어 미추왕의 대접에 조금도 소홀히 하지 않으며, 그 서열을 오릉의 위에 두어 대묘라 불렀다.

●신라에서 가장 크게 제사를 지내던 세 곳으로 경주의 나림산, 영천의 골화산, 청도의 혈례산을 뜻한다.

내물왕과 김제상

나는 계림의 신하이지 왜의 신하가 아니다

　　제17대 내물왕柰勿王(나밀왕那密王)이 즉위한 지 36년 경인년 (390)이었다. 왜왕이 사신을 보내 말했다.

　"저희 왜왕께서 대왕이 신성하다는 말을 듣고 신 등을 보내 백제를 견제코자 화친하기를 원하십니다. 원컨대 대왕께서는 왕자 한 분을 보내시어 저희 왕께 성심을 표해 주십시오."

　이에 왕은 열 살 난 셋째아들 미해를 보냈으나, 아직 어려 말이나 행동이 미숙했다. 그래서 내신 박사람을 부사로 딸려 보냈다. 그 후 왜왕은 미해를 30년 동안이나 붙잡아두고 돌려보내지 않았다.

　내물왕의 뒤를 이어 눌지왕이 즉위한 지 3년인 기미년(419)에 이번에는 고구려 장수왕이 사신을 보내 말했다.

　"저희 임금께서 대왕의 아우인 보해왕자가 지혜와 재주가 뛰어나다는 말을 듣고 서로 친하게 지내기 위해 특별히 소신을 보내 간청하는 것입니다."

　눌지왕은 그렇지 않아도 호시탐탐 국경을 침범하던 고구려와의 화친을 바라던 차에 이를 듣고 매우 기뻐했다. 그리하여 기꺼이 아우 보해를 내신 김무알과 함께

내물왕릉 흘해왕의 뒤를 이어 왕위를 물려받았으며, 이때부터 김씨가 왕위를 세습하고, '마립간'이라는 칭호를 사용하기 시작했다. 현재 경상북도 경주시 교동에 있다.

고구려로 가게 했다. 하지만 장수왕 역시 왜왕이 그랬던 것처럼 그들을 억류한 채 돌려보내지 않았다.

시간이 지나 눌지왕이 즉위한 지 10년이 된 을축년(425)에 왕은 친히 성대하게 잔치를 베풀었다. 신하들과 호걸들에게 세 순배(술잔을 차례대로 돌리는 것)가 돌고, 음악이 울려 퍼질 때였다. 왕이 눈물을 흘리며 여러 신하들에게 말했다.

"지난 날 내 아버님께서 백성의 일에 성심을 다한 까닭으로 사랑하는 아들을 멀리 왜까지 보내셨소. 그러나 끝내 만나 보지 못한 채 돌아가시고 말았소. 또 내가 왕위에 올랐을 때는 이웃 나라의 군사가 몹시 강성하여 전쟁이 그칠 새가 없었소. 마침 고구려가 화친하자고 해 내 그 말을 믿고 아우를 보냈는데, 고구려 또한 억류해 돌려보내지 않는구려. 부귀를 누린다지만 하루도 눈물을 흘리지 않은 적이 없소. 만일 두 아우를 만나 함께 아버님 사당에서 뵙게 된다면 온 나라 사람들에게 은혜를 갚을 것이니, 누가 능히 이 계교를 이룰 수 있겠소?"

그러자 모든 신하들이 입을 모아 아뢰었다.

"쉽지 않은 일이옵니다. 반드시 지혜와 용맹을 겸한 자라야 될 것이온데, 신 등의 생각으로는 삽라군 태수 제상이 제격일 듯합니다."

이에 곧 왕은 제상을 불러 물었다. 제상은 두 번 절하고 대답했다.

"신이 듣기로는 임금에게 근심이 있으면 신하가 욕을 당하고, 임금이 욕을 당하면 신하는 죽는다고 하였습니다. 어렵고 쉬운 일을 따져서 행한다면 충성스럽지 못한 것이고, 죽고 사는 것을 헤아려 움직인다면 용맹이 없는 것이옵니다. 그러니 신이 비록 어리석으나 왕명을 받아 행하겠나이다."

고구려 장수왕 때의 영토 장수왕의 남하정책으로 고구려는 대외적으로 영토를 확장하게 되어 5세기경에는 동북아시아에서 주도적인 위치를 차지하게 된다. 이에 신라는 고구려를 견제해야만 했다.

왕은 가상히 여겨 제상과 술잔을 나누어 마시고는 손을 잡아 작별했다. 제상은 왕명을 받자 곧 북쪽 바닷길로 향하여 변장을 하고 고구려에 들어갔다. 그리고 보해에게 몰래 가 함께 달아날 날짜를 약속했다. 제상이 먼저 5월 15일 고성 포구에 배를 대고 기다리기로 했다.

약속한 날이 가까워지자 보해왕자는 아프다는 핑계를 대고 며칠 동안 조회에 나가지 않았다. 그리고 밤중에 도망해 고성 바닷가에 이르렀다. 고구려왕이 이를 알고 수십 명의 군사로 쫓게 하니 고성에 이르러 그들을 따라잡을 수 있었다. 하지만 보해는 고구려에 있을 때 좌우 사람들에게 늘 은혜를 베풀었다. 그리하여 쫓아 온 군사들이 모두 그를 불쌍히 여겨 화살 촉을 뽑아 쏘았기에 보해는 무사히 돌아 올 수가 있었다.

눌지왕은 제상과 함께 무사히 돌아온 보해를 만나자 왜에 있는 미해를 생각하 는 마음이 더욱 간절해졌다. 그래서 기쁨과 슬픔으로 한없이 눈물을 흘리면서 좌 우 사람들에게 말했다.

"한 몸에 팔이 하나요, 얼굴에 한쪽 눈만 있는 것 같으니, 내 하나는 얻었으나 하 나는 잃은 그대로요. 그러나 어찌 마음이 아프지 않겠소?"

이에 제상이 말을 탄 채 공손히 하직하고는 곧바로 율포 갯가로 향했다. 집에 들 르지도 않은 채였다. 아내는 이 소식을 듣고 말을 달려 율포까지 쫓아갔지만 남편 은 이미 배에 오른 뒤였다. 간곡한 아내의 부름에도 다만 손을 흔들어 보인 채 제 상은 배를 멈추지 않고 왜로 떠났다.

이윽고 배가 왜에 닿고, 제상은 왜왕의 의심을 풀기 위해 거짓말을 하기로 했다.

"신라의 왕이 죄 없는 부형을 죽였습니다. 저만 겨우 살아서 여기로 도망쳐 온 것입니다."

왜왕은 이 말을 믿고 제상에게 집을 주어 편안히 거처하게 했다. 제상은 자주 미 해와 함께 바다에 가 시간을 보내기도 했다. 그리고 물고기와 새를 잡아 왜왕에게 바치니, 왜왕은 기쁜 마음에 조금도 그를 의심하지 않았다.

어느 날 안개가 자욱하게 낀 새벽이었다. 제상이 미해에게 말했다.

"오늘이야말로 떠나시기에 적기입니다."

"그럼 제상도 나와 같이 떠납시다."

그러자 제상이 고개를 가로저으며 말했다.

"아닙니다. 신이 함께 떠난다면 왜인들이 알고 뒤를 쫓을 것입니다. 원컨대 신 은 여기에 남아 그들을 막고자 합니다."

"나는 그대를 아버지와 형처럼 여기고 있소. 어찌 그대를 버려두고 혼자 돌아간 단 말이오?"

"그저 신은 왕자님을 구해 대왕의 마음을 위로해 드리는 것으로 만족할 뿐입니 다. 어찌 살기를 바라겠습니까?"

끝까지 함께 가기를 거절한 제상은 마지막 술을 미해에게 바치고 때마침 왜에 와 있던 신라인 강구려에게 그를 호송하게 했다. 미해를 떠나보내고, 제상은 이튿 날 아침까지 미해의 방에 들어가 있었다. 미해를 모시는 자들이 방에 들어가려 하 자 제상이 나와 말리며 말했다.

"어제 사냥으로 몹시 피곤하셨는지 아직 일어나지 못하셨소."

그러나 저녁때가 되어도 기척이 없자 이를 이상히 여긴 자들이 재차 미해의 안 부를 물었다. 이윽고 제상이 대답했다.

"미해공은 이미 떠난 지 오래 되었소."

이 소식을 들은 왜왕이 급히 기병을 보내 쫓게 하였으나 미해는 이미 사라진 후 였다. 화가 난 왕이 제상을 가두고 물었다.

"너는 어찌 네 나라 왕자를 몰래 돌려보냈느냐?"

"나는 신라의 신하이지 왜의 신하가 아니오. 우리 임금의 소원을 이루어 드렸을 뿐인데 그대에게 이 일을 말해 무엇 하겠소?"

왜왕은 노하여 말했다.

"이미 내 신하가 된 네가 신라의 신하라고 말 한단 말이냐? 그렇다면 오형五刑*으로 다스릴 것이다. 만일 왜의 신하라고 말한다면 너에게 후한 녹을 상으로 내릴 것이다."

●중국에서 죄인에게 행하던 다섯 가지 형벌 로 묵형墨刑, 의형劓刑, 비형剕刑, 궁형宮刑, 대벽大辟을 뜻한다. 즉 먹물로 얼굴에 글씨 새기기, 코 베기, 발뒤꿈치 베기, 거세, 목 베기를 말한다.

그러자 제상이 대답했다.

"내 차라리 신라의 개나 돼지가 될지언정 왜의 신하가 되지는 않겠다. 차라리

제1장 나라를 세우다

은을암 새乙가 숨은隱 바위巖라는 뜻으로, 신라의 충신 김제상과 그의 부인에 관한 전설이 전해온다. 사람들이 이들의 넋을 달래기 위해 은을암隱乙巖 앞에 절을 세우고 은을암隱乙庵이라고 이름 붙였다.

신라의 형벌을 받을지언정 왜의 벼슬과 녹을 받지는 않을 것이다."

노한 왜왕은 제상의 발 가죽을 벗기고 갈대를 베어 그 위를 걷게 했다. 그리고 다시 물었다.

"너는 어느 나라의 신하냐?"

"신라의 신하다."

왜왕은 다시 쇠를 달구어 놓고 그 위에 제상을 세워놓고 물었다.

"어느 나라 신하냐?"

"신라의 신하다."

왜왕은 그를 굴복시키지 못한 채 목도木島에서 불태워 죽였다.

한편 미해는 바다를 건너 무사히 돌아왔다. 그는 먼저 강구려를 시켜 나라 안에

울산에 있는 망부석 망부석은 아내가 남편을 기다리다가 이내 바위가 되었다는 뜻을 담고 있다. '망부석望夫石'이라는 글씨가 바위 전면에 세로로 새겨져 있다.

사실을 알렸다. 놀란 눌지왕은 기뻐하며 백관들에게 명하여 미해를 굴헐역屈歇驛(지금의 울산 근처로 추정)에 나가 맞도록 했다. 그리고 왕은 아우 보해와 함께 남교에 나가 친히 미해를 맞아 대궐로 돌아왔다. 또한 잔치를 베풀었고, 대사령을 내려 죄수를 풀어 주었다. 또 제상의 아내는 국대부인에 봉하고, 그의 딸은 미해공의 부인으로 삼았다.

사람들은 제상의 충절을 중국 한나라의 주가周苛와 비교하며 말했다.

"옛날 한나라 신하 주가가 형양 땅에서 초나라 군사에게 포로가 된 일이 있었

제1장 나라를 세우다

다. 이때 초왕이 주가를 보고 말하기를, '네가 만일 내 신하 노릇을 한다면 만호후에 봉하겠다'고 했다. 그러자 주가는 초왕을 꾸짖고 굴복하지 않아 그에게 죽임을 당했다. 그런데 이번 제상의 충렬이 주가 못지않다."

처음 제상이 신라를 떠날 때, 부인은 남편의 뒤를 쫓았으나 따르지 못하고 망덕사 문 남쪽 모래밭에 주저앉아 울부짖었다. 이런 일로 그 모래밭을 장사長沙라고 불렀다. 친척 둘이 부인을 부축하여 돌아오려고 하였으나 부인은 다리를 뻗은 채 일어서지 않았다. 그래서 그곳을 벌지지伐知旨라고도 한다.

오랜 뒤에도 부인은 남편을 사모하는 마음을 이기지 못해 세 딸을 데리고 치술령에 올라 왜를 바라보며 통곡하다가 죽고 말았다. 그래서 그를 치술신모鵄述神母라고 하는데, 지금도 제사 지내는 사당이 남아 있다.

거문고의 갑을 쏘라

제21대 소지왕炤知王(비처왕毗處王)이 즉위한 지 10년째인 무진년(488)에 있었던 일이다. 하루는 왕이 천천정으로 행차했다. 그때 까마귀와 쥐가 와 울었다. 그런데 쥐가 사람 말을 하는 게 아닌가.

"이 까마귀가 가는 곳을 따라가 보시오."

범상치 않은 일에 왕은 기병에게 까마귀를 뒤쫓게 했다. 기병이 까마귀를 따라 경주 남산 동쪽 기슭에 있는 피촌避村에 이르니 돼지 두 마리가 싸우고 있었다. 기병은 그만 거기에 정신이 팔려 까마귀를 놓치고 말았다. 그래서 하는 수 없이 길에서 서성거리고 있는데, 웬 노인이 연못에서 나와 편지를 주는 것이었다. 편지 겉봉에는 이렇게 적혀 있었다.

"편지를 보면 둘이 죽을 것이고, 보지 않으면 하나가 죽을 것이다."

기병은 급히 돌아와 왕에게 편지를 바쳤다.

"두 사람을 죽게 하느니 차라리 보지 않고 한 사람만 죽는 게 낫지 않겠는가."

그러자 옆에 있던 일관이 아뢰었다.

"두 사람은 백성을 말함이요, 한 사람은 바로 왕을 말하는 것입니다."

서출지 서출지는 "못에서 글이 나와 궁중의 간계를 막았다"는 뜻으로, 이때부터 까마귀에게 제삿밥을 주는 풍속이 생겼다.

왕은 그 말에 일리가 있다 하고 편지를 보았다. 거기에는 '거문고의 갑을 쏘라'고 적혀 있었다. 왕은 곧 궁으로 들어가 거문고의 갑을 쏘았다. 그랬더니 웬 사람의 비명소리가 나는 게 아닌가. 그래서 놀라 열어보니 그 안에 내전에서 분향 수도하던 승려가 왕비와 은밀히 정을 통하고 있었다. 이에 두 사람은 참형을 당했다.

그 뒤 나라 풍속에 해마다 정월 첫째 돼지날(해일亥日)과 첫째 쥐날(자일子日), 그리고 첫째 말날(오일午日)에는 매사 조심하고, 출입을 함부로 하지 않았다. 그리고 정월 보름날(15일)을 까마귀 제삿날(오기일烏忌日)이라 하여 찰밥을 지어 제사 지내는 풍속도 여기서 유래되었다. 이것을 달도怛忉라고도 하니, 슬퍼하고 근심해서 온갖 일을 금하고 꺼린다는 뜻이다. 또 노인이 나온 못을 서출지書出池라 했다.

지증왕

왕후 간택과 우릉도 정벌

영원 2년 경진년(500)에 즉위한 신라 제22대 지증왕智證王 (지철로왕)의 성은 김씨이고, 이름은 '지대로'이다. 또는 '지도로'라고 하며 시호는 지증이다. 시호를 쓰는 것과 왕을 마립간이라 한 것은 이 지증왕부터다.

지증왕은 좀처럼 배필을 구하기가 어려워 전국에 사자를 보내 찾았다. 사자가 모량부의 동노수 밑에 이르렀을 때였다. 개 두 마리가 북만 한 똥 덩어리 양 끝을 물고 싸우고 있었다. 사자는 마을 사람을 찾아 누가 눈 똥인지를 물었다. 그러자 한 소녀가 말했다.

"모량부 상공의 따님이 여기서 빨래를 하다가 숲속에서 몰래 눈 것입니다."

사자는 그 말에 기뻐하며 곧 그 집을 찾아가 여자를 살펴보았다. 키가 7척 5촌 이나 되었다. 사실을 왕에게 아뢰자 왕은 수레를 보내 여자를 궁중으로 맞아들였 다. 그리고 황후에 봉하니 여러 신하들이 모두 기뻐했다.

지증왕에 관한 이야기 중 유명한 이야기가 또 있다. 바로 우릉도(지금의 울릉도) 정 벌에 관한 것이다. 당시 아슬라주阿瑟羅州(명주, 지금의 강릉) 동쪽 바다에는 배로 이틀 이면 가는 곳에 우릉도라는 섬이 있었다. 섬의 둘레가 2만 6,730보나 되었는데,

제1장 나라를 세우다

섬의 오랑캐들은 바다의 깊은 수심을 믿고 교만하여 신라에 조공을 바치지 않았다. 그리하여 왕은 아찬 박이종에게 명을 내려서 군사를 거느리고 공격하게 했다. 이종은 익숙지 않은 바다에서는 승산이 없다는 생각에 꾀를 냈다. 나무 사자를 만들어 큰 배에 싣고는 섬을 위협하기로 한 것이다.

"너희가 만일 항복하지 않는다면 이 짐승을 풀어 놓을 것이다."

그러자 오랑캐들은 두려워 항복했다. 이에 왕은 박이종을 아슬라주의 우두머리로 삼아 상을 내렸다.

진지왕의 혼이 아들을 낳고,
아들은 귀신을 부리다

　　　　　　　제25대 사륜왕舍輪王의 시호는 진지왕이다. 성은 김씨요, 왕비는 기오공의 딸 지도부인이다. 대건 8년 병신년(576)에 즉위했다. 하지만 나라를 다스린 지 4년째 되는 해에 정사를 어지럽히고, 술과 여자에 빠져 국고를 탕진하기만 해서 결국 폐위당했다.

　이런 사륜왕인 만큼 여자와 관련된 이야기가 전해지는데, 다음의 이야기가 그러하다.

　사량부沙梁部에 도화랑桃花娘이라는 아름다운 여인이 살고 있었다. 한창 주색에 빠진 왕이 이 소문을 듣고 가만히 있을 리 없었다. 왕은 그녀를 궁중으로 불러 들여 욕심을 채우려 했다. 그러자 도화랑이 말했다.

　"두 남편을 섬기지 않는 것이 여자의 도리입니다. 비록 황제의 위엄으로도 빼앗지 못할 것입니다."

　"죽인다면 어쩔 것이냐?"

　"차라리 거리에서 죽여 주십시오. 다른 것은 원치 않습니다."

　그러자 왕은 희롱하며 말했다.

"남편이 없다면 되겠느냐?"

"될 수 있나이다."

왕은 그 말에 도화랑을 돌려보냈다.

바로 이 해 왕은 폐위되고 죽었다. 그리고 2년이 지나자 도화랑의 남편도 죽었다. 남편이 죽은 지 열흘이 지난 밤이었다. 갑자기 진지왕이 생전과 같은 모습으로 그녀의 방에 들어와 말했다.

"이제 남편이 없으니 되겠느냐?"

도화랑은 경솔히 대답할 수가 없어 먼저 부모에게 알렸다. 그러자 부모는 임금의 명을 피할 수 없다며 딸을 방에 들어가게 했다. 그로부터 왕은 일주일을 머물렀다. 왕이 머무는 동안 오색구름이 항상 지붕을 감쌌고, 방 안에 향기가 가득했다. 일주일이 지나자 홀연히 왕은 사라지고, 여자는 태기가 있었다. 달이 차서 아이를 낳으려 하자 천지가 진동했다. 사내아이를 낳았는데 이름을 비형鼻荊이라 했다.

이때 나라를 다스리던 진평왕眞平王은 이상한 소문을 듣고 아이를 거두어 궁중에서 길렀다. 비형의 나이 열다섯 살이 되어 집사 벼슬을 주었으나, 밤만 되면 멀리 도망해서 놀았다.

그리하여 왕은 용맹스런 군사 50명에게 비형을 지키게 했다. 알고 보니 비형은 매일 월성을 넘어 서쪽 황천 언덕 위에서 귀신들을 이끌고 놀았다. 군사들이 숲속에 엎드려 엿보았더니 귀신들이 절의 새벽 종소리를 듣고는 흩어졌고, 그러면 비형도 돌아오는 것이었다. 군사들은 이 사실을 왕에게 아뢰었다. 왕은 비형을 불러 물었다.

"네가 귀신을 데리고 논다는 것이 사실이더냐?"

"그렇습니다."

"그러면 네가 그 귀신 무리를 데리고 신원사 북쪽 개천에 다리를 놓도록 하라."

명을 받은 비형은 하룻밤 새 귀신들을 시켜 큰 다리를 놓았다. 그리하여 다리 이름을 귀교鬼橋라 했다. 왕은 또 물었다.

"그 귀신들 중에 나타나 정사를 도울 자가 있느냐?"

그러자 비형이 대답했다.

"길달이라는 자가 좋을 듯싶습니다."

"데리고 오도록 하라."

다음날 비형이 데려오니 왕은 길달에게 집사 벼슬을 내렸다. 길달은 충직하기가 이를 데 없었다. 때마침 각간角干* 임종에게 자식이 없었는데 왕은 길달을 아들로 삼게 했다. 임종은 길달에게 명하여 흥륜사 남쪽 문루를 세웠다. 그리고 매일 밤 그 문 위에서 자도록 했다. 그리하여 그 문루를 길달문이라 했다.

* 신라 17관등 중 최고의 관직으로 자색 관복을 입었다. 다른 명칭으로 이벌찬伊伐飡·이벌간伊伐干·우벌찬于伐飡·각찬角粲·서불한舒弗 등이 있다. 처음에는 주다酒多라고 했다. 신라 중대中代에는 각간 위에 대각간大角干·태대각간太大角干 등의 상위 관등을 더 두기도 했다.

그러던 어느 날 정사에 질린 길달이 여우로 변해 도망쳤다. 그러자 비형은 귀신의 무리를 시켜 길달을 잡아 죽였다. 이 때문에 귀신들은 비형의 이름만 들어도 두려워 도망치게 되었다. 이에 사람들은 글을 지어 말했다.

임금의 혼이 아들을 낳으니
비형의 집이 여기로다.
날고뛰는 모든 귀신의 무리여
이곳에 행여 머물지 마라.

이때부터 사람들은 이 글을 써 붙여 귀신을 물리쳤다.

천사옥대

신라의 세 보물이 나라를 지키다

신라 제26대 진평왕은 키가 11척이나 되는 거구였다. 왕이 내제석궁(천주사)에 행차할 때 섬돌을 밟자 돌 세 개가 함께 부서질 정도였다. 왕은 좌우 사람들에게 말했다.

"이 돌을 옮기지 말고 후세 사람들이 보도록 하라."

이것이 지금도 성 안에 움직이지 않는 돌 다섯 개 중 하나다.

왕이 즉위한 지 첫 해였다. 하늘에서 천사가 궁전의 뜰에 내려와 왕에게 말했다.

"옥황상제께서 이 옥대를 전하라고 하셨습니다."

이에 왕은 예를 갖추어 친히 그 천사옥대天賜玉帶를 받들었다. 그리고 하늘과 조상에 제사 지낼 때마다 항상 허리에 매었다.

그 후 고구려왕이 신라를 치고자 신하들에게 말했다.

"신라에 세 보물이 있어 침범하지 못한다 하니 그게 무엇이냐?"

"황룡사의 장륙존상이 그 첫째요, 그 절 구층탑이 둘째요, 진평왕의 천사옥대가 셋째입니다."

이 말을 들은 왕은 신라를 공격할 계획을 중지했다. 이에 사람들은 시를 지어 칭

진평왕릉 한 나라 왕의 무덤이라고 하기에는 초라하게도 주변에 아무런 시설 없이 평야 가운데 덩그마니 놓여 있다. 진평왕은 재위 기간 내내 고구려·백제와 전쟁을 치렀고, 중국 수·진·당나라와의 외교에 힘썼다. 또한 진평왕은 〈서동요〉에 나오는 선화공주의 아버지이기도 하다.

송하며 말했다.

> 구름 밖 하늘이 주신 긴 옥대
>
> 임금의 곤룡포에 알맞게 둘러 있네.
>
> 우리 임금 이제부터 몸 더욱 무거워
>
> 다음날에는 쇠로 섬돌을 만들 것이네.

제1장 나라를 세우다

선덕여왕이 세 가지 일을 미리 알다

진평왕에게는 아들이 없어 딸이 왕위를 계승하니 신라 첫 여왕인 제27대 덕만德曼이 바로 그이다. 시호는 선덕여왕善德女王으로 성은 김씨이다. 정관 6년 임진년(632)에 즉위하여 나라를 다스린 지 16년 동안 세 가지 일을 예고하였는데, 신하들이 여왕의 선견지명에 탄복하여 충성을 다했다.

한번은 당나라 태종이 붉은빛, 자줏빛, 흰빛으로 모란을 그려 그 씨 석 되를 보낸 일이 있었다. 여왕은 그림 속의 꽃을 보고 말했다.

"이 꽃은 향기가 없겠구나."

신하들은 여왕의 말에 영문을 몰라 수군거렸지만 선덕여왕은 아랑곳하지 않고 씨를 뜰에 심도록 했다. 그리고 시간이 흘러 꽃이 피니, 과연 꽃이 피고 질 때까지 향이 없었다. 이에 신하들은 탄복을 금치 못했다.

또 한번은 영묘사靈廟寺 옥문지玉門池라는 연못에, 겨울이었지만 많은 개구리들이 모여든 적이 있었다. 그리고 개구리들이 사나흘 동안 울어대는 것이었다. 사람들이 괴상하게 여겨 여왕에게 물었다. 그러자 여왕은 급히 각간 알천과 필란 등에게 명을 내렸다.

여근곡 경주 건천읍 오봉산 자락에 있다. 조금은 민망하지만 여성의 성기를 닮아 붙은 이름이다. 그래서인지 이 마을은 음기가 새 바람난 처녀들이 많다는 우스갯소리도 있다. 옛날에는 여근곡을 보면 재수가 없다고 하여 경주로 부임해오는 부윤府尹은 일부러 이곳을 피해 돌아가기도 했단다.

"정예병 2,000명을 이끌고 서교로 가라. 여근곡女根谷을 찾아가면 반드시 적병이 있을 테니 엄습해서 모두 죽여라."

두 각간은 명을 받고 각각 정예병 1,000명을 이끌고 갔다. 그리고 서교의 부산富山 아래 여근곡을 찾아보니 과연 백제 군사 500명이 숨어 있었다. 이에 이들을 에워싸서 모두 죽였다. 그때 백제의 우소 장군은 남산 고개 바위 위에 숨어 있었는데, 후에 신라군에게 발각되어 화살에 맞아 죽었다. 또 남아 있던 군사 1,200명도 모두 죽였다. 이 일로 신하들은 여왕의 선견지명에 다시 한 번 탄복했다.

여왕의 예견력은 여기에서 끝나지 않았다. 여왕이 건강할 때였다. 여왕은 신하들에게 이렇게 말했다.

"내가 무슨 해, 몇 월, 며칠에 죽을 것 같으니, 나를 도리천忉利天• 가운데 장사 지내도록 하라."

하지만 신하들은 그곳이 어딘지 도통 알 수가 없었다. 그러자 여왕이 낭산 남쪽이라 알려주었다.

•불교에서 말하는 육욕천六欲天의 둘째 하늘을 의미하며, 일종의 우주관으로 대승불교와 정토사상의 모태가 된다. 세계의 중심이라는 수미산 꼭대기에 있다고 하고, 제석천의 천궁이 있는 곳도 다름 아닌 이곳이라고 한다.

제1장 나라를 세우다

기와 경주 흥륜사에서 출토된 이 기와에는 영묘사令妙寺라는 글씨가 새겨져 있다. 이는 흥륜사 자리에 영묘사가 있었다는 것을 증명한다. 또한 영묘는 靈廟, 靈妙, 令妙, 零妙 등으로 쓰였다.

얼굴무늬 수막새 '신라의 미소'라고 불리는 이 기와는 보는 사람들을 매료시키기에 충분하다. 사람 얼굴 모양의 기와는 신라와 백제의 절터에서도 발견된 적이 있으나, 이처럼 완벽한 형태는 거의 유일하다.

시간이 흘러 여왕이 예고한 날이 되고, 여왕은 자신이 말한 대로 그 날 세상을 떠났다. 신하들은 여왕의 유언에 따라 낭산 양지에 장사를 지냈다. 10여 년이 지난 뒤 문무왕이 왕의 무덤 아래에 사천왕사四天王寺를 세웠다. 불경에 말하기를, "사천왕천 위에 도리천이 있다"고 했으니 그제야 여왕의 신령하고 성스러움을 알 수가 있었다.

여왕이 죽기 전 여러 신하들은 여왕이 이런 일련의 사건들을 어떻게 예견할 수 있었는지 물었다.

"꽃과 개구리의 일을 어떻게 아셨습니까?"

선덕여왕릉 선덕여왕은 재위 내내 선정善政을 베풀어 백성들에게 사랑을 받았다. 또한 당나라의 문화를 수입하기도 하고 자장慈藏을 당나라에 보내 불법을 수입해오기도 했다. 선덕여왕릉이 소나무 사이로 보인다. 현재 경상북도 경주 보문동에 있다.

그러자 여왕이 대답했다.

"꽃에 나비가 없으니 그 향이 없음을 알 수 있었다. 이는 당나라 황제가 내 짝이

제1장 나라를 세우다

없음을 희롱한 것이니라. 또 개구리가 성난 모양을 하는 건 병사의 형상이요, 옥문은 여자의 음부이다. 여자는 음이고 그 빛은 희다. 흰빛은 서쪽을 뜻하니 군사가 서쪽에 있다는 것을 알 수가 있었다. 또 남근은 여근이 들어가면 죽는 법이니 그래서 잡기 쉽다는 것을 알 수 있었다."

자신들은 미처 생각지도 못한 여왕의 지혜에 신하들은 탄복을 금치 못했다.

그런데 당 황제가 꽃을 세 가지 색으로 그려 보낸 것은 신라에 세 여왕이 있을 것을 알고 한 일이던가. 여기서 세 여왕이란 선덕, 진덕, 진성으로 당나라 황제도 짐작하여 아는 지혜가 있었던 것 같다.

선덕여왕이 영묘사를 세운 일은 《양지사전良志師傳》에 실려 있다. 〈별기別記〉에 말하기를, "선덕여왕 때 돌을 다듬어 첨성대를 쌓았다"고 했다.

 진덕여왕

태평가와 영지

선덕여왕의 뒤를 이어 즉위한 제28대 진덕여왕은 손수 〈태평가太平歌〉를 지어 비단에 수놓아 사신을 보내 당나라에 바치게 했다. 이를 본 당나라 황제는 감동한 나머지 여왕을 계림국왕으로 고쳐 봉했다.

위대한 당나라 왕업을 세우니,
높고 높은 황제의 계책 창성하여라.
전쟁을 그치고 위엄을 세우시고,
문치를 숭상하여 모든 왕들이 뒤를 있게 되었네.
하늘을 숭상하여 통치하니 귀한 비를 내리고,
만물을 다스리니 물체마다 빛을 발하네.
깊고 어진 마음은 일월과 어울리고,
운수는 우당虞唐을 향하고,
깃발은 어찌 그리 번쩍이는가.
징과 북소리는 웅장도 하여라.

제1장 나라를 세우다

나라 밖 오랑캐로 명을 어기는 자
칼날에 엎어져 천벌을 받으리라.
순후한 풍속은 곳곳에 모여들고,
멀고 가까운 곳에서 다투어 상서로움을 드러내네.
사계절은 옥촉처럼 조화롭고, 해와 달과 오성은 만방을 돌아다니네.
산악의 정기는 보필할 재상을 낳고,
황제는 충성스런 신하를 임명하시네.
삼황오제의 덕이 하나로 이룩되니,
우리 당나라 황제를 밝게 하네.

진덕여왕 때 알천공, 임종공, 술종공, 호림공(자장의 아버지), 염장공, 유신공이 남산 우지암에 모여 나랏일을 논할 때였다. 큰 호랑이 한 마리가 갑자기 좌중에 뛰어들었다. 갑작스러운 상황에 모두 놀라 일어났는데, 오로지 알천공만이 그대로였다. 어디 그뿐인가. 알천공은 담소를 멈추지 않은 채 태연히 호랑이의 꼬리를 잡더니 그대로 호랑이를 메쳐 죽였다. 이 일로 그 자리에 있던 사람들은 알천공의 힘에 탄복해 그를 맨 윗자리에 앉혔다. 그러나 모든 공들은 유신공의 위엄에 복종했다.

신라에는 사람 말고도 네 영지靈地가 있었다. 나라에 큰일이 있을 때 대신들이 이곳에 모여 의논하면 소원이 반드시 이루어졌다. 그 하나는 동쪽의 청송산이요, 둘째는 남쪽 우지산이요, 셋째는 서쪽 피전이며, 넷째는 북쪽의 금강산이다. 진덕여왕 때에 정월 초하룻날 조례를 행하고, 시랑侍郞이란 호도 처음 사용했다.

호국신들이 김유신을 일깨우다

김유신金庾信은 무력 이간의 손자이며, 각간 서현의 맏아들로 진평왕 17년 을묘년(595)에 태어났다. 형제로는 남동생 흠순과 맏누이 보희(어려서의 이름은 아해), 그리고 누이동생 문희(어려서의 이름은 아지)가 있다. 북두칠성의 정기를 타고 태어난 탓에 등에 일곱 개의 별 무늬를 갖고 있었다. 이 때문인지 김유신과 관련된 신기하고 이상한 이야기가 많이 전해진다.

김유신은 열여덟 살에 검술을 익혀 화랑을 지휘하는 국선國仙이 되었다. 당시 유신이 지휘하는 무리에 백석이란 사람이 꽤 오랫동안 있었다. 하지만 그가 어디에서 왔는지는 아무도 몰랐다. 이 무렵 유신은 밤낮으로 고구려와 백제를 정벌하기 위한 모의에 열중했다. 백석이 그 계획을 알고 유신 앞에 엎드려 청했다.

"허락하신다면 제가 공과 함께 정탐을 가겠습니다. 일은 그 후에 도모하는 것이 어떻겠습니까?"

유신은 그 말에 기뻐하며 친히 백석을 데리고 밤에 떠났다. 그리고 두 사람이 골화천(지금의 영천)에 이르렀을 때였다. 세 여인이 갑자기 나타났다. 백석은 갑작스런 그들의 출현에 경계했으나 유신은 세 낭자와 함께 즐겁게 이야기하고, 여인들이

김유신의 묘와 비석 김유신의 묘는 경주 송화산 중턱에 자리잡고 있다. 여느 왕릉 못지않게 호화롭게 단장되어 있다.

주는 맛있는 음식를 먹으며 마음을 놓고 속마음을 이야기했다. 그러자 여인들이 말했다.

"공의 말씀은 잘 알겠습니다. 백석을 떼어놓고 저희들과 함께 저 숲속으로 가시죠. 그럼 저희의 속마음을 말씀드리겠습니다."

그리하여 유신이 그들과 함께 숲에 들어가자 여인들이 모두 신으로 변하여 말했다.

"우리들은 나림森林(경주의 낭산), 혈례穴禮(경북 청도의 부산), 골화骨火(영천의 금강산)의 호국신들이다. 지금 그대가 적국의 사람이 유인하는 줄도 모르고 따라가니, 우리가 말리려고 여기까지 온 것이다."

그러고는 홀연히 사라져 버렸다. 유신은 이 말을 듣고 놀라 두 번 절을 하고는 나와 백석에게 말했다.

"아, 지금 남의 나라를 가면서 중요한 문서를 잊었구나. 그러니 나와 함께 집에 돌아가서 가셔오도록 하자."

유신은 돌아오기까지 백석을 결박하고 사기를 속인 이유를 묻자, 백석이 대답했다.

"나는 본래 고구려 사람이오. 대신들이 말하기를, 신라의 유신은 전생에 고구려의 점쟁이 추남楸南이었다고 했소. 추남이 살아 있을 때 국경 지방에 물이 거꾸로 흐르는 일이 있어 그에게 점치게 한 적이 있소. 그러자 추남이 아뢰기를 '대왕의 부인이 음양의 도를 거스르는 행동을 하여 그 징조가 이와 같다'고 하였소. 그러자 대왕은 놀라고 괴이하게 여겼으나 왕비가 크게 노해 요사스런 여우의 말이라 하며 다른 일로 시험 삼아 따져야 한다고 왕을 부추겼소. 이에 왕은 쥐 한 마리를 상자에 넣고 어떤 물건인지를 추남에게 물었소. 그러자 그는 여덟 마리의 쥐가 있다고 답했소. 하지만 상자를 여니 쥐가 한 마리뿐이었는지라 틀렸다며 죽이려고 하자 그는 자신이 죽은 뒤에 반드시 고구려를 멸할 것이라고 했소이다. 어쨌든 왕은 그를 죽였소. 후에 쥐의 배를 갈라 보니 추남의 말대로 새끼가 일곱 마리가 있었소. 그제야 그의 말이 맞다는 것을 안 왕은 그날 밤 꿈을 꾸게 되었는데, 추남이 신라 서현공의 부인 품으로 들어가는 꿈이었다 하오. 그래서 신하들에게 물었더니 모두 추남이 맹세하고 죽더니 과연 맞다고 했소. 그 때문에 고구려에서 나를 보내 그대를 유인하게 한 것이오."

모든 사실을 안 유신은 백석을 죽였다. 그리고 온갖 음식을 갖추어 자신을 구해 준 세 신에게 제사를 지내니 이들이 모두 나타나 제물을 즐기고 돌아갔다.

후에 54대 경명왕에 이르러 김유신을 흥무대왕에 추봉했다. 그의 능은 서산 모지사 북동쪽으로 뻗은 봉우리에 있다.

태종춘추공

신라가 삼국을 통일하다

제29대 태종왕의 이름은 춘추이고, 성은 김씨이다. 용수 각간으로 추봉된 문흥왕의 아들로, 어머니는 진평왕의 딸 천명부인이며 왕비는 문명황후 문희이니, 유신의 막내 동생이다. 그리고 두 사람이 결혼한 데에는 유신의 공이 컸다.

어느 날이었다. 문희의 언니인 보희는 이상한 꿈을 꾸었다. 자신이 서악에 올라 오줌을 누니 경성 안에 가득 차는 꿈이었다. 이튿날 아침 보희는 꿈이 하도 해괴망측해 동생 문희에게 이야기를 해주었다. 그러자 문희가 대뜸 말했다.

"내가 그 꿈을 살게요."

"무슨 물건으로 사려고?"

"비단치마를 주면 되겠지요?"

보희는 꿈이 너무 망측했는지라 별생각 없이 좋아하며 팔기로 했다. 문희가 옷깃을 열며 말했다.

"어젯밤 꿈을 너에게 준다."

문희는 비단치마로 값을 치렀다. 그런 지 열흘이 지났다. 정월 오기일(보름날)에 춘추기 유신의 집을 방문하게 되었다. 둘은 함께 공은 찼는데, 유신은 이때 춘추의 옷을 일부러 밟이 고름을 떨어뜨렸다. 그리고 미안한 척하며 이렇게 말했다.

"집에 들어가 옷끈을 달도록 합시다."

김춘추는 그 말에 따랐다. 처음에 유신은 보희에게 옷을 주며 꿰매라고 했다. 하지만 보희가 사양하며 말했다.

"어찌 그런 사소한 일로 남자와 쉽게 가까이 한단 말입니까?"

하지만 동생 문희는 흔쾌히 그러겠다고 했다. 이에 유신의 뜻을 눈치 챈 춘추는 문희를 가까이 하며 자주 왕래했다. 그러기를 얼마 후 유신은 누이가 임신한 것을 알고는 꾸짖어 말했다.

"너는 부모에게 알리지도 않고 어찌 임신한단 말이더냐?"

그리고 집안을 욕되게 했다며 누이를 불태워 죽인다고 나라 안에 소문을 퍼뜨렸다. 그런 후 선덕여왕이 남산에 행차한 날 일부러 뜰에 나무를 쌓아놓고 불을 붙였다. 연기가 일자 여왕이 무슨 일이냐 물으니, 좌우에서 아뢰었다.

"유신이 그 누이를 불태워 죽이는 것입니다."

여왕이 까닭을 물으니, 남편 없이 임신했기 때문이라고 아뢰었다.

"누구의 소행이더냐?"

이때 춘추가 여왕을 모시고 앞에 있다가 얼굴빛이 크게 변했다. 그러자 여왕이 말했다.

"네가 한 일이구나. 속히 가서 구하도록 하라."

춘추는 즉시 말을 달려 왕명을 전해 그치게 하고 후에 문희와 혼례를 올렸다.

진덕여왕이 죽자 영휘 5년 갑인년(654)에 춘추가 뒤를 이어 즉위하니 바로 태종무열왕太宗武烈王이다. 나라를 다스린 지 8년 만인 원년 신유년(661)에 죽으니 그의 나이 59세였다. 그리고 애공사 동쪽에 장사 지내고, 비석을 세웠다.

왕은 생전에 유신과 함께 신통한 꾀와 힘으로 삼한을 통일해 나라에 큰 공을 세

태종무열왕릉과 비 태종무열왕 비는 현재
빗돌은 없어지고 거북 모양의 받침돌과 용
을 새긴 머릿돌만 남아 있다. 경상북도 경
주 서악동에 있다.

웠다. 그 때문에 묘호를 태종太宗이라 했다. 태자 법민과 각간 인문, 각간 문왕, 각
간 노차, 각간 지경, 각간 개원 등은 모두 문희가 낳은 아들이다. 당시의 꿈을 산
징조가 여기에 나타난 것이다. 이들 외에도 서자 개지문 급간皆知文級干(신라 관등의
제9위인 급벌찬의 별칭)과 차득 영공車得令公(국상國相의 존칭), 마득 아간馬得阿干(신라 관등의
제6위인 아찬의 별칭)이 있으며 딸까지 합해 다섯이었다.

왕은 내식가로 하루에 쌀 서 말과 꿩 아홉 마리를 먹었다. 그러나 경신년(660)에 백제를 멸한 뒤로는 점심을 먹지 않았다. 그래도 하루 쌀 여섯 말과 술 여섯 말, 그리고 꿩 열 마리를 먹었다. 성 안의 물가는 포목 한 필에 벼가 서른 섬, 혹은 쉰 섬이어서 백성들은 태평성대라 불렀다.

왕이 태자로 있을 때의 일이다. 고구려를 치기 위해 군사를 청하고자 당나라에 들어간 적이 있었다. 당나라 임금은 그 풍채를 보고 신성한 사람이라 말하며 칭찬했다. 그러면서 곁에 머물게 하였으나 애써 청해 돌아왔다.

백제의 마지막 의자왕義慈王, 곧 무왕의 맏아들은 영웅스럽고 용맹하여 담력이 있었다. 효로써 부모를 섬겼고, 형제와는 우애가 있어 해동증자海東曾子(효성으로 유명했던 공자의 제자)라고도 불렸다. 정관 15년 신축년(641)에 즉위했으나, 주색에 빠져 정사가 어지럽고 나라는 위태로웠다. 좌평 성충이 힘을 다해 간했지만 듣지 않고 오히려 그를 옥에 가두었다. 성충은 곧 몸이 야위어 거의 죽게 되었으나 글을 올려 말했다.

"충신은 죽어도 임금을 잊지 못하는 법입니다. 소신 이 말만 하고 죽겠습니다. 신이 일찍이 시국의 변화를 보니 반드시 병란이 있을 것입니다. 하지만 걱정 마십시오. 용병에는 그 지세를 잘 가려 상류에 진을 치고 적을 맞으면 이길 수 있습니다. 만약 적이 쳐들어오면 육로로는 탄현을 넘지 못하게 하고, 수군은 기벌포伎伐浦*를 들어오지 못하게 해야 합니다. 또 그 험한 지형을 이용해 적을 막아야 합니다."

• 백제 때 충청남도 서천군 장항읍 일대의 지명이다. 지금의 금강 하구에 속한다. 당시 사비성泗沘城을 지키는 중요한 관문으로 백제의 군사전략적 중요한 위치를 차지했다. 의자왕이 좌평 성충의 충언에 따라 기벌포 수비에 철저히 했더라면 역사는 바뀌었을지도 모르겠다.

그러나 의자왕은 이 말을 귀담아 듣지 않았다.

현경 4년 기미년(659)에 이미 백제가 망할 증조가 나타나기 시작했다. 오회사烏會寺(오합사烏合寺라고도 한다)에 크고 붉은 말 한 마리가 나타나 밤낮으로 절을 돌아다니

질 않나, 2월에는 여우 여러 마리가 궁중으로 들어왔는데 백여우 한 마리가 좌평의 책상 위에 앉기도 했다. 4월에는 태자궁에서 암탉과 작은 참새가 교미를 했으며, 5월에는 사비수(부여의 강, 지금의 백마강) 언덕에 큰 물고기가 나와 죽었는데, 길이가 3길이나 되었고, 그것을 먹은 사람들 역시 모두 죽었다. 9월에는 궁중의 홰나무가 사람이 곡하는 것처럼 울더니 밤에는 귀신이 대궐 남쪽 길에서 곡을 했다.

현경 5년 경신년(660) 2월에는 왕도의 우물물이 핏빛이 되었다. 서해 가에는 작은 물고기가 나와 죽었는데, 백성들이 다 먹을 수 없을 정도로 그 수가 많았다. 사비의 물도 핏빛이었다. 4월에는 청개구리 수만 마리가 나무 위에 모여들었는데 이를 본 사람들이 놀라 죽은 수가 백여 명이나 되었다. 재물을 잃은 자 또한 그 수를 헤아릴 수 없었다. 6월에는 배가 절문으로 들어오는 걸 보고 왕흥사 승려들이 놀라워했고, 또 사슴만 한 개가 서쪽에서 사비 언덕에 와 왕궁을 향해 짖고는 어디론가 사라졌다. 그리고 개들이 길 위에 모여 짖어대다가 흩어진 일도 있었다. 같은 달에 귀신이 궁중에 들어와 크게 부르짖었다.

"백제는 망한다. 백제는 망한다."

그러고는 땅 속으로 들어갔다. 왕이 괴상히 여겨 그곳을 파게 하니 3자 깊이에서 거북이 한 마리가 나왔다. 그리고 등에 '백제는 둥근 달, 신라는 새 달과 같다'는 글이 새겨져 있었다. 왕이 무당에게 이를 묻자, 그가 대답했다.

"둥근 달이란 가득한 것이요, 가득 찬 것은 기우는 것입니다. 새 달은 차지 않은 것이니 차지 않음은 점점 차게 되는 것입니다."

왕은 이 말에 노하여 그를 죽였다. 그러자 겁이 난 다른 무당은 이렇게 말했다.

"둥근 달은 성한 것이요, 새 달은 미약한 것이니, 우리나라는 성하고 신라는 점점 약해지는 것을 뜻하지 않겠습니까?"

왕은 그제야 기뻐했다.

이때 태종무열왕은 백제에 괴변이 많다는 말을 듣고 백제를 정벌하기로 결심했다. 그리하여 660년에 김인문을 사신으로 보내 당나라에 군사를 요청했다. 당나라 고종은 소정방을 신구도 행군총관으로 삼고, 좌위장군 유백영과 좌무위장군 빙사귀, 좌효위장군 방효공 등을 함께 보내 13만의 군사를 이끌고 치게 했다. 그리고 무열왕을 우이도 행군총관으로 삼아 신라군과 더불어 합세하도록 했다. 소정방이 군사를 이끌고 성산에서 바다를 건너 신라 서쪽 덕물도(지금의 인천 덕적도)에 이르렀다. 무열왕은 김유신을 보내 정병 5만을 거느리고 가서 싸우게 했다.

의자왕은 이 소식을 듣고 신하들을 모아 싸우고 지킬 계책을 물으니 좌평 의직이 아뢰었다.

"당나라 군사는 멀리서 큰 바다를 건너온 데다가 수전에도 익숙지 못합니다. 또 신라 군사는 큰 나라의 원조만 믿고 적을 가볍게 여길 것이니, 당나라 군사가 싸움에서 불리한 것을 본다면 반드시 의심하고 두려워 감히 진격을 하지 못할 것입니다. 그러니 먼저 당나라 군사와 싸우는 것이 좋을 것입니다."

그러나 달솔達率(백제의 16관등 중 제2위의 품관) 상영 등이 반대하며 나섰다.

"그렇지 않습니다. 당나라 군사는 멀리서 온 탓에 빨리 싸움을 끝내려고 서두를 것이니 그 기세를 감당하기가 쉽지 않을 것입니다. 하지만 신라군은 이미 우리에게 여러 번 패했으므로 우리 군사의 기세만 보아도 두려울 것입니다. 그러니 일단 당나라 군사는 길을 막고 지치기를 기다리면서 일부 군사를 신라에 보내 신라부터 쳐야 합니다. 그리고 상황을 지켜본 후 당나라와 싸운다면 나라를 보존할 수 있을 것입니다."

왕은 두 사람의 말에 주저하며 어찌할 바를 몰라 했다. 그래서 조정의 중신인 좌평 흥수에게 사람을 보내 의견을 묻기로 했다. 이때 흥수는 왕에게 직언을 했다가 미움을 사 고마며지현古馬旀只縣(지금의 전남 장흥)에서 귀양살이를 하고 있었다.

"일이 급하니 어찌하면 좋겠는가?"

흥수가 대답했다.

제1장 나라를 세우다

"좌평 성충의 말을 따르시옵소서."

그러자 대신들이 그 말을 믿지 않고 말했다.

"흥수는 죄를 짓고 귀양 가 있는 몸으로, 분명 임금과 나라를 원망하고 있을 것입니다. 그러니 그런 자의 말을 어찌 믿겠사옵니까? 당나라 군사가 기벌포에 온다한들 한 번에 배 두 척이 지나가지 못할 것이고, 신라군이 탄현에 올라온다 하더라도 길이 좁은 탓에 말이 한꺼번에 내려올 수 없을 것입니다. 그러니 이때 친다면 닭장 속의 닭이요, 그물 속의 물고기가 될 것입니다."

왕은 이 말이 맞다고 생각했다. 마침 또 당나라 군사와 신라 군사가 이미 기벌포를 건너고, 탄현을 지났다고 했다. 의자왕은 계백 장군에게 결사대 5,000명을 거느리고 황산으로 나가 싸우게 하니, 계백은 네 번 싸워 네 번을 모두 이겼다. 그러나 군사가 적고, 힘이 다해 결국 전사하고 말았다.

계백을 격파한 당나라군과 신라군은 합세해 강어귀에 진을 쳤다. 그런데 이때, 갑자기 까마귀가 나타나 소정방의 진영 위를 맴돌기 시작했다. 소정방이 이를 이상히 여기고 사람을 시켜 점을 쳐보게 했다. 그랬더니 점쟁이가 하는 말이 반드시 소정방이 다칠 거라고 했다. 소정방은 두려워 군사를 물리고 싸움을 중지하려고 했다. 그러자 김유신이 말했다.

"겨우 새 한 마리 때문에 하늘이 내린 기회를 어긴단 말이오. 하늘의 뜻에 따라 그리고 민심을 얻어 죄인을 치는 마당에 무슨 나쁜 일이 있겠소?"

그러고는 신검을 뽑아 단번에 새를 베어 버렸다. 그제야 소정방은 강 왼쪽 기슭으로 나와 싸워 백제군을 물리쳤다. 그리고 기세를 몰아 밀물을 타고 전선의 꼬리를 물며 북을 치면서 전진했다. 소정방은 보병과 기병을 이끌고 바로 백제의 도성 30리 밖까지 가 진을 쳤다. 이때 백제는 사력을 다해 당나라군을 막았으나 패해 죽은 자가 1만여 명이나 되었다. 이리하여 당나라 군사는 승세를 타고 결국 성까지 들이닥쳤다. 이에 의자왕은 함락을 면치 못할 것을 예감하고 탄식했다.

"성충의 말을 듣지 않은 과인의 죄가 크다."

그러고는 태자 융과 북비北鄙(웅신성)로 달아났다. 하지만 도성에 남아 있던 둘째 아들 태는 스스로 왕이 되어 끝까지 소정방에게 대항했다. 태자의 아들 문사文思가 태에게 말했다.

"이제 숙부가 왕이 되었으니 만일 당나라 군사가 물러간다고 한들 우리들이 온 전할 수 있겠습니까?"

그리하여 문사는 좌우 사람들을 거느리고 성을 넘어 나갔다. 그러자 백성들이 모두 그를 따랐다. 태는 막을 수가 없었다. 결국 소정방은 성이 빈 것을 알고 군사를 시켜 당의 깃발을 꽂게 했다. 궁지에 몰린 태는 성문을 열고 항복했다. 도성이 함락되자 의자왕과 태자 융도 항복했다. 소정방은 의자왕과 태자 융, 왕자 태, 왕자 연, 대신과 장수 88명과 백성 1만 2,807명을 당나라의 수도 장안으로 보냈다.

백제는 본래 5부 37군 200성, 76만 호가 있었는데 당은 이를 웅진熊津, 마한馬韓, 동명東明, 금련金漣, 덕안德安 등으로 나누고, 5도독부都督府*를 세웠다. 우두머리를 뽑아 도독과 자사를 삼아 다스리게 했다. 또 장수 유인원에게 도성을 지키라 명하고, 왕문도를 웅진도독으로 삼아 그 남은 무리를 무마하게 했다. 한편 소정방이 보낸 포로들을 본 당나라 임금은 꾸짖고는 풀어 주었다.

후에 의자왕이 당나라에서 병사하자, 당 고종은 금자광록대부金紫光祿大夫 위위경衛尉卿이란 작위를 내려 옛 신하들이 조상하는 것을 허락해 주었다. 또 조서를 내려 손호와 진숙보의 무덤 옆에 장사 지내고 모두 비석을 세우게 했다.

《신라별기新羅別記》**에서는 이렇게 말했다.

문무왕이 즉위한 지 5년째인 을축년(665) 8월

* 중국은 자신들이 정벌한 국가에 지배력을 떨치고자 도독부라는 통치기관을 설립했다. 백제를 멸망시킨 후에도 역시 5도독부를 두어 다스렸다. 신라 문무왕 때 신라에도 계림대도독부를 설치하려 했지만, 신라가 백제·고구려 유민과 합세하여 이것을 강력하게 거부했다.

** 신라의 역사를 기록한 책으로 추정된다. 하지만 현재 남아 있지 않아 누가 무슨 이유로 무엇을 기록했는지는 아쉽게도 알 수 없다. 다만 《삼국유사》에서 짧게나마 인용했을 뿐이다.

제1장 나라를 세우다

의자왕의 가묘와 태자 융의 가묘 중국 허난성에 있던 유해를 가져와 만든 가묘이다. 의자왕의 무덤 옆에는 태자 융의 가묘도 있다. 충남 부여군 능산리에 있다.

경지일에 왕이 진히 대병을 거느리고 웅진성에 행차하여 유민들의 왕 노릇을 하던 부여 융과 만나 단을 만들고 백마를 잡아 맹세했다. 먼저 천신과 산천의 신령에게 제사를 지낸 연후에 피를 뿌리고 글을 지어 맹세했다.

"지난 날 백제의 선왕이 순리에 어두워 이웃 나라와 사이좋게 지내지 못하고 친척과도 화목하지 못했다. 그리하여 고구려와 결탁하고 왜와 내통하여 잔악하고 포악한 짓을 함께 하더니 신라마저 침략해 성읍을 파괴하고 백성들을 짓밟아 거의 편안한 해가 없었다. 그 때문에 천자(중국의 황제)는 백성들을 불쌍히 여겨 사신을 보내 사이좋게 지내도록 타일렀으나, 백제는 산세가 험하고 중국이 멀다며 업신여겼다. 이에 황제가 크게 노하여 정벌을 하니 깃발이 향하는 곳마다 승리했다.

이는 마땅히 궁실과 저택을 무너뜨려 연못을 만들고 자손들에게 경고하여 그 폐단의 근원을 뽑아 버려 두고두고 후세의 교훈으로 삼아야 함이 마땅하다. 그러나 유순한 자는 포용하고 반역하는 자는 정벌하는 것이 선왕의 아름다운 법이요, 망한 나라를 흥하게 하고 끊어진 대를 잇게 하는 것은 성인들의 공통된 법칙이다. 그리고 일은 반드시 옛 것을 본받아 역사책에 전해야 할 것이다. 그리하여 황제는 자비를 베풀어 전 백제왕 부여 융을 웅진도독으로 삼아 선조의 제사를 받들게 하고, 그 고장을 보존케 했다. 그러니 마땅히 백제는 신라에 의지해 길이 이웃 나라가 되어 묵은 감정을 없애고 좋은 의를 맺어 화친하게 지낼 것이며, 황제의 조서를 받들어 길이 복종해야 할 것이다. 이에 황제는 사자를 보내 친히 백제와 신라가 혼인으로 약속하고, 재앙은 나누고 환란은 구제하여 은혜를 형제같이 하라고 권유하셨다.

이렇듯 천자의 말을 받들었으니, 감히 버리지 않고 맹세를 지키도록 함께 힘쓸 것이다. 만일 이를 어기고 배반해 또 군사를 일으켜 변방을 침범할 때에는 천지신명이 이를 살펴 재앙을 내리시고 자손 또한 보존하지 못하게 될 것이다. 여기에 금서철계金書鐵契(일종의 맹세문)를 만들어 종묘에 간직해 두니 자손만대가 감히 어기지 말 것이다. 신이여, 들으시고 복을 주시옵소서."

맹세가 끝나자 폐백을 단 북쪽에 묻고 맹세한 글은 신라의 대묘에 간직했다. 이 맹세문은 대방도독 유인궤劉仁軌°가 지은 것이다.

또 《고기古記》에는 이렇게 말했다.

총장 원년 무진년(668)에 신라가 청한 당나라군이 평양 교외에 주둔하여 편지를 보내 급히 식량을 보내달라고 했다. 이에 왕은 여러 신하를 모아 놓고 물었다.

"당나라 군사가 주둔한 고구려 땅에 가는 일이 쉽지 않을 터, 하지만 우리가 청한 당나라 군사이니 군량을 보내주지 않는다는 것도 옳지 못한 일이네. 이를 어찌하면 좋겠는가?"

김유신이 아뢰었다.

"제가 군사와 물자를 수송할 것이니 염려하지 마십시오."

그리하여 김유신과 인문仁問(신라 제29대 태종무열왕의 둘째 아들) 등이 수만의 군사를 거느리고 고구려 국경 안에 들어가 곡식 2만 섬을 보내주고 돌아오니 왕이 크게 기뻐했다.

또 군사를 일으켜 당나라군과 연합하고자 할 때도 유신이 먼저 나서 연기와 병천 등 두 사람을 보내 그 기일을 물었다. 그러자 소정방이 종이에 난새(난조鸞鳥)°와 송아지를 그려 보냈다. 하지만 그것을 받은 신라 사람들은 그 뜻을 알지 못해 결국 원효법사에게 사람

을 보내 물어보기로 했다. 원효는 이것을 해석하여 다음과 같이 말했다.

"송아지와 난새를 그린 것은 둘이 끊어짐을 뜻하는 것으로, 속히 군사를 돌이키라는 뜻입니다."

이 말에 유신은 군사를 돌려 패수를 건너고자 했다. 그리고 뒤처지는 자는 목을 베라고 명을 내렸다. 군사들은 앞을 다투어 강을 건넜고, 반쯤 건너자 고구려 군사가 쫓아와 아직 건너지 못한 자들을 잡아 죽였다.

《백제고기百濟古記》*에는 이렇게 기록하고 있다.

부여성 북쪽 모퉁이에 강물을 굽어보는 큰 바위가 있었다. 의자왕과 그 후궁들이 죽음을 면치 못할 것을 알고 말했다.

"비록 자진할지언정 다른 사람의 손에 죽고 싶지는 않다."

* 백제의 역사를 기록한 모든 옛 문헌을 말한다. 고흥高興이 지은 《서기書記》를 비롯하여 《백제본기百濟本紀》, 《백제기百濟紀》, 《백제신찬百濟新撰》, 《백제왕본계百濟王本系》 등이 이에 속한다. 그러나 안타깝게도 모두 소실되고 지금은 전해지지 않아 정확한 내용은 알 수 없다.

이윽고 그들은 이곳에 이르러 강에 몸을 던져 죽었다. 그래서 사람들은 타사암墮死岩이라지만 속설이 잘못 전해진 것이다. 궁녀들만 여기서 죽었을 뿐, 의자왕은 당나라에서 죽었다는 기록이 《당사唐史》에 분명히 기록되어 있다.

또 《신라고기新羅古記》에서는 이렇게 말했다.

소정방은 고구려와 백제를 친 것에 만족하지 못하고 신라마저 공격하고자 돌아가지 않았다. 김유신은 그 속셈을 간파하고 당나라 군사를 초대하여 독약을 먹여 죽이고는 묻어 버렸다. 지금 상주 경계에 있는 당교唐橋가 그들을 묻은 곳이다.

또 당나라군이 백제를 평정하고, 돌아간 뒤의 일이다. 신라 왕이 여러 장수에게 백제의 잔적을 쫓아 잡으라고 명했다. 그리하여 한산성(지금의 경기도 광주)에 주둔해 고구려와 말갈 두 나라의 병사가 포위하여 서로 싸웠으나 끝이 나지 않았다. 5월 11일에 시작한 전쟁이 6월 22일까지 결판이 나지 않으니 신라군이 위태로워졌다. 결국 신라 왕은 군신과 의논까지 했으나 어찌할지 결정하지 못했다. 그때 김유신이 달려와 아뢰었다.

"일이 위태로워 사람의 힘으로는 어찌지 못합니다. 오직 신술神術만이 구할 수

당교 사적비 당교는 김유신 장군이 소정방을 물리친 역사적 다리다. 또한 당교 사적비에는 《삼국유사》에 나온 소정방의 피살 내용이 기록되어 있다.

있습니다."

유신의 말을 들은 왕은 일리가 있다 하고, 성부산에 단을 만들어 신술을 닦게 했다. 그러자 갑자기 단 위에서 큰 독만 한 광채가 나더니 곧 북북쪽으로 날아갔다. 이때 한산성의 군사들은 구원병이 오지 않음을 원망하고 서로 울고 있었다. 적병은 이때를 놓치지 않고 급히 이들을 치려고 했으나, 갑자기 남쪽 하늘 끝에서 광채가 나오더니 적의 포석砲石 30여 곳에 벼락을 내려 부숴 버렸다. 적군의 활과 화살과 창이 부서지고, 군사들은 모두 땅에 자빠졌다가 한참 만에 깨어나 모두 흩어져 달아나니 신라 군사는 무사히 돌아올 수 있었다.

신라 태종이 즉위했을 때였다. 어떤 자가 돼지를 바쳤는데, 머리는 하나요, 몸은 둘이고, 발은 여덟이었다. 이에 왕이 같이 있던 자에게 물으니 이렇게 답했다.

"이는 반드시 천하를 통일할 상서로움입니다."

이 왕대에 처음 중국의 의관衣冠과 아홀牙笏을 쓰게 되었는데, 곧 자장법사가 당 황제에게 청해 전한 것이었다.

신문왕 때에는 이런 일도 있었다. 당나라 고종이 신라에 사신을 보냈다.

"나의 아버지는 위징魏徵˙, 이순풍李順風 등과 뜻을 같이해서 천하를 통일했다.

이 때문에 대종 황제라 한 것이다. 그러나 너는 작은 나라 신라의 왕이지만 분수에 맞지 않게 태종이란 칭호를 써서 천자의 이름을 어지럽히니, 충성스럽지 못하다. 속히 그 칭호를 고치도록 하라."

이에 신라 태종이 표를 올려 말했다.

"신라는 비록 작은 나라지만 성스러운 신하 김유신을 얻어 삼국을 통일했으므로 태종이라 한 것입니다."

당나라 왕은 그 표를 보고 태자였을 때 하늘에서 부르짖던 것이 생각나서 책을 찾아보았다.

"3,300의 한 사람이 신라에 내려와 김유신이 되었다."

당나라 왕은 이를 보고는 두려워 다시 사신을 보내어 태종의 칭호를 허락해 주었다.

장춘랑과 파랑

혼백이 나라를 지키기 위해 종군하다

  장춘랑과 파랑은 신라의 화랑으로 백제군과 처음으로 황산에서 싸울 때 전사했다. 얼마 후 김춘추가 다시 백제를 공격할 때 그 둘이 왕의 꿈에 나타나서 말했다.

  "저희는 나라를 위해 몸을 바쳤고, 비록 백골이 되었지만 끝까지 나라를 지키고자 죽어서도 군대를 따랐습니다. 그러나 당나라 장수 소정방이 신라군을 지휘하니

장의사 터 당간지주 당간지주는 서울시 세검정초등학교 운동장 한쪽에 자리를 잡고 앉아 이곳이 장의사 터였다는 것을 말하고 있다. 장의사는 무열왕 6년(659) 에 세워져 고려와 조선 초까지 남아 있었으나, 연산군 때에 헐렸다.

남이 뒤꽁무니만 쫓는 격입니다. 그러니 원컨
대 왕께서는 저희에게 저은 군사리도 주시어
마음껏 싸우도록 해주십시오."•

왕은 괴이한 꿈에 놀라 두 혼을 위해 하루 동
안 모산정牟山亭에서 불경을 외고, 한산주漢山州
에 장의사壯義寺를 세워 명복을 빌게 했다.

● 《삼국사기》에는 이렇게 기록되어 있다.
"저희는 비록 살이 썩어 없어진 뼈이지만,
오히려 나라의 은혜를 갚으려는 마음에 어
제 당나라로 달려갔습니다. 그런데 당나라
황제가 소정방에게 군사를 거느리고 내년
5월에 백제를 공격하도록 명한 것을 알게
되었습니다."

제1장 나라를 세우다

나라를 지키는 동해의 용이 되다

총장 무진년(668), 그러니까 문무왕이 즉위한 지 8년째 되던 해에 왕은 군사를 거느리고 김인문, 김흠순 등과 함께 고구려를 정벌하고자 평양으로 갔다. 그리고 거기서 당나라군과 합세하여 고구려를 멸망시켰다. 이때 당나라 장수 이적이 보장왕寶藏王(고구려 제28대 마지막 왕)을 잡아 당나라로 돌아갔다.

그런데 고구려 정벌이 끝난 후에도 당나라군은 돌아갈 생각을 하지 않고 신라를 마저 치고자 기회를 노렸다. 문무왕이 이를 눈치 채고 군사를 내어 당나라군을 몰아냈다. 그러자 이듬해에 당나라 고종이 김인문 등을 불러 꾸짖었다.

"너희가 우리 군사를 청해 고구려를 칠 때는 언제고, 이제 와서 우리를 침해하는 것은 무슨 까닭이더냐?"

그러더니 인문을 옥에 가두고 장수 설방과 군사 50만 명을 보내 신라를 치려고 했다. 그런데 당시 당나라에는 의상법사義湘法師가 유학 중이었다. 그리하여 의상법사가 옥사에 찾아갔을 때 인문이 이 사실을 알렸다. 이에 의상이 서둘러 신라로 돌아와 문무왕에게 아뢰자 왕은 여러 신하들을 모아 놓고 이들을 막아낼 방법을 찾기 시작했다. 먼저 각간 김천존金天存이 말했다.

"용궁에 들어가 비법을 배웠다는 명랑법사明朗法師를 불러 물어 보십시오."

왕의 부름을 받고 온 명랑이 말했다.

"낭산 남쪽 신유림神遊林*에 사천왕사四天王寺를 세우고 도량道場**을 개설하면 좋겠습니다."

그때 정주에서 사자가 달려와 보고했다.

"수많은 당나라군이 바닷가를 돌고 있습니다."

문무왕은 명랑을 불러 이를 다시 물었다.

"일이 급하게 되었으니 어쩌면 좋겠는가?"

● 경주시 낭산狼山 남쪽에 있는 신문왕릉 옆의 지명이다. 명랑이 사천왕사를 세운 곳이기도 하다. 선덕여왕은 여기를 도리천이 있는 곳이라 하며 신성시하기까지 했다.

●● 석가불釋迦佛이 보리수 아래에서 처음 성도한 자리, 즉 보리도량에서 유래되었다. 부처와 보살이 항상 머무는 곳이나 불도를 공부하는 곳을 말한다. 또는 불교 행사와 의식을 베푸는 곳을 뜻하기도 한다.

명랑은 채색 비단으로 임시로 절을 만들면 될 것이라 말했다. 이에 즉시 문무왕은 임시로 절을 만들고 풀로 다섯 방위의 신상을 만들었다. 그리고 명랑을 우두머리로 유가종의 명승 12명과 함께 밀교에서 행하는 비법을 쓰게 했다.

이때는 당나라 군사와 신라 군사가 싸우기 전이었다. 그런데 갑자기 바람과 물결이 사납게 일어 당나라 배가 모두 휩쓸려 침몰해 버렸다. 당나라를 물리친 신라는 그 후에 절을 고쳐 짓고 사천왕사라 하여 지금까지 단석壇席(불교의 도량道場)이 무너지지 않았다.

신미년(671)에 당나라는 다시 조헌을 장수로 하여 군사 5만을 거느리고 신라를 쳐들어왔다. 그러자 신라는 똑같은 비법을 써서 전처럼 당나라 배를 모두 침몰시켰다.

당시 박문준이 김인문과 함께 옥에 갇혀 있었는데, 연이어 신라 정벌에 실패한 당 고종이 그를 불러 물었다.

"너희 나라에 무슨 비법이 있기에 두 번이나 대병을 보냈는데도 한 명도 살아 돌아오지 못하는 것이냐?"

그러자 박문준이 대답했다.

귀부 명랑법사가 신유림에 세웠다는 사천왕사 터에 귀부 한 쌍이 목이 잘린 채 남아 있다. 사천왕사 터는 경상북도 경주 배반동에 있다.

"저희가 여기에 온 지도 벌써 10여 년이 되었습니다. 그러니 본국의 일을 어찌 알겠습니까? 다만 한 가지 들은 바로는 저희 나라가 상국의 은혜를 크게 입어 삼국을 통일하였으니, 그 은덕을 갚고자 낭산 남쪽에 천왕사를 새로 짓고 황제의 만수무강을 빌었다고 합니다."

이 말에 고종은 크게 기뻐했다. 그리하여 예부시랑 악붕귀를 신라에 사신으로 보내 그 절을 살펴보도록 했다. 문무왕은 이 사실을 먼저 알고 서둘러 남쪽에 새 절을 지어 놓고 기다리고 있었다. 이윽고 악붕귀가 이르러 말했다.

"먼저 황제의 수를 비는 천왕사에 가서 분향하리다."

이에 새로 지은 절로 그를 안내했다. 하지만 악붕귀는 절 문 앞에서 사천왕사가 아니라, 이는 덕요산을 바라보는 절이라 말하고는 들어가지 않았다. 그러자 신라 사람들은 금 1,000냥을 뇌물로 주고, 본국에 돌아가 황제에게 잘 말해달라며 그를 달랬다.

당나라에 돌아온 악붕귀가 말했다.

"신라에서는 그저 천왕사를 짓고 황제의 수를 축원할 뿐이었습니다."

제2장 신기한 일이 일어나다

망덕사 당간지주 이 지주는 경주 낭산의 남동쪽 기슭에 있는 옛 망덕사의 절터에 남아 있다.

그 말에 당 고종은 크게 기뻐했다.

그 후 사람들은 악붕귀의 말에서 따와 절을 망덕사望德寺라 부르기 시작했다.

얼마 후 문무왕은 황제가 박문준을 용서해줄 용의가 있다는 소식을 들었다. 이에 강수强首●에게 명하여 김인문도 석방해 달라고 청하는 표문을 짓게 했다. 그리고 사인 원우를 시켜 당나라에 아뢰게 했다. 강수가 쓴 표문이 어찌나 훌륭한지 황제는 감명해 김인문을 용서하고 위로해 돌려보냈다. 그러나 김인문은 너무 오랫동안 억류생활을 했던지라 돌아오는 길에 그만 죽고 말았다.

김인문이 당에 있을 때 신라에서는 그를 위

● 통일신라의 유학자이자 문장가다. 여러 관직을 역임했으며, 특히 무열왕이 총애했다. 6두품이라는 신분적인 한계에도 뛰어난 학문과 문장력으로 출세했다. 신라 중대 유교정치 이념에 지대한 영향을 미친 학자.

인용사 터에서 출토된 유물 인용사는 신라가 당나라와 전쟁을 하고 있을 때 지어진 절이다. 당나라에 갔던 김인문이 당나라의 옥에 갇히게 되자, 그의 무사 귀환을 기원하고자 지었다.

해 인용사仁容寺를 짓고 관음도량을 열었는데, 그가 바다에서 죽자 미타도량彌陀道場으로 이름을 고쳤다.

세월이 흘러 문무왕이 나라를 다스린 지 21년 만인 영륭 2년 신사년(681)에 죽으니 유언에 따라 동해 가운데 큰 바위 위에 장사를 지냈다. 왕은 생전에 항상 지의 법사智義法師에게 말했다.

"나는 죽어 나라를 지키는 용이 될 것이오. 불법을 높이 받들고 나라를 수호하려 하오."

이에 법사가 말했다.

"용은 짐승입니다. 어찌 용이 된다 말씀하십니까?"

"나는 세상의 영화를 싫어한 지 오래되었소. 만일 추한 응보로 내가 짐승이 된다 해도 이야말로 내 뜻에 맞는 것이오."

문무왕이 처음 즉위했을 때 이런 일도 있었다. 문무왕은 경주 남산에 큰 창고를 만들었는데, 길이가 50보요, 너비가 15보나 되었다. 곡식과 병기를 여기에 쌓아

제2장 신기한 일이 일어나다

문무왕릉 세계적으로 유례가 없는 수중릉이다. 수면 아래에 넓적한 거북 모양의 큰 돌이 있는데 여기에 유골을 봉안했을 것으로 추정된다. 대왕암이라고도 한다.

두니 앞엣것을 우창, 뒤쪽 천은사 서북쪽 산 위에 있는 것을 좌창이라 했다. 또 건복 8년 신해년(591)에는 남산성을 쌓았는데 그 둘레가 2,850보라고 적은 책도 있다. 이것은 진덕여왕이 처음 쌓았다가 이때 중수한 것이다. 또 부산성은 처음 시작하여 3년 동안 쌓았고, 안북 하변에 칠성을 쌓았다. 그리고 서울 성곽을 쌓으려고 관리에게 명하자 의상법사가 이 말을 듣고 글을 보내어 아뢰었다.

"왕의 정치와 교화가 밝으면 비록 풀 언덕에 금을 그어 성이라 해도 백성들은 감히 이것을 넘지 않을 것이며 재앙을 씻어 깨끗이 하고 모든 것이 복이 될 것이지만, 정치와 교화가 밝지 못하면 비록 장성이 있다 해도 재화를 없앨 수는 없을 것입니다."

왕은 이 글을 읽고는 일을 중지했다.

거득공과 안길

두 절 사이에 있는 단오거사의 집을 찾다

인덕 3년 병인년(666) 3월 10일에 민가에서 길이라는 종이 한꺼번에 아들 셋을 낳았다. 총장 3년 경오년(670) 정월 7일에는 한기부의 일산급간의 종이 한꺼번에 네 아이를 낳았는데 딸 하나에 아들 셋이었다. 이에 나라에서는 상으로 곡식 200석을 주었다. 또 고구려를 친 뒤에 그 나라 왕손이 귀화하자 그에게 진골의 지위를 주었다.

어느 날 문무왕이 이복동생인 거득공車得公을 불러 관리들과 나라를 태평하게 하는 재상이 되라고 했다. 그러자 거득공이 말했다.

"소신, 재상이 되기 전에 먼저 나라 안을 살펴보고자 하옵니다. 백성들의 부역이 얼마나 고된지, 세금은 어떠하며, 관리들은 청렴하고 재물을 탐하지는 않는지 살펴보고 직책을 맡을까 합니다."

이에 왕이 승낙해 주었다. 공은 승복을 입고 비파를 들어 거사居士*처럼 꾸미고는 서울을 떠났다. 아슬라주(명주, 지금의 강릉), 우수주(춘주, 지금의 춘천), 북원경(지금의 충주)에 이르기까지 두루 촌락을 돌아다녔다. 이윽고 거사

● 은둔하며 벼슬을 하지 않는 선비를 일컫는 말로 불교에서는 출가하지 않은 남자에게 붙이는 칭호로도 쓴다.

제2장 신기한 일이 일어나다

가 무진주(해양, 지금의 광주)에 당도했을 때였다. 이에 무진주의 관리 안길이 그가 범상치 않은 사람인 걸 알고 자기 집으로 청해 정성을 다해서 대접했다.

밤이 되자 안길은 처와 첩 세 사람을 불러 말했다.

"나는 오늘 밤에 거사를 모시는 사람과 평생을 함께 살 것이오."

이에 두 아내는 이렇게 말했다.

"차라리 함께 살지 않는 게 낫지, 어떻게 외간 남자와 잠자리를 한단 말입니까!"

하지만 남은 한 사람은 이렇게 말했다.

"공께서 죽을 때까지 저와 함께 살겠다고 하시면 명령을 받들겠습니다."

그리고 남편의 말대로 거사의 방으로 들어갔다.

이튿날 거사는 일찍 떠나면서 말했다.

"나는 서울 사람이오. 내 집은 황룡사와 황성사 두 절 중간에 있고, 이름은 단오라고 하오. 주인께서 서울에 오거든 내 집을 찾아주면 고맙겠소."

그 뒤에 거득공은 서울로 돌아와서 재상에 올랐다.

당시 신라에는 해마다 각 고을의 관리 한 사람을 서울에 있는 관청에 올려 보내 근무하게 하는 제도가 있었으니 바로 '기인제도'다. 이때 안길이 자기 차례가 되어 서울에 가게 되었다. 그는 서울에 와 두 절 사이에 있다는 단오거사의 집을 찾아보았다. 하지만 아무리 사람들한테 물어봐도 아는 이가 없었다. 그래서 하는 수 없이 길가에 서 있는데, 노인이 지나다가 그 말을 듣고 한참을 생각하더니 말했다.

"두 절 사이에 있는 집이라면 궁궐이고 단오란 바로 거득공일 것이오. 공이 몰래 지방을 돌았을 때 그대와 인연이 있었던 듯하오."

그래서 안길은 그동안의 자초지종을 노인에게 말해 주었다. 이야기를 다 들은 노인은 궁성 서쪽 귀정문歸正門으로 가 그곳을 출입하는 궁녀를 기다려 보라고 말했다. 안길은 그 말에 따라 귀정문에 가 궁녀를 만나 무진주의 안길이 뵈러 문 밖에 왔다고 했다. 그러자 거득공이 이 말을 듣고 달려 나와 안길의 손을 잡고 궁중으로 데리고 갔다. 그리고 공의 부인을 불러내어 안길과 함께 잔치를 벌였는데, 차린 음식이 50가지나 되었다.

또한 이 사실을 왕에게 아뢰니 성부산 아래 있는 땅을 무진주 상수리의 소목전燒木田(궁이나 관청에 연료를 바치는 밭)으로 삼아 백성들의 벌채를 금지하게 했다. 그러니 사람들이 모두 안길을 부러워했다. 전해지는 말로는 그 산 밑에 밭 30무畝(논밭의 넓이를 재는 단위, 1무가 약 100제곱미터)가 있었는데 씨앗 3석을 뿌릴 정도의 밭이었다. 이 밭에 풍년이 들면 무진주가 모두 풍년이고, 흉년이 들면 무진주도 흉년이 들었다고 한다.

제2장 신기한 일이 일어나다

피리를 불어 천하를 화평하게 하다

제31대 신문왕의 이름은 정명, 성은 김씨이다. 개요 원년 신사년(681) 7월 7일에 즉위했다. 아버지 문무왕을 위해 동해가에 감은사感恩寺를 세웠다. 절의 기록에는 이렇게 전해진다.

문무왕이 왜병을 진압하고자 이 절을 처음 세웠는데 끝내지 못하고 죽어 바다의 용이 되었다. 그 아들 신문왕이 왕위에 올라 개요 2년(682)에 공사를 끝냈는데, 금당 섬돌 아래를 밀어 동쪽을 향해 구멍을 하나 뚫으니 용이 절에 들어오게 하기 위한 것이었다. 문무왕의 유언대로 그의 뼈를 장사 지낸 곳을 대왕암이라 하고, 절 이름을 감은사라 했다. 그리고 후에 용을 본 곳을 이견대利見臺라고 지었다.

신문왕이 감은사를 세운 이듬해 임오년 5월 초하루의 일이었다. 해관 파진찬 박숙청이 아뢰기를, 동해에 작은 산 하나가 물에 뜨더니 물결을 따라 감은사를 왔다 갔다 한다는 것이었다. 왕은 의아해 일관 김춘질에게 점을 쳐보게 했다.

"돌아가신 선왕께서 지금 바다의 용이 되어 삼한을 지키고 계신 것입니다. 또 김유신공 역시 하늘의 삼십삼천三十三天(불교에서 말하는 욕계로 도리천忉利天을 말한다)의 한 분으로 내려와 신라의 대신이 되었습니다. 이 두 성인께서 이 성을 지킬 보물을 주려고

감은사 **삼층석탑** 감은사는 원래 진국사였으나, 신문왕이 문무왕의 호국충정에 감사하고자 감은사로 이름을 바꿨다고 한다. 지금은 동쪽과 서쪽에 각각 삼층석탑만 남아 있다.

하시니 폐하께서 바닷가에 나가신다면 값으로 따질 수 없는 귀중한 보물을 얻으실 것입니다."

신문왕은 기뻐하여 그 달 7일에 이견대로 나가 바다 위에 떠 있는 산을 보고는 사자를 보내 살펴보도록 했다. 산은 거북의 머리 모양을 닮았는데, 산 위에 대나무 한 그루가 서 있었다. 그런데 사자가 와서 말하기를, 대나무는 낮이면 둘이 되고, 밤이면 하나가 된다고 했다. 또 산도 그렇다는 것이었다. 왕은 우선 감은사에서 묵으며 좀더 지켜보기로 했다.

이튿날 점심 때 보니 아니나 다를까 대나무가 하나로 합쳐져 있었다. 그런데 갑자기 천지가 진동하고 비바람이 몰아치더니 7일 동안이나 어두웠다. 그리고 그 달 16일에야 바람이 그치고 파도가 가라앉아 왕은 바다를 건너 그 산에 들어갈 수 있었다. 그러자 용 한 마리가 나타나 검은 옥대를 받들어 바쳤다. 신문왕이 물었다.

"이 산과 대나무가 갈라졌다 다시 합쳐졌다 한다는데 그 까닭이 무엇인가?"

"한 손으로 치면 소리가 나지 않지만 두 손으로 치면 소리가 나는 이치와 같습

제2장 신기한 일이 일어나다

이견대 신라 문무왕의 혼이 깃든 대왕암이 보이는 위치에 자리잡고 있다. 신문왕이 천금과도 바꿀 수 없는 값진 만파식적을 얻었다는 유서 깊은 곳이다.

니다. 이 대나무는 합친 후에야 소리가 나는 것이오니, 성왕께서 소리로써 천하를 다스리실 상서로운 징조입니다. 왕께서 이 대나무로 피리를 만들어 부시면 온 천하가 화평해질 것입니다. 용이 되신 선왕과 하늘의 신이 되신 김유신공이 이런 큰 보물을 주시고 저에게 대신 바치게 한 것입니다."

용이 대답했다. 신문왕은 놀라웠지만 한편으로는 기뻐하며 오색 비단과 금, 옥으로 제사를 지냈다. 그리고 사자를 시켜 대나무를 베어 가지고 바다에서 나왔다. 그러자 산과 용은 홀연히 자취를 감추어 보이질 않았다.

이튿날인 17일에 신문왕이 지림사 서쪽 시냇가에 수레를 잠시 멈추고 점심을 먹을 때였다. 소식을 들은 태자 이공(효소왕)이 말을 타고 와 천천히 옥대를 살펴보고 나서 아뢰었다.

"이 옥대에 달린 장식들은 진짜 용입니다."

신문왕릉 기록에는 신문왕을 낭산 동쪽에 장례 지냈다고 하는데, 지금의 위치도 바로 낭산 동쪽에 있어 이 기록과 거의 일치한다. 경북 경주시 배반동에 있다.

"네가 어찌 그것을 아느냐?"

"장식 하나를 떼어 물에 넣어 보십시오."

이에 신문왕은 옥대의 왼쪽 두 번째 장식을 떼어서 시냇물에 넣어 보았다. 그러자 바로 용이 되어 하늘로 올라가고 그 땅은 이내 못이 되니 그 연못을 용연龍淵이라고 불렀다. 신문왕이 행차에서 돌아와 대나무로 피리를 만들어 월성의 천존고天尊庫*에 간직해 두었다. 피리를 불면 적병이 물러가고 병이 나았으며, 가뭄에는 비를 오게 하고, 장마 때는 날을 맑게 하고 바람을 멎게 해 물결을 잠재웠다. 이 피리를 일러 만파식적萬波息笛이라 하고 국보로 삼았다.

● 신라의 도읍이었던 경주의 월성 안에 있던 창고로 나라의 보물을 이곳에 보관했다고 한다. 신문왕 때의 보물인 만파식적과 현금 역시 이곳에 보관했던 것으로 전해진다.

그리고 나중에 효소왕 때 이르러 천수 4년 계사년(693)에 적국의 포로가 되었던 부례랑이 살아 돌아온 기적이 일어나자 다시 이름을 고쳐 만만파파식적萬萬波波息笛이라 했다.

제2장 신기한 일이 일어나다

죽지랑

화랑이 선비를 중히 여기다

제32대 효소왕 때에 죽지랑竹旨郞이 지휘하는 화랑들 가운데 득오得烏라는 급간이 하나 있었다. 그는 화랑의 명부에 이름을 올려놓고 날마다 나왔는데, 어느 날인가 안 보이더니 열흘이 넘도록 나오지 않았다. 궁금해진 죽지랑은 그의 어미를 불러 아들이 어디 있는지를 물었다. 득오의 어미가 말했다.

"당전 모량부의 아간 익선이 아들을 부산성 창고지기로 임명하였는데, 서둘러 가느라고 미처 낭에게 인사를 하지 못했나 봅니다."

죽지랑이 말했다.

"부인의 아들이 사사로운 일로 그곳에 간 것이라면 찾아볼 필요가 없겠지만, 공사로 갔다니 마땅히 가서 대접해야겠소."

이에 떡 한 그릇과 술 한 동이를 가지고 화랑 137명과 함께 찾아갔다. 그들은 부산성에 이르러 문지기에게 물었다.

"득오는 어디 있는가?"

문지기가 대답했다.

"지금 익선의 밭에서 일하고 있습니다."

죽지랑은 익선의 밭으로 찾아가서 득오에게 준비해온 술과 떡을 대접하고, 익선에게 휴가를 청해 함께 돌아오려 했다. 그러나 익선이 완고하게 반대하며 허락하지 않았다. 이때 사리 간진侃珍이 춘화금 벼 30석을 거두어 수레에 싣고, 성 안으로 옮기다 그 광경을 봤는데 죽지랑이 선비를 소중히 여기는 모습에 감동했다. 그리고 익선의 옹졸함을 비웃었다. 보다 못한 간진이 가지고 가던 벼 30석을 익선에게 주면서 함께 도움을 청했으나 익선은 그래도 허락하지 않았다. 결국 그들은 사지(제13위 관등) 진절의 말 안장을 주고 나서야 허락을 받을 수 있었다.

익선의 못된 행실은 후에 조정의 화주에게까지 퍼졌다. 사자를 보내서 익선을 잡아다가 그 더럽고 추한 것을 씻겨주려 했다. 그러자 익선은 도망 가 숨어 버렸고 대신 그의 맏아들이 잡혀갔다. 그때가 몹시 추운 겨울이었는데 벌로 그 아들에게 성 안에 있는 연못에서 목욕을 시키니 얼어 죽었다.

효소왕이 그 말을 듣고 명령하여 벼슬에 오른 자 중 모량리 출신은 모조리 쫓아내어 다시는 관청에 발을 붙이지 못하게 하고, 승복을 입지 못하게 했으며, 승려가 된 자 역시 종을 치고 북을 울리는 절에는 들어가지 못하게 했다. 이때 원측법사는 해동의 고승이었지만 모량리 출신이라 하여 승직을 주지 않았다. 왕은 또 간진을 칭찬하고, 그의 자손을 평정호손을 삼아 표창했다.

죽지랑과 관련된 다른 일화가 있는데 다음과 같다.

죽지랑의 아버지는 술종공述宗公인데, 삭주 도독사가 되어 임지로 가게 되었다. 마침 삼한에 병란이 있어 기병 3,000명이 그를 호위하게 되었다. 그 일행이 죽지령에 이르니 웬 거사 하나가 그 고갯길을 닦고 있었다. 공이 이것을 보고 매우 감탄하였는데 거사 역시 공의 위세에 반했다.

술종공이 삭주에 부임한 지 한 달이 지나서 꿈에 그 거사가 방으로 들어오는 것을 보았는데 공의 아내도 같은 꿈을 꾸었다. 하도 괴이하여 술종공은 이튿날 사람을 시켜 거사의 안부를 물으니 그곳 사람들이 말했다.

제2장 신기한 일이 일어나다

"거사는 죽은 지 며칠 되었습니다."

사자가 돌아와 공에게 고하는데 그가 죽은 날과 공이 꿈을 꾼 날이 같았다. 이에 공이 말했다.

"필경 거사는 우리 집에 태어날 것이다."

그러더니 다시 군사를 보내 고개 위 북쪽 봉우리에 장사 지내고, 돌미륵을 하나 만들어 무덤 앞에 세워 놓게 했다. 공의 아내는 그 꿈을 꾸던 날부터 태기가 있어 아이를 낳으니 이름을 죽지라고 지었다. 이 죽지가 커서 벼슬에 나가 유신공과 함께 부수가 되어 삼한을 통일했다. 진덕여왕, 태종왕, 문무왕, 신문왕의 4대에 걸쳐 재상을 지내고 나라를 안정시켰다.

한편 화랑 득오는 죽지랑을 사모하여 노래를 지었는데 〈모죽지랑가慕竹旨郎歌〉*라고 한다.

● 효소왕 때 낭도인 득오가 죽지랑을 사모하여 지은 8구체 향가다. 자신의 감정을 노래한 순수 서정시다. 〈모죽지랑가〉라는 제목은 《삼국유사》 본문의 내용에 따라 나중에 붙인 것으로 양주동이 지었다. 이외에도 〈득오곡모랑가〉, 〈다기마로 노래〉, 〈죽지랑가〉 등으로 불리기도 한다.

간 봄 그리워하니,

모든 것이 시름이로세.

아담하신 얼굴,

주름살 지시려 하네.

눈 돌릴 사이에

만나 뵈올 기회 지으리라.

낭郎이여! 그리운 마음 가는 길에

쑥 우거진 마을에 잘 밤 있으리.

뭇 사람의 입은 쇠도 녹인다

성덕왕 때 순정공이라는 관리가 있었다. 그에게는 수로水路라는 아주 아름다운 부인이 있었다. 그가 강릉 태수로 부임을 갈 때의 일이다. 일행은 도중에 바닷가에서 쉴 겸 점심을 먹게 되었다. 곁에는 바위 절벽이 병풍처럼 바다를 내려다보고 있었는데 그 높이가 1,000길이나 되었다. 그리고 그 위에 철쭉꽃이 만발해 있었다. 수로부인이 그것을 보더니 좌우 사람들에게 말했다.

"누구 저 꽃을 꺾어줄 사람 없는가?"

하지만 절벽이 너무 가팔라 선뜻 나서는 이가 없었다. 그저 서로 눈치 보며 머뭇거릴 뿐이었다. 이때 암소를 끌고 길을 지나가던 한 노인이 부인의 말을 듣고는 그 꽃을 꺾어 주었는데 〈헌화가獻花歌〉라는 노래까지 지어서 바쳤다.

자줏빛 바위 가에
잡은 암소 놓게 하시고
나를 부끄러워하지 않으신다면
저 꽃 꺾어 바치오리다.

그리고 노인은 곧 사려져 누구인지 알 수가 없었다.

일행은 다시 이틀을 걸었다. 그러다 바닷가 정자에서 점심을 먹는데 이번에는 갑자기 바다에서 용이 나타나더니 부인을 끌고 바다 속으로 들어가는 게 아닌가. 공이 놀라 발을 동동 굴렀으나 어찌할 수가 없었다. 그때 웬 노인이 나타나 말했다.

"옛 사람의 말에, 여러 사람의 입은 쇠도 녹인다 했으니 바다의 생명인 용인들 어찌 여러 사람의 입을 두려워하지 않겠습니까. 마땅히 여기 백성들을 모아 노래를 지어 부르면서 지팡이로 두드리면 부인을 찾을 수가 있을 것입니다."

공이 노인의 말대로 하였더니 정말 용이 부인을 돌려주었다. 공이 바다에서 있은 일을 부인에게 물으니 부인이 말했다.

"칠보로 꾸며진 궁전에서 음식을 먹었사온데, 달고 매끄러우며 향기롭고 깨끗한 것이 인간 세상의 음식이 아니었습니다."

과연 부인의 옷에서 묘한 향이 나니, 이 세상에서 들은 바 없는 것이었다.

이 일 외에도 수로부인은 용모가 너무 뛰어나 깊은 산이나 큰 못을 지날 때마다 여러 차례 신물에게 붙잡혀 갔다. 그럴 때마다 사람들은 용에게 그랬듯이 〈해가海歌〉를 불렀다.

거북아 거북아 수로부인을 내놓아라.
남의 부인 앗아간 죄 그 얼마나 크랴.
네 만일 거역하고 내놓지 않는다면
그물로 잡아서 구워 먹으리.

경덕왕과 충담사

백성들을 편안하게 할 사뇌가를 짓다

당나라에서 《도덕경》 등을 보내오자 경덕왕은 예를 갖추어 받았다. 경덕왕이 나라를 다스린 지 24년에 오악과 삼산의 신들이 이따금 나타나 궁전 뜰에서 왕을 모셨다.

어느 해 3월 삼짇날(음력 삼월 초사흗날) 왕이 귀정문 누각 위에 나가서 좌우 신하들에게 말했다.

"누가 거리에 나가 훌륭하게 차려입은 스님 한 분을 데려올 수 있겠느냐?"

이때 마침 깨끗하게 차려입은 고승이 길에서 배회하고 있었다. 신하들이 이 승려를 왕에게 데려오자 왕은 고개를 저으며 말했다.

"내가 찾는 스님이 아니다."

그때였다. 허름한 승복에 앵통을 찬 승려가 남쪽에서 오고 있었다. 왕이 그를 보자마자 반색하더니 누각 위로 데려와 영접했다. 앵통 속에는 차를 달여 마시는 다구(茶具)가 들

석조미륵삼존불상 충담이 차를 공양했다는 미륵세존이다.

제2장 신기한 일이 일어나다

충담의 묘탑과 석관 신라 신덕왕과 고려 태조의 왕사를 지낸 진공대사 충담의 묘탑과 석관이다. 석관이 함께 있는 것은 고승의 시신을 화장했을 뿐만 아니라 매장도 함께 했음을 보여준다. 현재 국립중앙박물관에 있다.

어 있었다. 왕이 물었다.

"그대는 대체 누구인가?"

"충담忠談이라고 합니다."

"어디서 오는 길인가?"

"소승은 3월 3일과 9월 9일에는 차를 달여서 남산 삼화령三花嶺의 미륵세존께 드리는데, 오늘도 드리고 돌아오는 길입니다."

"나에게도 그 차를 한 잔 나누어 주겠는가?"

충담이 이내 차를 달여 바쳤는데, 그 맛과 향이 오묘했다. 왕이 물었다.

"내가 일찍이 들으니 스님이 기파랑을 찬미한 사뇌가詞腦歌가 그 뜻이 매우 고상하다던데, 그 말이 과연 사실인가?"

"그렇습니다."

향가비 향가비 한쪽에는 일연 스님의 업적과 비의 의의가 적혀
있고, 다른 쪽에는 충담사가 기파랑을 추모해서 지은 〈찬기파랑
가〉가 새겨져 있다. 경주 계림에 있다.

"그렇다면 나를 위해 백성들을 다스려 편안하게 할 수 있는 노래를 지어 주겠는
가?"

충담은 왕의 명을 받들어 〈안민가安民歌〉를 지어 바쳤다. 왕은 시에 감동한 나머
지 그를 왕사王師(왕의 스승)로 봉했으나, 충담은 두 번 절하고 끝내 사양하여 받지
않았다.

　　　　　　　　　　　　　　　　　　제2장 신기한 일이 일어나다

임금은 아버지요,

신하는 사랑스런 어머니시라.

백성을 어리석은 아이라 여기시니,

백성이 그 은혜를 알리.

꾸물거리면서 사는 물생들에게,

이를 먹여 다스리네.

이 땅을 버리고 어디로 가랴,

나라 안이 유지됨을 알리.

임금답게 신하답게 백성답게 하면,

나라는 태평하오리다.

참고로 충담이 기파랑을 위해 지은 〈찬기파랑가讚耆婆郎歌〉는 다음과 같다.

헤치고 나타난 달이

흰 구름 좇아 떠가는 것 아닌가.

새파란 시내에

기파랑의 모습 잠겼어라.

일오천 조약돌에서

낭이 지니신

마음 좇으려 하네.

아아! 잣나무 가지 드높아,

서리 모를 그 씩씩한 모습이여!

나라가 위태로울 불길한 일들이 일어나다

경덕왕에게는 아들이 없었다. 이에 왕비를 폐하고 사량부인에 봉했다. 후비인 만월부인의 시호는 경수태후이니 각간 의충의 딸이다.

어느 날 왕은 표훈대덕表訓大德에게 명했다.

"내가 복이 없어 아들이 없나 보오. 그러니 대덕이 상제께 청해 내게 아들을 달라 해주오."

그리하여 표훈이 천제에 올라가 이를 고하고 돌아와 왕께 아뢰었다.

"상제께서 말씀하시기를, 딸은 될 수 있지만 아들은 될 수 없다고 하셨습니다."

왕은 다시 말했다.

"원컨대 딸을 바꾸어 아들로 만들어 달라고 하시오."

표훈이 다시 하늘로 올라가 청하자 천제가 말했다.

"될 수는 있지만 아들이면 나라가 위태로울 것이다."

표훈이 내려오려고 하자 천제가 그를 불러 말했다.

"자칫 하늘과 사람 사이를 어지럽힐 수도 있는 일이거늘, 지금 그대는 마치 이웃 마을을 왕래하듯이 천기를 누설하고 있으니 이제부터는 발길을 끊어라."

표훈은 돌아와서 천제의 말대로 경덕왕에게 알아듣도록 말했건만 왕은 그래도 아들을 고집했다.

"나라가 비록 위태롭더라도 아들을 얻어서 대를 잇는 게 더 좋겠소."

어쨌든 경덕왕의 바람대로 만월왕후가 태자를 낳으니 왕이 무척 기뻐했다.

시간이 지나 아들이 여덟 살이 되던 해에 경덕왕이 죽어 태자가 왕위에 오르니 이가 혜공왕惠恭王이다. 나이가 어려 태후가 섭정하였는데 정사가 불안하고, 도둑이 벌떼처럼 일어나니 막을 수가 없었다. 표훈대사의 말이 맞은 것이다.

혜공왕은 여자가 남자로 태어난 것이기에 돌 때부터 왕위에 오를 때까지 항상 여자 놀이를 하고 자랐다. 비단 주머니 차기를 좋아하고, 도사 무리들과 어울려 노니 나라가 크게 어지러워지고 마침내 선덕여왕과 김양상에게 죽임을 당했다. 그리고 표훈 이후에는 신라에 성인이 나오지 않았다.

혜공왕 2년 때의 일이다. 강주 관청의 대당 동쪽 땅이 점점 꺼지더니 못이 되었다. 그 크기가 어느 정도인고 하니 세로가 13척, 가로가 7척이었다. 아무튼 그 못에 갑자기 잉어 대여섯 마리가 나타났는데, 잉어가 커질수록 못도 덩달아 커졌다.

이듬해에는 유성이 천지를 흔들며 동루 남쪽에 떨어졌는데 머리는 항아리만 하고 꼬리는 3척이나 되며, 빛은 활활 타오르는 불과 같았다. 또한 같은 해에 금포현의 5이랑 정도의 논에서 모두 쌀이 이삭으로 매달렸다. 이 해 7월에는 북궁 뜰 안에 두 별이 떨어지고 나서 별 하나가 또 떨어지니, 모두 땅 속으로 들어갔다.

이보다 먼저 대궐 북쪽 뒷간에서 두 줄기 연꽃이 피고, 또 봉성사 밭에서도 연이 생겼다. 한번은 호랑이가 궁성 안으로 들어온 것을 좇아가 잡으려다가 놓친 일도 있었다. 또 각간 대공의 집 배나무 위에는 참새가 무수히 모여들었다.

《안국병법安國兵法》* 하권에서 말하기를, 이런 일이 잦으면 전국에 난이 끊이지 않는다고 했다. 이에 왕은 사면령을 내려 죄인들을 풀어

● 병법兵法에 관한 책으로 현재 전해지지 않아 언제 누가 저술했는지 알 수 없다.

주고 자기 또한 반성하고 조심했다.

마침내 7월 3일에 가간 대공이 반란을 일으켰다. 이를 시작으로 왕도와 5도의 주와 군 96명의 각간들이 서로 싸워 크게 어지러웠다. 각간 대공의 집이 망하자 그 집의 재산을 모두 왕궁으로 옮겼는데, 신성의 창고가 불에 타자 사량과 모량 등 마을에 있던 역적들의 보물과 곡식 또한 왕궁으로 운반했다. 난리가 석 달 만에 그쳐 상을 받은 사람도 많았으나 죽임을 당한 자도 수없이 많았다. 과연 표훈이 '나라가 위태롭다'고 한 말이 그대로 맞았다.

원성왕

길몽으로 꿈을 풀어 왕위에 오르다

원성왕元聖王의 이름은 김경신으로 원래 먼저 상재가 된 이찬 김주원 밑에 각간으로 있었다. 하루는 경신이 두건을 벗고 흰 갓을 쓴 채 12줄의 가야금을 들고 천관사天官寺 우물 속으로 들어가는 꿈을 꾸었다. 꿈에서 깬 경신은 이상해 점을 치게 했더니 흉몽이라 했다.

"두건을 벗은 것은 관직을 잃을 징조요, 가야금을 든 것은 칼을 쓸 징조요, 우물 속으로 들어간 것은 옥에 갇힐 징조입니다."

경신은 이 말에 걱정이 되어 문을 닫고 한동안 바깥출입을 하지 않았다. 이때 아찬 여삼이 와서 뵙기를 청했다. 하지만 경신은 병을 핑계로 나오지 않았다. 그러나 아찬이 거듭 청하는 통에 결국 허락할 수밖에 없었다.

"공께서 걱정하시는 게 대체 무엇입니까?"

경신이 꿈 이야기와 함께 점쟁이가 한 말을 전하니 아찬이 절하며 말했다.

"이는 길몽입니다. 공이 만일 왕위에 올라서도 저를 버리지 않으신다면 공을 위해서 꿈을 풀어 보겠습니다."

경신이 이에 좌우 사람들을 물리고 꿈풀이를 청하니 아찬이 말했다.

"두건을 벗은 것은 위에 앉은 이가 없다는 것이요, 흰 갓을 쓴 것은 면류관을 쓸 징조요, 12줄 가야금을 든 것은 12대손이 왕위를 이어받을 징조요, 천관사 우물에 들어간 것은 궁궐에 들어갈 상서로운 징조입니다."

경신이 말했다.

"위에 주원이 있는데 내가 어떻게 왕이 될 수 있단 말이오?"

아찬이 말했다.

"몰래 북천신北川神에게 제사 지내면 좋을 것입니다."

경신은 이 말을 따랐다. 그리고 얼마 안 되어 선덕여왕이 세상을 떠나자 나라 사람들은 김주원을 왕으로 삼아 궁으로 맞아들이려고 했다. 당시 주원의 집은 북천에 있었는데 갑자기 냇물이 불어서 도저히 건널 수가 없었다. 이에 경신이 먼저 궁에 들어가 왕위에 오르니 대신들이 모두 축하했다. 이가 바로 원성왕이었다. 길몽이 맞은 것이다.

경신은 왕위에 오른 후 여삼을 찾았으나 이미 죽은 후였다. 그리하여 그의 자손들을 대신 불러 벼슬을 주었다. 원성왕에게는 손자가 다섯 있었으니, 혜충태자, 헌평태자, 예영잡간, 대룡부인, 소룡부인 등이다.

원성왕은 인생의 곤궁하고 영화로운 이치를 알았기에 〈신공사뇌가身空詞腦歌〉● 를 지을 수가 있었다. 원성왕의 아버지 대각간 효양은 만파식적을 왕에게 전했다. 왕은 이것을 얻은 후 하늘의 은혜를 두텁게 입고 그 덕이 멀리까지 빛났다.

> ● 신라 원성왕이 지은 것으로 추정되는 사뇌가 계통의 가요로 내용은 전해지지 않는다.

정원 2년 병인년(786) 10월 11일에 일본의 왕 문경이 군사를 일으켜 신라를 치려다가 신라에 만파식적이 있다는 말을 듣고 군사를 돌렸다. 그 대신에 금 50냥을 사자에게 주어 피리를 팔라고 청하니 왕이 사자에게 일렀다.

"내가 알기로 진평왕 때에 있었다고 하나 지금은 어디에 있는지 알 수가 없다."

제2장 신기한 일이 일어나다

분황사 석정 석정石井은 바위 틈 사이로 솟거나 흐르는 물을 고이게 바위를 움푹하게 파고, 그 위에 다시 시설을 해 만든 우물을 말한다. 원성왕이 이 우물에서 호국룡을 구했다고 전해진다.

이듬해 7월 7일에 일본의 사자가 다시 금 1,000냥을 가지고 와서 청하며 말했다.

"그 신비로운 피리를 보기만 하고 그대로 돌려보내겠습니다."

원성왕은 먼저와 같은 대답으로 이를 거절했다. 그리고 은 3,000냥을 그 사자에게 주고, 보내온 금은 돌려주었다. 8월에 사자가 돌아가자 그 피리를 내황전內黃殿에 간수해 두었다.

원성왕이 즉위한 지 11년 을해년(795)에 당나라 사자가 서울에 와서 한 달 동안 머물다가 돌아갔다. 그 뒤 얼마 후 하루는 두 여자가 궁에 와 아뢰었다.

"저희들은 동지와 청지(동천사의 샘)에 있는 두 용의 아내들입니다. 당나라 사신이 하서국 사람 둘을 데리고 와서 저희 남편들과 분황사 우물에 있는 용에게 주문을 걸어 작은 고기로 만들어 통 속에 넣어 가지고 돌아갔습니다. 바라옵건대 폐하께서는 그 두 사람을 붙잡아 우리 남편들이 나라를 지키는 용으로 여기에 머무르게 해주십시오."

원성왕은 하양관(지금의 영천 근처)까지 쫓아가서 친히 연회를 열고 하서국 사람들을 붙잡고 말했다.

"너희들은 어찌 우리나라의 용을 잡아 여기까지 왔느냐? 만일 사실대로 이르지 않으면 극형에 처할 것이다."

화엄사 화엄석경 석경은 경전 원문을 돌판에 새긴 것으로 화엄석경은 《화엄경》을 돌판에 새긴 것을 말한다. 신라시대의 명필 김생이 글씨를 새겼다.

사신들은 원성왕이 모든 것을 알고 있는 것에 놀라 물고기 세 마리를 내놓을 수밖에 없었다. 그들이 물고기를 세 곳에 놓아주자, 각각 물속에서 뛰면서 기뻐하며 가버렸다. 이 일이 있은 후 당나라 사람들이 원성왕의 명석함에 감복했다.

하루는 또 원성왕이 황룡사의 승려 지해를 대궐 안으로 청하여 《화엄경華嚴經》(불교 화엄종華嚴宗의 근본 경전)을 50일 동안 강의하게 했다. 이때 지해는 심부름을 할 사미승 묘정을 데리고 함께 입궐했다. 묘정은 매번 금광정 가에서 바리때(사찰에서 승려가 쓰는 밥그릇)를 씻는데 자라 한 마리가 우물 속에서 떴다가는 가라앉았다. 이에 묘정은 늘 먹다 남은 밥을 자라에게 먹이며 놀았다. 왕과 약속한 50일이 다 되어 갈 무렵 묘정이 자라에게 말했다.

"내가 오랫동안 너에게 은덕을 베풀었는데 어떻게 갚겠느냐?"

그러자 며칠 후 자라는 작은 구슬 하나를 토해 묘정에게 주었다. 묘정은 그 구슬을 허리띠 끝에 달았다. 그 후부터 어찌된 영문인지 왕이 묘정을 매우 아껴 곁에서 떠나지 못하게 했다.

그러던 어느 날 한 잡간이 당나라에 사신으로 가게 되었다. 그런데 그 역시 묘정

제2장 신기한 일이 일어나다

괘릉과 돌사자상 괘릉은 현존하는 신라 왕릉 가운데 가장 화려한 무덤으로, 확실치는 않지만 이 괘릉의 주인이 원성왕일 거라고 추정된다. 괘릉 앞에는 돌사자상이 무덤을 지키고 있다.

을 아껴 함께 가기를 원했다. 이에 왕은 허락했다. 그리하여 함께 당나라에 들어가자 당나라의 황제도 묘정을 보자마자 총애하니 승상과 좌우 신하들도 모두 그를 존경하고 신뢰했다. 관상 보는 신하가 아뢰었다.

"이 승려를 보니 좋은 관상이라고는 하나도 없는데 다른 이들에게 이처럼 믿음과 공경을 받으니 틀림없이 특별한 물건을 가졌을 것입니다."

그래서 황제가 신하에게 묘정의 몸을 뒤져 보게 하니 허리띠 끝에 작은 구슬이 보였다. 황제가 말했다.

"나에게 여의주 네 개가 있었는데 지난해에 한 개를 잃어버렸다. 이 구슬이 바로 내가 잃어버린 것이로다. 그런데 네가 어디서 얻었단 말이냐?"

묘정이 그간의 일을 소상히 아뢰었다. 이야기를 들은 황제가 구슬을 잃어버린 날을 생각하니 묘정이 구슬을 얻은 날과 같았다. 황제는 구슬을 두고 가라고 했는데, 그 뒤부터는 사람들이 묘정을 아끼는 일이 없었다.

원성왕의 능은 토함산 서쪽 동곡사(숭복사)에 있는데 최치원이 편찬한 비가 서 있으며, 또 보은사와 망덕루를 세웠다. 조부 훈입 잡간을 흥평왕이라 하고, 증조 의관 잡간을 신영왕이라 하고, 고조 법선 대아간을 현성왕이라 했다. 현성왕의 아버지는 곧 마질차 잡간이다.

흥덕왕과 앵무새

앵무새가 거울을 쪼아대며 짝을 찾다

제42대 흥덕왕興德王은 보력 2년 병오년(826)에 즉위했다. 이 즈음 당나라에 사신으로 갔던 사람이 앵무새 한 쌍을 가지고 왔는데, 오래지 않아 암놈이 죽었다. 그러자 혼자 남은 수컷이 슬피 울며 그치지 않았다.

그 모습이 너무 측은했던 왕은 사람을 시켜 새장 앞에 거울을 걸어놓게 했다. 새는 거울에 비친 그림자를 보고 짝을 얻은 줄 알고는 그 거울을 쪼아대다가 제 그림자인 줄 알고는 또다시 슬피 울다 죽었다. 왕이 이에 노래를 지었으나 전해지지 않는다.

흥덕왕릉 신라 원성왕의 손자이자, 제41대 헌덕왕의 친동생이다. 10여 년 동안 신라를 다스렸으며, 838년에는 해상왕 장보고에게 전남 완도에 청해진을 설치하게 해서 해적의 침입을 막았다.

배신한 왕을 향해 칼을 뽑다

제45대 신무왕이 왕위에 오르기 전이었다. 그는 자신의 아버지를 죽인 민애왕에게 복수심을 갖고 있었다. 그리하여 협객 궁파弓巴, 장보고에게 말했다.

"나에게는 같은 하늘 아래 살 수 없는 원수가 있소. 그대가 만일 나를 위해 그를 없애 준다면 내가 왕위에 오를 때 그대의 딸을 맞아 왕비로 삼겠소."

장보고가 이에 흔쾌히 허락하고, 군사를 일으켜 서울로 쳐들어가 민애왕을 없앴다. 신무왕은 왕위에 오른 다음 약속대로 장보고의 딸로 왕비를 삼으려 했으나 여러 신하들이 말렸다.

"장보고는 아주 미천한 사람이온데 어찌 그의 딸을 왕비로 삼겠습니까? 이것은 불가한 일입니다."

대신들의 반대가 워낙 완강했는지라 왕은 그 말을 따랐다. 그때 장보고는 청해진에서 군사를 이끌고 있었다. 그러다 왕이 자신과의 약속을 어기자 원망하며 반란을 꾀했다. 마침 장군 염장閻長이 이 말을 듣고 왕에게 아뢰었다.

"장보고가 불충을 저지르려고 하니 제가 그를 제거하겠습니다."

신무왕은 기꺼이 허락했다. 염장은 왕의 명을 받들고 청해진으로 가서 장보고에게 말을 전했다.

"왕과 원수 진 일이 있어 장군에게 투항해 몸과 목숨을 보전하려 하오."

장보고는 이를 전해 듣고 크게 노했다.

"왕을 충동질해 내 딸을 내쫓을 때는 언제고, 이제 와 무슨 일이냐?"

염장이 다시 말을 전했다.

"그것은 다른 신하들이 한 것이지 나는 상관없는 일이오. 그러니 나를 의심하지 마시오."

장보고 흉상 장보고는 바닷길을 열어 해상왕의 위세를 중국에까지 떨쳤다. 이 흉상은 전남 완도 장보고기념관에 있다.

장보고는 이 말을 듣고 안으로 그를 불러들여 다시 물었다.

"무슨 일로 여기에 왔는가?"

"왕과 원수 진 일이 있어 그대에게 의탁해 해를 피할까 하오."

"그렇다면 다행한 일이오."

장보고는 의심을 풀고 술자리를 마련해 그를 맞이하며 매우 기뻐했다. 그렇게 술자리가 무르익어 갈 무렵 갑자기 염장이 장보고의 긴 칼을 빼 그를 베어 죽였다. 아래 군사들은 갑작스러운 상황에 놀라고 두려워 땅에 엎드렸다. 염장은 이들을 이끌고 서울로 와서 왕에게 아뢰었다.

"이미 장보고를 베었나이다."

신무왕은 기뻐하며 그에게 상을 내리고 아간阿干 벼슬을 주었다.

경문왕

임금님 귀는 당나귀 귀

제48대 경문왕의 이름은 응렴이요, 열여덟 살에 국선이 되었다. 응렴이 스무 살이 되자 헌안왕憲安王이 궁중에서 연회를 베풀어주며 이렇게 물었다.

"국선이 되어 사방을 돌아다니면서 그래 어떤 특별한 일을 보았느냐?"

"행실이 아름다운 세 사람을 보았습니다."

"그 이야기를 들어보자."

"높은 자리에 있으면서도 사람들의 아래에 앉아 있는 겸손한 사람이 첫째요, 큰 부자이면서 검소한 사람이 둘째요, 귀하고 세력이 있으면서도 위세를 부리지 않는 사람이 셋째이옵니다."

왕은 그 말을 듣고 그의 어진 성품에 감동해 눈물을 흘리며 말했다.

"내게 두 딸이 있는데, 그대를 사위로 맞았으면 좋겠구나."

이에 응렴은 황송하여 왕께 절하고, 머리를 조아리며 물러나와 부모님에게 여쭈었다. 물론 부모는 놀라 기뻐하며, 자제들을 모아 놓고 의논했다. 그러자 모두 용모가 뛰어나지 못한 큰 공주보다는 아름답기로 소문난 둘째 공주를 아내로 맞으

제2장 신기한 일이 일어나다

헌안왕릉 헌안왕은 신무왕의 이복동생이다. 861년 1월에 왕이 죽자 시호를 헌안이라 하고 장사를 지냈다.

라고 했다.

그런데 응렴이 이끄는 화랑들 중 우두머리인 범교사가 그 소식을 듣고 집에 찾아왔다.

"왕께서 공주를 공에게 시집보낸다는 말이 사실입니까?"

"그렇습니다."

"어느 분을 맞아들일 생각이십니까?"

"부모님께서는 둘째 공주를 말씀하셨습니다."

"공께서 둘째 공주를 맞으신다면 저는 공이 보는 앞에서 죽을 것입니다. 하지만 큰 공주를 맞으신다면 반드시 세 가지 좋은 일이 있을 것입니다. 명심하십시오."

"명심하겠습니다."

응렴은 범교사의 말을 새겨들었다. 얼마 지나지 않아 왕이 응렴에게 사람을 보냈다. 응렴은 사자에게 큰 공주와 혼인을 하겠다고 했다.

석 달 후 헌안왕이 큰 병에 걸렸다. 왕은 자신의 죽음을 예감하고 신하들을 불러 모아 말했다.

"나에게는 대를 이을 아늘이 없소. 그러니 장례를 치른 다음 큰딸의 남편 응렴이 잇도록 하시오."

다음날 헌안왕이 죽자 응렴은 유언을 받들어 왕위에 올랐다. 이때 범교사가 경문왕에게 나아가 말했다.

"제가 말씀드린 세 가지 좋은 일이 모두 이뤄졌습니다. 큰따님과 혼인하여 왕위에 오른 것이 하나요, 이제 아름다운 동생을 쉽게 얻을 수 있으니 둘째요, 큰따님과 혼인하여 돌아가신 왕과 부인께서 기뻐하신 게 셋째입니다."

경문왕은 그 말을 치하하여 범교사에게 대덕이라는 벼슬을 주고 금 130냥을 내렸다.

경문왕에 관한 신기한 이야기가 참 많은데 이런 일도 있었다. 왕의 침전에 매일 저녁이면 뱀이 수없이 모여 들었다. 궁인이 이를 보고 놀라 쫓아내려고 하자 왕이 말했다.

"과인은 뱀이 없으면 편안히 잠을 잘 수 없으니 막지 마라."

그리하여 매번 뱀들이 침상에서 혀를 날름거리며 왕의 가슴을 가득 덮었다.

또 다른 이야기는 너무나 유명한 당나귀 귀에 관한 이야기다. 경문왕이 왕위에 오른 뒤부터 갑자기 귀가 커지더니 꼭 당나귀 귀처럼 되었다. 왕후와 궁인들 모두 이 사실을 아무도 몰랐으나 단 한 사람, 왕의 관을 만드는 장인이 알고 있었다. 그러나 이 사실을 발설할 수 없었기에 평생 다른 사람들에게 말하지 않았다. 그러다 보니 한 번이라도 속 시원히 말하고 싶은 마음이 간절했다. 결국 그는 죽을 때가 되어서 도림사의 대나무 숲속 인적이 드문 곳을 찾았다. 그러고는 대나무 숲을 향해 외쳤다.

"임금님 귀는 당나귀 귀!"

그 뒤 바람만 불면, 대나무 숲에서 '임금님 귀는 당나귀 귀'라는 소리가 들리기 시작했다. 경문왕은 화가 나 대나무를 베어 버리고 산수유를 심으라고 명했다. 그

대나무 숲 장인이 대나무 숲에 대고 "임금님 귀는 당나귀 귀"라고 외쳤을 때, 얼마나 그의 가슴속이 시원했겠는가?

랬더니 바람이 불면 다만 '임금님 귀는 길다네'라고 들렸다.

그리고 또 국선 요원랑, 예흔랑, 계원, 숙종랑 등이 금란에서 놀다가, 왕을 위해 나라를 잘 다스리라는 뜻을 담아 노래 세 편을 지었다. 그리고 사지 심필을 시켜 노래를 적은 책을 대구화상이 있는 곳에 보내서 세 노래를 짓도록 하였다. 첫째는 〈현금포곡玄琴抱曲〉, 둘째는 〈대도곡大道曲〉, 셋째는 〈문군곡問群曲〉이다. 왕에게 들려주니, 왕이 크게 기뻐하고 상을 내렸다. 그렇지만 노래는 자세히 전해지지 않는다.

처용의 형상을 문에 붙여 귀신을 물아내다

　　　　　　제49대 헌강왕憲康王 때였다. 당시 서라벌에는 초가집이 한 채도 없었고, 거리에는 음악과 노래가 끊이지 않았다. 또한 바람과 비도 사철 내내 순조롭기만 했다. 어느 날 왕이 개운포開雲浦*에서 놀다가 가마를 타고 돌아가려고 바닷가에서 쉬고 있는데, 홀연히 구름과 안개가 가득 차는 것이었다. 그 바람에 왕은 길을 잃었다. 헌강왕이 이를 괴상히 여겨 신하들에게 물으니 일관이 아뢰었다.

　"이것은 동해 용이 부린 조화로 좋은 일을 해야만 풀릴 것입니다."

　이에 왕은 신하에게 명하여 가까운 곳에 용을 위한 절을 짓게 하였다. 그러자 언제 그랬냐는 듯이 구름이 걷히고 안개가 흩어졌다. 그래서 그곳을 개운포라 부르게 되었다.

　동해 용은 헌강왕이 자신을 위해 절을 짓자 기뻐하며 일곱 아들을 데리고 왕 앞에 나타나 덕을 칭송하면서 춤추고 음악을 연주했다. 그

> *신라시대 국제 무역항 중 하나다. 처용 설화가 탄생한 곳으로 더욱 유명하다. 지금의 울산광역시 울주군에 있었다. 지금도 울산에서는 매년 10월에 처용문화제를 개최하고 있다.

리고 그 아들들 중 하나는 왕을 따라 서울로 들어가서 정사를 도우니 이름이 처용處容이라 하였다.

헌강왕릉 헌강왕은 경문왕의 장남으로 그가 왕위에 있을 동안에 처용무가 크게 유행했다.

　왕은 아름다운 여자를 아내로 삼아 머물게 하고, 또 급간이라는 관직까지 내주었다. 그런데 역신이 처용의 아내를 보고는 흠모하게 되었다. 그리하여 사람으로 변해 밤에 그 집에 들어가 처용 몰래 함께 잤다. 외출하였던 처용이 집에 돌아와 두 사람이 자는 것을 보고는 〈처용가處容歌〉를 지어 부르고 춤을 추면서 물러나왔다.

> 동경 밝은 달에
> 밤늦게 노닐다가
> 들어와 자리를 보니
> 다리가 넷이로구나.
> 둘은 내 것이고
> 둘은 누구의 것인고
> 본디 내 것이지만
> 빼앗겼으니 어찌할꼬.

　처용이 태연히 노래를 부르니 역신이 그 도량에 감탄하여 모습을 드러냈다. 그리고 처용 앞에 무릎을 꿇고 말했다.

처용무 처용은 신라시대의 설화에 나오는 기인奇人이다. 처용이 누구인지에 대해서는 의견이 분분한데, 무당이라는 설과 지방 호족이라는 설, 아라비아인이라는 설 등이 있다. 하단 그림은 《악학궤범》에 실려 있는 처용 가면이다.

망해사 전경과 비석 헌강왕이 창건한 사찰로 보물 제173호로 지정된 2기의 부도가 있다. 이 밖에도 1960년 이후 발견된 각종 기와, 그릇 조각 등도 보관되어 있다.

"제가 공의 아내를 사모해 이렇듯 죄를 저질렀습니다. 그런데도 공은 화는커녕 오히려 태연하시니, 그 아름다움에 탄복할 뿐입니다. 맹세코 오늘 이후로는 공을 본뜬 형상만 보아도 그 문 안에 들어가지 않겠습니다."

이때부터 나라 사람들은 처용의 형상을 문에 붙여서 사악한 것을 몰아내고 좋은 일을 맞아들였다.

헌강왕은 돌아온 다음 영취산 동쪽 기슭에 좋은 곳을 가려 절을 세우고 이름을 망해사望海寺라 했다. 또는 신방사新房寺라고도 했으니 용을 위해서 세운 절이다.

또 헌강왕이 포석정鮑石亭에 행차했을 때였다. 남산의 신이 왕 앞에 나타나 춤을 추었는데 좌우의 신하들은 보지 못하고 오직 왕만 보았다. 또 어떤 사람이 나타나 춤을 추니 왕이 따라 추면서 신하들에게 몸소 보여주었다. 춤을 춘 신의 이름은 상심으로 그가 춘 춤을 '어무상심御舞祥審' 또는 '어무산신御舞山神'이라 했다. 혹은 말하기를, 신이 나타나 춤을 출 때 그 모습을 장인에게 새기게 하여 후대에 보여주었으므로, 상심이라고 했다. 또는 상염무라고도 하는데 이것은 그 형상을 가지고 일

망해사 쌍탑 현재는 승탑이 아니라 불탑일 가능성이 제기되고 있다. 공식 명칭은 '망해사지석조부도'이다.

킫는 것이다.

또 헌강왕이 금강령에 갔을 때는 북악신이 나타나 옥도검玉刀鈐이라는 춤을 췄다. 또 동례전에서 연회를 할 때에는 지신이 지백급간地伯級干이라는 춤을 췄다고 한다.

《어법집語法集》*에서는 다음과 같이 전한다.

"산신이 춤을 추면서 '지리다도파智理多都波'라는 노래를 했는데, '도파都波'는 지혜로 나라

> ● 용어에 대한 해설집解說集으로 추정된다. 현재 전해지지 않아 정확한 저자와 내용 등은 알 수 없다.

를 다스리는 사람이 사태를 미리 알고 도망하여 도읍이 무너진다는 뜻이다. 지신과 산신은 나라가 망하리라는 것을 알았으므로 춤을 추어 이를 경계한 것이다. 하지만 사람들은 이를 깨닫지 못하고 '상서로운 조짐이 나타났다' 하여 즐거움에 극심하게 빠지니 결국 망하고 말았다."

제2장 신기한 일이 일어나다

거타지가 서해 신의 청을 들어주다

제51대 진성여왕眞聖女王이 즉위한 지 몇 해 안 되어 유모 부호부인鳧好夫人과 그의 남편 잡간 위홍魏弘 등 총애를 받는 서너 명의 신하들이 권력을 마음대로 휘둘러 정사를 흔들어 놓자 나라 안에 도둑들이 벌떼처럼 일어났다. 그러자 근심한 백성들이 다라니(신비로운 힘을 지닌 주문)로 왕실을 비판하는 글을 써서 뿌리기 시작했다. 왕과 권세를 쥔 신하들이 이것을 보고 말했다.

"이 글은 왕거인王居仁 말고는 지을 사람이 없다."

이리하여 거인을 옥에 가두자 거인은 또다시 시를 지어 하늘에 호소했다. 이에 하늘이 그 옥에 벼락을 쳐서 거인을 빠져나오게 했는데 그 시는 이러했다.

연단燕丹°의 피 어린 눈물 무지개가 해를 뚫었고
추연鄒衍°°의 품은 슬픔 여름에도 서리 내리네.
지금 내가 길을 잃은 것이 옛날과 비슷하니
황천은 어이해서 상서로움도 없는가.

또 다라니로 퍼트린 글은 다음과 같다.

나무망국南無亡國 찰니나제刹尼那帝 판니판니소판니判尼判尼蘇判尼 우우삼아간于
于三阿干 부이사파가鳧伊娑婆訶

즉, 여기서 찰니나제란 여왕을 말한 것이요, 판니판니소판니는 두 소판을 말한 것이다. 소판은 관작의 이름이요, 우우삼아간은 3~4명의 총신을 말한 것이요, 부이는 부호부인을 말한 것이다. 다시 말해 여왕과 여왕의 총애를 받아 권세를 누리는 사람들을 열거한 것이다.

또 진성여왕의 막내아들 아찬 양패가 당나라에 사신으로 갈 때의 일이다. 양패는 후백제의 해적이 진도에서 길을 막고 있다는 소식을 듣고 궁수 50명을 뽑아 따르게 했다. 양패의 배가 곡도에 이르니 풍랑이 크게 일어나 열흘 동안 묵게 되었다. 양패는 걱정이 되어 사람을 시켜 점을 치게 하였다.

"섬에 신비한 연못이 있으니 거기에 제사를 지내면 좋을 것입니다."

이에 못 위에 제물을 차려 놓자 못 물이 한 길이나 치솟았다. 그날 밤 양패의 꿈에 노인이 나타나서 말했다.

"활 잘 쏘는 사람 하나를 이 섬에 남겨 두면 순풍을 얻을 것이오."

양패가 깨어 그 일을 좌우에게 물었다.

"누구를 남겨두는 게 좋겠소."

여러 사람이 말했다.

"나무 조각에다가 저희의 이름을 각각 써서 물에 가라앉게 하고 제비를 뽑으시는 게 어떻겠습니까?"

● 전국시대 연나라 태자인 단을 말한다. 진나라에 의해 6국이 망하자 단은 자객 형가를 보내 진시황을 죽이려 했으나 실패하여 오히려 형가가 죽고 만다. 후에 진나라의 보복이 두려워 연나라는 태자를 죽였다고 했다.

●● 음양오행설을 제창한 전국시대 제나라 학자로 연나라 소왕의 스승이기도 했다. 하지만 혜왕이 즉위한 후 누명을 쓰고 억울하게 옥에 갇혔는데, 그의 억울함에 한여름에도 서리가 내렸다고 한다.

양패는 좋은 생각이라 하고 즉시 제비뽑기를 했다. 이때 군사 중에 거타지居陀知의 이름이 물에 잠겼다. 그리하여 거타지를 섬에 남겨두니 정말로 순풍이 불어서 배는 거침없이 나아갔다. 섬에 남은 거타지는 수심에 잠겨 있었다. 그때 갑자기 노인이 못 속에서 나오더니 말했다.

"나는 서해의 신이오. 내 부탁 좀 들어주시오. 사미승 하나가 해가 뜰 때면 늘 하늘에서 내려와 다라니를 외우면서 연못을 세 번 도는데, 그러면 우리 부부와 자식들이 물 위에 뜨게 된다오. 그렇게 떠오른 내 자식들의 간과 창자를 그 중이 모두 먹었다오. 그리하여 모두 죽고, 이제 우리 부부와 딸 하나만 겨우 남았다오. 그런데 분명 내일 아침에도 올 것이니 그대가 활로 쏘아 죽여줄 수는 없겠소?"

이에 거타지는 흔쾌히 수락하고 숨어서 중이 나타나기를 기다렸다.

그랬더니 이튿날 동쪽에서 해가 뜨자 과연 승려가 나타났다. 그는 전처럼 주문을 외워 늙은 용을 불러내고는 간을 빼 먹으려 했다. 거타지는 그때를 놓치지 않고 활을 쏘았다. 활에 맞은 중은 이내 늙은 여우로 변하여 땅에 쓰러져 죽었다. 노인이 나와 감사하며 말했다.

"공의 은덕으로 내 성명을 보전하게 되었소. 내 은혜를 갚고 싶으니 내 딸을 부디 아내로 삼아 주시오."

거타지가 말했다.

"제게 주신다면 저버리지 않고 한결같이 사랑하겠습니다."

노인은 딸을 한 송이 꽃으로 변하게 해서 거타지의 품속에 넣어 주고, 두 용에게 명하여 거타지를 당나라까지 호위하도록 했다. 당나라 사람은 신라의 배를 용 두 마리가 호위하고 있는 것을 보고 이 사실을 황제에게 알렸다. 이에 황제는 말했다.

"신라의 사신은 필경 비상한 사람일 게다."

이에 연회를 열어 여러 신하들의 윗자리에 앉히고 금과 비단을 후하게 주었다. 신라로 돌아오자 거타지는 꽃을 꺼내 여자로 변하게 하여 함께 살았다.

경순왕

신라가 멸망하다

후당 명종 2년(천성 2년) 정해년(927), 그러니까 경애왕景哀王 즉위 4년 9월의 일이다. 후백제의 견훤甄萱이 신라를 침범해 고울부高鬱府(경북 영천 군 임고면 일대에 있던 행정구역)에 들어오자, 경애왕은 고려 태조에게 구원을 청했다. 이에 태조는 날쌘 군사 1만을 거느리고 가서 신라를 구원해 주도록 장수에게 명했 다. 하지만 구원병이 채 이르기도 전에 견훤이 서울로 쳐들어갔다.

이때 왕은 비빈, 종척들과 함께 포석정에서 잔치를 열고 즐겁게 놀고 있었기에 견훤의 군사가 쳐들어온 것도 모르고 있었다. 그 때문에 갑자기 닥친 상황에 어찌 할 바를 몰랐다. 경애왕과 비는 후궁에 숨고 종척이나 공경대부와 사녀 들은 사방 으로 흩어져 달아나다가 적에게 사로잡혔다. 그리고 잡힌 이들은 귀천을 가릴 것 없이 모두 땅에 엎드려 노비가 되기를 애원하며 빌었다.

견훤은 군사를 풀어 조정과 민간의 재물을 약탈하고 왕궁에 들어가 거처했다. 그런 후 좌우 사람을 시켜 왕을 찾게 하니, 경애왕은 비첩 몇 사람과 후궁에 숨어 있었다. 이를 잡아가니 견훤은 왕을 자결하게 하고 왕비를 겁탈했으며, 부하들을 풀어 왕의 빈첩까지 욕보였다. 그러고는 경애왕의 아우 부傳를 세워 왕으로 삼았

제2장 신기한 일이 일어나다

다. 이가 바로 제56대 경순왕敬順王으로 견훤이 왕을 세운 셈이었다. 부는 왕위에 오르자 선왕의 시신을 서당에 안치하고 여러 신하들과 함께 통곡했다. 이때 고려 태조는 사신을 보내 조문했다.

그 이듬해 무자년(928) 봄 3월에 태조는 50여 명의 기병을 거느리고 서라벌에 이르렀다. 이에 경순왕이 신하들과 함께 교외로 나와 직접 맞았다. 그리고 궁궐로 가 예를 다하고 임해전臨海殿에서 잔치를 열었다. 술이 얼큰해지자 경순왕이 말했다.

"과인이 복이 없어 재앙과 난리를 불러일으킨 것도 모자라 견훤이 불의한 짓을 자행하게 해서 나라를 잃었으니, 어찌 원통하지 않겠습니까?"

그리고 눈물을 흘리니 좌우의 신하들도 울지 않는 사람이 없었다. 태조 역시 눈물을 흘렸다. 태조는 수십 일을 머물다가 돌아갔는데 그동안 부하 군사들이 어찌나 예의가 바른지 서라벌의 남녀들이 그들을 칭송했다.

"전에 견훤이 왔을 땐 이리와 범을 만난 것 같더니, 지금 왕공이 온 것은 마치 부모를 만난 것 같소."

8월에 태조는 경순왕에게 사자를 보내 비단 저고리와 말 안장을 주고, 여러 관료와 장사들에게도 선물을 내렸다.

시간이 지나 청태 2년 을미년(935) 10월, 경순왕은 사방의 땅이 모두 남의 소유가 되고, 나라는 쇠약하고 형세가 외로워지자 스스로 지탱할 수 없다고 여겼다. 이에 여러 신하들과 함께 고려 태조에게 항복할 것을 의논했다. 그러나 여러 신하들의 의견이 분분하여 도무지 결론이 나지 않았다. 그러자 왕태자가 말했다.

"나라의 존망이란 하늘의 뜻에 달린 것입니다. 이제라도 충신이나 의사들과 함께 민심을 수습하여 노력을 한 후에 그만둘 일이지, 어찌 벌써 천년의 사직을 경솔하게 남에게 내준단 말입니까?"

그러자 왕이 말했다.

"나라가 위태로워 보전하기 어렵다. 이미 강해질 수도, 약해질 수도 없어 전쟁을 하는 것은 무모한 일, 죄 없는 백성들을 참혹한 죽음으로 내모는 것만은 과인이 차마 할 수 없다."

결국 경순왕은 시랑 김봉휴를 시켜서 태조에게 국서를 전달하고, 항복하기를 청했다. 그러자 태자(마의태자麻衣太子)[*]는 울면서 하직하고는 개골산(금강산)으로 들어가 삼베를 입고 풀만 먹다 세상을 마쳤다. 그리고 경순왕의 막내아들은 머리를 깎고 화엄종에 들어가 법명을 범공이라 하고 승려가 되었다. 그 뒤에 법수사와 해인사에 머물렀다고 한다.

태조는 국서를 받자 태상 왕철을 보내 맞게 했다. 경순왕은 신하들을 거느리고 태조에게 귀순했다. 이때 그 행렬이 어찌나 화려한지 향기로운 수레와 훌륭한 말이 30여 리나 이어지고 길은 사람으로 꽉 차고, 구경꾼들이 담과 같이 늘어섰다고 한다. 태조는 교외에 나가서 경순왕을 영접하여 위로하고 대궐 동쪽의 한 구역을 주고, 큰딸 낙랑공주를 그의 아내로 삼게 했다. 후에 경순왕이 자기 나라를 버리고 남의 나라에 와서 살았다 해서 이를 난세에 비유해 공주의 칭호를 신란공주神鸞公主라고 고쳤으며, 시호를 효목孝穆이라 했다. 태조가 경순왕을 정승에 봉하니 자리는 태자의 위이며 녹봉은 1,000석을 주었다. 시종과 관원과 장수 들도 그대로 부리게 했으며, 신라를 경주로 고쳐 경순왕에게 주었다. 그리고 태조는 한 가지 제안을 했다.

"왕께서 나라를 주시니 감사할 따름입니다. 서로 혼인을 맺어 영원히 처남과 매부의 좋은 관계를 맺는 게 어떻겠습니까?"

경순왕이 대답했다.

"나의 백부 억렴에게 딸이 있는데, 덕행과 용모가 모두 아름답습니다. 이 사람

> [*]왕건에게 천년 사직을 하루아침에 내줘야 한다는 비통함에 마의태자는 그 길로 덕주공주와 서라벌을 떠나 월악산으로 들어갔다. 그리고 미륵사(지금의 미륵사 터)에 머물렀는데 마의태자는 나라를 되찾기를 염원하면서 내세불인 미륵불 석불 오층석탑을 만들었고 덕주공주는 덕주골에 덕주사를 지었다. 이때 덕주공주는 절 옆 바위에 자기와 닮은 마애불을 새겼다. 그 후 마의태자는 덕주공주와 헤어져 금강산으로 떠났는데 가기 전에 월악산 국사봉에 올라 국사봉이 물에 비치면 나라를 구할 때라는 말을 남겼다고 한다. 두 남매가 서로 바라보기 위해 마애불은 남향으로 석불은 북쪽을 향해 있다고 한다.

제2장 신기한 일이 일어나다

이 아니면 내정을 다스릴 사람이 없습니다."

태조가 그에게 장가를 드니 바로 신성왕후 김씨이다. 태조의 손자 경종 주伷는 정승공의 딸을 맞아 왕비를 삼으니, 헌승황후이다. 이에 정승공을 봉해서 상보로 삼았다.

그 후 태평흥국 3년 무인년(978)에 경순왕이 죽으니, 태조는 공신의 칭호를 내려 주었다.

신라 일대를 논평한 《사론》에서는 이렇게 말했다.

"신라의 박씨와 석씨는 모두 알에서 나왔다. 김씨는 황금 궤 속에 담겨 내려왔다. 혹은 황금 수레를 타고 왔다고 했는데 이것은 더욱 괴이하여 믿을 수가 없다. 하지만 세상에는 사실이라고 전한다. 초기 역사를 살펴보면 위에 있는 이는 자기에게는 검소하되, 남을 위해서는 관대했다. 관청을 설치함은 간략했고, 일을 행함에는 간소했다. 지성으로 중국을 섬겨 조공하는 사신이 끊임없이 이어졌고, 항상 자제를 보내 숙위하게 하고 공부하게 했다. 이리하여 성현의 풍화를 이어받고 거친 풍속을 고쳐 예의를 갖춘 나라로 만들었다. 또 중국 군대의 위엄을 빌려 백제와 고구려를 평정하고, 그 땅을 취해 군현을 삼았으니 가히 태평성대라 하겠다.

그러나 불교를 너무 숭상하여 그 폐단을 알지 못하고, 심지어는 마을마다 탑이 즐비하게 서고 백성들은 모두 달아나 승려가 되는 바람에 군사나 농민이 점점 줄어들었다. 그리하여 나라가 날로 쇠약해지니 어찌 어지러워지지 않을 것이며 또 망하지 않겠는가. 이때에 경애왕은 더욱 음란하고 놀기에만 바빠 궁인들과 더불어 포석정에 나가 술자리를 베풀고 즐겨 견훤이 이르는 것도 몰랐으니, 저 문 밖의 한금호韓擒虎나 누각 위의 장려화張麗華•와 다를 것이 없었다.

비록 경순왕이 어쩔 수 없이 태조에게 항복한 것이기는 하나 잘한 일이다. 만일 힘껏 싸우

●진나라 후주의 귀비로 어찌나 지혜로운지 왕의 총애를 한몸에 받았다. 하지만 너무 과하면 항상 탈이 나는 법, 후주는 후에 귀비에게 너무 빠진 나머지 수나라 문제의 공격에 미처 대처하지 못해 결국 죽음을 면치 못했다.

고 죽기살기로 지켜서 고려 태조에게 대항했더라면, 힘은 쓰이고 형세는 다해서 반드시 그 가족은 물론 죄 없는 백성들에게까지 해가 미쳤을 것이다. 그런데 먼저 창고를 봉하고 군현의 문서를 만들어 항복했으니 조정에 공로가 있고 백성에게 덕이 있는 것이 매우 크다 하겠다.

옛날 전씨가 오월의 땅을 송나라에 바친 일을 소자첨은 충신이라고 했으니, 지금 신라의 공덕은 그보다 훨씬 크다. 우리 태조는 비빈이 많고 그 자손들도 또한 번성했다. 현종은 신라의 외손으로서 왕위에 올랐으며, 그 뒤에 왕통을 계승한 이는 모두 그의 자손이었다. 이것이 어찌 그 음덕이 아니겠는가."

신라가 이미 땅을 바쳐 나라가 없어지자 아간 신회는 외직을 내놓고 돌아왔는데 도성이 무너진 것을 보고 탄식하여 노래를 지었으나 전해지지 않는다.

백제 이야기

　　　부여군은 전 백제의 왕도로, '소부리군'이라고도 한다. 《삼국사기》에 따르면, "백제의 성왕 26년 무오년(538) 봄에 도읍을 사비泗沘로 옮기고 국호를 남부여라 했다. 그 지명은 소부리이니 사비는 지금의 고성진이요, 소부리는 부여의 다른 이름이다"라고 했다.

　　또 《양전장부》에 의하면, "소부리군은 농부의 주첩柱貼(일꾼의 대장)이다" 했으니 지금 말하는 부여군이란 옛 이름을 회복한 것이다. 백제왕의 성이 부씨였으므로 그렇게 말했던 것이다. 혹 '여주'라고도 하는 것은, 군의 서쪽에 있는 자복사資福寺 높은 자리에 수가 놓인 장막이 있는데 거기에 이렇게 적혀 있다.

　　"통화 15년 정유년(997) 5월 여주 공덕대사가 수놓은 장막이다."

　　또 옛날에는 하남에 임주자사를 두었는데 그때 지도책 안에 여주라는 두 글자가 있었으니 임주는 지금의 가림군이고, 여주는 지금의 부여군이다.

　　《백제지리지百濟地理志》에는 《후한서後漢書》에 있는 말을 인용해서 이렇게 말했다.

　　"삼한이 대개 78개 국인데, 백제는 그 중의 한 나라다."

　　《북사北史》*에는 이렇게 말했다.

"백제는 동쪽으로는 신라와 사맙고 서남쪽은 큰 바다와 인접하며, 북쪽은 한강을 경계로 했다. 그 수도는 거발성居拔城(지금의 충남 부여) 또는 고마성固麻城이라고 하며, 이 밖에 다시 오방성五方城이 있다."

《통전通典》**에는 이렇게 말했다.

"백제는 남쪽으로 신라와 가깝고, 북쪽으로는 고구려와 경계하며, 서쪽으로는 큰 바다와 인접해 있다."

● 북집北朝, 주周·위魏·제齊北·주北周·수隋 4왕조의 233년간의 역사를 기록한 책이다. 당나라 이연수가 편찬했으며, 중국사뿐만 아니라 고구려, 백제, 신라, 거란, 왜 등에 대한 기록도 담고 있어 한반도와 동아시아 역사 연구에 큰 도움을 주고 있다.
●● 당나라의 재상 두우杜佑가 편찬한 제도사制度史다. 상고시대부터 당나라 현종玄宗까지의 제도와 정치를 간략하게 연대순으로 기술했다. 질서정연한 구성과 풍부한 내용으로 중당中唐 이전以前의 제도를 이해하는 데 가장 좋은 책으로 꼽는다.

《구당서》에서는 또 이렇게 말했다.

"백제는 부여의 다른 이름이다. 동북쪽으로는 신라가, 서해를 건너면 월주越州(발해의 지방행정구역)가, 남해를 건너면 왜가 있으며, 북쪽으로는 고구려가 있다. 왕이 거처하는 곳에 동서의 두 성이 있다."

또 《신당서》에는 이렇게 전한다.

"백제는 서쪽으로 월주와 경계를 이루고, 남쪽은 왜인데 모두 바다를 건너 있다. 북쪽은 고구려이다."

《삼국사》〈본기〉의 기록이다.

백제의 시조는 온조溫祚로, 바로 고구려 주몽朱蒙의 아들이다. 주몽은 북부여에서 도망 나와 졸본부여로 왔다. 마침 졸본부여의 왕에게는 아들이 없고, 딸만 셋이 있었는데 주몽을 보자 범상치 않은 사람임을 알고 둘째 딸을 아내로 주었다. 얼마 후 부여주의 왕이 죽고 주몽이 왕위를 이어받았다. 이때 주몽에게는 두 아들이 있었는데 큰 아들은 비류沸流이고 다음은 온조다. 하지만 주몽에게는 그들 말고도 북부여에서 낳은 큰아들이 있었으니, 주몽은 그 큰아들을 태자로 삼았다. 이에 비류와 온조는 혹여 배다른 형에게 화를 당하지 않을까 걱정하여 오간과 마려 등 10여

제2장 신기한 일이 일어나다

정림사지 오층석탑과 석불좌상 정림사지 오층석탑은 미륵사지 석탑과 함께 백제의 대표적인 석탑으로 귀중한 유산이다. 이 탑은 세련되고 정제된 조형미를 통해 격조 높은 기품을 풍기고 있다.

명의 신하들과 함께 남쪽으로 가기로 했다. 이때 제법 그들을 따르는 백성이 많았다. 드디어 한산에 이르러 살 만한 곳을 찾아보았다. 먼저 비류가 바닷가에 가서 살자고 하자 10명의 신하들이 반대했다.

"하남 땅은 북쪽으로는 한강을 끼고, 동쪽으로는 높은 산을 의지하고 있으며 남쪽에는 기름진 못이 있고, 서쪽에는 큰 바다가 가로놓여 있으니 그야말로 하늘이 내린 명당입니다. 그러니 하남에 도읍을 정하는 것이 좋을 것이옵니다."

그러나 비류는 이 말을 듣지 않고 백성을 나누어 미추홀(지금의 인천 부근)에 가서 살았다. 한편 온조는 신하들의 말대로 하남 위례慰禮城에 도읍을 정하고 나라 이름을 십제十濟라 했으니, 이때가 전한 성제 홍가 3년(기원전 18)이었다.

몽촌토성 산책로 몽촌토성은 백제의 위례성으로 추정된다. 현재 서울시
송파구 올림픽공원 내에 있다.

한편 미추홀에 자리를 잡은 비류는 습기가 많고 물이 짜 편히 살 수가 없었다. 그
러다 위례성에 돌아와 도읍이 안정되고 백성이 편안한 것을 보고 지난날의 실수를
후회했다. 그러다 결국 자신의 어리석음을 탓하다 죽게 된다. 그리하여 그의 신하
와 백성들은 모두 위례성으로 돌아왔다. 그 후 백성들이 돌아올 때에 기뻐했다고
해서 나라 이름을 백제로 고쳤다. 그리고 고구려와 마찬가지로 부여에서 왔기 때
문에 해씨라고 하고, 그 뒤 성왕 때에 도읍을 사비로 옮겼으니 지금의 부여군이다.

《고전기古典記》에 보면, 동명왕의 셋째아들 온조는 전한 성제 홍가 3년에 졸본부
여에서 위례성으로 와 도읍을 정하고 왕이 되었다. 14년 병진년(기원전 5)에 도읍을

한산(광주廣州)으로 옮겨 389년을 지냈으며, 13대 근초고왕 때인 함안 원년(371)에 고구려의 남평양을 빼앗아 도읍을 북한성(양주楊州)으로 옮겨 105년을 지냈다. 22대 문주왕이 즉위하던 원휘 3년 을묘년(475)에는 도읍을 웅천(공주公州)으로 옮겨 63년을 지내고, 26대 성왕 때에 도읍을 소부리로 옮기고 국호를 남부여라 하여 31대 의자왕에 이르기까지 120년을 지냈다. 당나라 현경 5년(660)은 의자왕이 왕위에 있던 20년으로 신라 김유신이 소정방과 백제를 쳐서 평정했던 해이기도 하다.

백제는 37군, 200여 성, 76만 호를 5부로 나누어 다스렸다. 하지만 나당에 의해 멸망한 뒤에는 당나라가 웅진, 마한, 동명, 금련, 덕안 등 5도독부를 설치했다. 그리고 추장들을 도독부 자사로 삼았는데 얼마 안 되어 신라가 그 땅을 모두 병합했다. 그리고 거기에 웅주, 전주, 무주 등 3주와 여러 군현을 두었다.

또 백제에는 호암사虎嵒寺의 정사암政事嵒이 있었다. 이 바위에 이름이 붙은 데에는 특별한 사연이 있다. 백제는 나라의 재상을 뽑을 때 후보 서너 명의 이름을 써 상자에 넣고 바위 위에 올려두었다가 나중에 열어 봐서 도장이 찍혀 있는 사람을 재상으로 뽑았다고 한다. 바로 정사암은 여기서 유래된 이름이다. 또 사비수 강가에는 용암(지금의 백마강 조룡대)이라는 바위가 있는데, 일찍이 소정방이 그 바위 위에 앉아서 물고기와 용을 낚았다 하여 붙여진 이름이다.

그리고 부여군에는 일산, 오산, 부산이라고 하는 세 산이 있었는데, 나라가 잘살 때에는 세 산을 지키는 신들이 아침저녁으로 날아다니며 안부를 물었다고 한다.

이 외에도 사비수 언덕에는 10명이 앉을 만한 돌 하나가 있는데, 백제 왕이 그 돌에서 부처에게 절을 하면 돌이 저절로 따뜻해졌다고 한다. 그래서 자온대自溫臺라고 불렸다.

또 사비수의 양쪽 언덕은 마치 병풍같이 아름다워서 백제의 왕이 그곳에서 늘 잔치를 열고 노래하고 춤추면서 즐겼다. 그래서 이곳을 대왕포大王浦라고 일컫는다.

백제의 시조 온조왕은 동명왕의 셋째아들로 몸이 장대하고 효도와 우애가 지극

하며, 말타기와 활쏘기를 잘했다. 또 다루왕多
婁王*은 너그럽고 후덕했으며 위엄과 덕망이 있
었다. 또 사비왕沙沸王(사이왕沙伊王)은 구수왕仇首
王**이 죽은 뒤에 왕위를 계승했으나 나이가 어
려서 정사를 보살필 수가 없었기 때문에 즉시
이를 폐하고 고이왕古爾王***을 세웠다. 혹은 말
하기를, 경초 2년 기미년(239)에 사비왕이 죽어
고이왕이 왕위에 올랐다고 한다.

●백제 제2대 왕(재위 DD ∞)이다. 백제의
시조 온조왕의 아들로 그의 뒤를 이어 즉위
했다. 재위 중 말갈족과 전쟁을 치렀고, 한
편으로는 신라를 견제해 영토를 넓히기도
했다.
●●백제 제6대 왕(재위 214~234)이다. 초고
왕의 장남으로 뒤를 이어 즉위했다. 귀수왕
貴須王이라고도 하며, 농사를 중히 여겨 이
를 권장했다고 한다.
●●●백제의 제8대 왕(재위 234~286)이다.
특이하게도 초고왕의 아우로 어린 사반왕을
몰아내고 왕위에 올랐다. 재위 기간 중 국
가체제를 정비한 것은 물론 왕권을 강화해
국가 기반 확립에 힘썼다.

제2장 신기한 일이 일어나다

무왕

서동이 노래를 지어 선화공주를 얻다

제30대 무왕의 이름은 장璋이다. 그의 어머니는 과부로 서울 남쪽 연못가에 집을 짓고 살았는데, 못의 용과 관계하여 장을 낳았다고 한다. 어릴 때 이름은 서동薯童으로 마를 캐서 팔아 생업으로 삼았으므로 사람들이 서동이라 불렀다. 장은 어려서부터 재주와 도량이 뛰어났다.

그러던 어느 날 장은 신라 진평왕眞平王*의 셋째 선화공주善花公主가 아름답다는 말을 듣고는 머리를 깎고 서울로 가서 마을 아이들에게 마를 먹이니 이내 아이들이 친해져 그를 따랐다. 이에 〈서동요〉**라는 노래를 지어 아이들을 꾀어서 부르게 하니 바로 다음과 같다.

●신라 제26대 왕(재위 579~632)이다. 재위 기간 중 수차례 고구려와의 전쟁을 치렀고, 수·당과 수교해 고구려의 침공을 도모하기도 했다. 신라에 불교를 부흥시켰다.
●●서동요에 관해서는 의견이 분분하다. 그 중 당시 신라·백제 두 나라의 관계를 고려해 있을 수 없는 이야기라고 부정하는 설이 있다. 또한 익산 미륵사의 연기緣起 설화로, 백제 멸망 후 미륵사 승려들이 절을 구하고자 신라와 미륵사가 관련이 있는 것처럼 지어낸 설화라는 설도 있다.

선화공주님은 남 몰래 정을 통하고
서동을 밤에 몰래 안고 간다.

궁남지와 궁남지에 핀 연꽃 궁남지는 백제 무왕이 만든 한국 최초의 인공 연못이다. 그 연못 한가운데에 포룡정이 있다. 충청남도 부여군 부여읍에 있다.

아이들의 입을 타고 곧 노래가 서라벌에 가득 퍼지니 궁궐에까지 들리게 되었다. 이에 모든 신하들이 공주를 먼 곳으로 유배 보내야 한다고 말했다. 그리하여 선화공주가 떠날 채비를 하는데 왕후가 순금 한 말을 여비로 주었다.

그렇게 선화공주가 유배지에 도착할 즈음이었다. 도중에 서동이 나와 공주에게 절을 하더니 모시고 가겠다고 했다. 공주는 그가 바로 자신을 곤란하게 만든 서동인 줄은 모르고, 왠지 믿음직스러운 모습에 그를 따라가기로 했다. 그리고 어느새 정이 쌓여 장래를 약속하게 되었다. 그리고 그제야 공주는 그가 서동임을 알게 되었는데, 어쨌든 〈서동요〉의 내용이 딱 들어맞은 셈이었다.

둘은 함께 백제로 왔다. 선화공주가 왕후가 준 금을 꺼내놓고 장차 살아갈 계획을 의논하자 서동이 크게 웃으며 말했다.

"이게 무엇이오?"

선화공주가 말했다.

"황금입니다. 이것만 있으면 100년은 편히 살 것입니다."

서동이 말했다.

"내가 어릴 때부터 마를 캐던 곳에는 이런 게 흙덩이처럼 쌓여 있소."

선화공주는 이 말을 듣고 크게 놀라 물었다.

"그것은 천하의 보물이랍니다. 그 금이 있는 곳을 아신다면 저희 부모님이 계신 궁궐로 보내는 것이 어떻겠습니까?"

"좋소."

이에 금을 모아 구릉처럼 쌓아 놓고, 용화산 사자사師子寺의 지명법사에게 가서 금을 실어 보낼 방법을 물었다. 법사가 말했다.

"내가 신통한 힘으로 옮길 터이니 금을 가져오시오."

이리하여 공주가 편지를 써 금과 함께 사자사 앞에 갖다 놓았다. 그러자 지명법사는 신통한 힘으로 하룻밤 동안에 그 금을 신라 궁중으로 보냈다. 이를 받은 진평왕은 이 신비한 일에 탄복하여 서동을 다시 보게 되니, 항상 편지를 보내어 안부를 물었다. 서동은 이 일로 인심을 얻어 드디어 왕위에 올랐다.

무왕이 된 서동은 어느 날 왕비 선화와 함께 사자사로 향했다. 그리고 용화산 밑

미륵사지 석탑과 당간지주 미륵사는 전라북도 익산시 용화산에 있던 백제 때의 절로 당시 동양에서 가장 큰
절이었으나, 지금은 석탑과 당간지주만 남아 있다. 미륵사지 석탑은 2001년에 해체하고 보수작업에 들어가
2007년에 복원되었다.

큰 못 가에 이르렀을 때였다. 미륵삼존이 못 가운데에서 나타나니 왕과 왕비는 수
레를 멈추고 절을 했다. 부인이 왕에게 말했다.

"여기에 큰 절을 짓는 것이 제 소원입니다."

왕은 그것을 허락했다. 곧 지명법사에게 가서 못을 메울 일을 물으니 신비스러
운 힘으로 하룻밤 사이에 산을 헐어 못을 메우고는 평지를 만들었다. 여기에 미륵
삼존상을 만들고 회전과 탑과 낭무廊廡를 각각 세 곳에 세우고 미륵사彌勒寺라는 편
액을 걸었다. 진평왕이 여러 장인들을 보내 도왔는데 그 절은 지금도 남아 있다.

제2장 신기한 일이 일어나다

후백제를 세운 견훤, 비참한 최후를 맞다

《삼국사》〈본전本傳〉에는 이렇게 말한다. 견훤은 상주 가은 현 사람으로, 함통 8년 정해년(867)에 태어났다. 본래 성은 이씨였는데 뒤에 견으로 고쳤다. 아버지 아자개는 원래 농사를 지어 생활했는데, 광계연간(885~888)에 사불성(상주)을 차지하여 스스로 장군이라 불렀다. 아들이 넷이 있어 모두 세상에 이름이 알려졌는데, 그 중에 견훤은 남보다 뛰어나고 지략이 남달랐다.

《이제가기李磾家記》[*]에 보면 이렇게 말했다.

진흥왕의 비 사도의 시호는 백승부인이다. 그 셋째아들 구륜공의 아들 파진간 선품의 아들 각간 작진이 왕교파리를 아내로 맞아 각간 원선을 낳으니 이가 바로 아자개이다. 아자개

> [*] 신라 말 후백제를 세운 견훤과 관련된 사실을 기록한 책으로 알려져 있다. 하지만 현재 전해지지 않아 정확한 내용은 알 수 없다. 다만 견훤에 대한 신성성과 고귀성을 선전하기 위해 지어진 것으로 추정된다.

의 첫째 부인은 상원부인이요, 둘째 부인은 남원부인으로 아들 다섯과 딸 하나를 낳았다. 그 맏아들이 상보 견훤이요, 둘째 아들이 장군 능애요, 셋째 아들이 장군 용개요, 넷째 아들이 보개요, 다섯째 아들이 장군 소개이며, 딸이 대주도금이다.

《고기》에는 이렇게 말했다.

견훤의 비석과 묘 견훤은 완산군을 도읍으로 정하고 후백제를 세웠다. 그래서인지 견훤이 죽음에 임박했을 때는 완산군을 그리워했다고 한다.

옛날 광주 북촌에 부자 하나가 살고 있었다. 딸이 하나 있었는데, 용모가 단정하였다. 딸이 아버지에게 말했다.

"밤마다 자줏빛 옷을 입은 남자가 침실에 와서 자고 갑니다. 어쩌면 좋겠습니까?"

"긴 실을 바늘에 꿰어 그 남자의 옷에 꽂아 두어라."

딸은 아버지가 시키는 대로 했다. 그리고 날이 밝아 그 실을 찾아보니 북쪽 담 밑에 있는 큰 지렁이 허리에 꽂혀 있었다. 그 후 딸이 임신해 사내아이 하나를 낳았는데 15세가 되자 스스로 견훤이라 일컬었다. 경복 원년 임자년(892)에 이르러 왕이 되고, 완산군에 도읍을 세웠다. 나라를 다스린 지 43년 청태 원년 갑오년(934)에 견훤의 세 아들이 반역을 도모하니 이에 견훤은 고려 태조에게 투항했다. 그 뒤 아들 신검이 즉위하였다. 그리고 천복 원년 병신년(936)에 고려 군사와 일선군에서 싸웠으나 백제는 패하고 나라는 망했다.

또 다른 이야기로는 견훤이 갓난아기였을 때 아버지는 들에서 밭을 갈고 어머니는 밥을 가져다주려고 아이를 홀로 수풀 아래 놓아 두었더니 호랑이가 와서 젖을 먹였다고 한다. 마을 사람들은 이 말을 듣고 아이가 범상치 않음을 느꼈는데 아이가 장성하자 정말로 체격과 용모가 웅장하고 기이했다. 그리고 기개가 평범하지 않았다. 군인이 되어 서울로 들어갔다가 서남의 해안을 지키는데 너무 출중해 곧 비장(무관의 직위 중 하나)으로 승진했다.

진성여왕이 나라를 다스린 지 6년, 이때 환관과 유모가 정사에 관여하여 나라의 기강이 어지럽고 해이해졌다. 게다가 기근까지 더해 백성들은 떠돌아다니고 도둑들이 벌떼처럼 일어났다. 이에 견훤은 반역을 품고 무리를 모아 서울의 서남 주현을 공격하니 가는 곳마다 백성들이 환호하며, 한 달 사이에 무리가 5,000명에 이르렀다.

견훤이 드디어 무진주를 습격하고, 손에 넣었으나 차마 왕이라고 하지는 못하고 다만 신라의 서남도를 다스리는 총책임자로만 했다. 이때가 용화 원년 기유년(889)이었는데 혹자는 경복 원년 임자년(892)이라고도 한다.

아무튼 이때 북원(지금의 충북 충주)의 도적 양길의 세력이 몹시 강성했다. 그래서 궁예弓裔는 스스로 투항하고 그의 부하가 되었다. 견훤이 이 소식을 듣고 기뻐하며 양길에게 직책을 주어 비장으로 삼았다. 한번은 견훤이 서쪽으로 순행하여 완산주에 이르니 고을 백성들이 그를 환대했다. 곧 견훤은 백성들의 인심을 얻은 것을 기뻐하며 좌우 사람들에게 이렇게 말했다.

"백제가 나라를 세운 지 600여 년에 당나라 소정방의 수군 13만 대군과 신라의 김유신에 의해 멸망했으니, 어찌 이 분함을 갚지 않을 수가 있겠소."

그리고 드디어 스스로 후백제 왕이 되어 벼슬과 직책을 나누었으니 이때가 당나라 광화 3년이요, 신라 효공왕孝恭王● 4년(900)이었다.

● 신라의 제52대 왕(재위 897~912)이다. 진성여왕이 죽은 후 즉위했으나 궁예에게 패서도浿西道·한산주漢山州 등을 빼앗기고, 남서쪽의 땅마저 견훤에게 빼앗겼다. 더욱이 북쪽의 땅을도 궁예에게 빼앗기니 결국 후삼국을 탄생하게 하는 빌미를 제공했다.

정명 4년 무인년(918)에 철원의 민심이 갑자기 변하여 궁예가 아닌 왕건을 고려 태조로 추대하여 왕위에 오르게 했다. 견훤은 이 소식을 듣고 사신을 보내 축하하고, 공작 부채와 지리산의 대나무로 만든 화살 등을 선물로 주었다. 하지만 이는 전략적인 것으로 사실 견훤은 겉으로만 화친하는 체했을 뿐 속으로는 왕건을 경계하고 있었다.

아무튼 견훤은 태조에게 총마驄馬(갈기와 꼬리가 파르스름한 흰 말)를 선물로 보내기도 하더니, 드디어 후당 장종 3년(925) 겨울 10월에는 기병 3,000명을 거느리고 조물성曹物城(지금의 경상북도 김천)까지 쳐들어왔다. 이에 태조도 정예병을 거느리고 맞서 싸웠으나 견훤의 군사가 날래어 승부를 좀처럼 가리기가 힘들었다. 그래서 태조는 일단 휴전을 하고 견훤의 군사들이 지치기를 기다리기로 했다. 그래서 편지를 보내 화친할 것을 제안하고 아우 왕신을 인질로 보내니 견훤도 사위 진호를 인질로 보냈다.

12월에 견훤은 거서성을 비롯한 20여 성을 쳐서 차지했다. 그리고 사자를 후당에 보내 후백제를 후당의 속국이라 했다. 이에 후당에서는 그에게 '검교태위 겸 시중판백제군사檢校太尉兼侍中判百濟軍事'의 벼슬을 주고, 백제의 왕으로 인정해 주었다. 또한 식읍 2,500호를 주었다.

926년에 고려에 인질로 있던 진호가 갑자기 죽자 견훤은 태조 왕건이 일부러 죽인 것이라 의심하고, 즉시 그의 아우 왕신을 가두고 사람을 보내서 지난해 보낸 총마를 돌려보내라고 했다. 그러자 태조는 웃으며 그 말을 돌려보냈다.

천성 2년 정해년(927) 9월이었다. 견훤은 근품성近品城(상주)을 치고 불을 질렀다. 이에 신라의 왕(경애왕)이 태조에게 구원을 청했다. 태조가 군사를 내려는데 이미 견훤이 고울부를 습격하여 취하고, 족시림族始林으로 진군하여 신라 왕도에 들어간 후였다. 이때 신라의 경애왕은 부인과 함께 포석정에서 놀고 있던 차라 더욱 크게 패했다. 견훤은 왕의 부인을 욕보이고 경애왕을 자결하게 한 뒤, 아우 김부를 왕위에 앉혔다. 또 왕의 아우 효렴과 재상 영경을 사로잡고, 나라의 귀한 보물과 무기, 자녀, 그리고 기술이 뛰어난 자들을 모두 데리고 갔다.

이때 신라 왕의 요청으로 온 태조는 정예의 기병 5,000명을 거느리고 공산 아래에서 견훤을 맞아서 크게 싸웠으나 장수 김락金樂*과 신숭겸申崇謙**을 잃고 대패해 자신만 겨우 죽음을 모면했을 뿐이다.

의기양양해진 견훤은 더욱 포악한 짓을 일삼았다. 견훤은 승세를 타고 대목성과 경산부와 강주를 약탈하고 부곡성을 공격했다. 의성부의 태수 홍술은 견훤에 대항해 끝까지 싸우다가 죽었는데, 이 소식을 들은 태조는 "오른손을 잃었구나" 하며 안타까워했다.

42년 경인년(930)에 견훤은 고창군(지금의 안동)을 공격하고자, 군사를 크게 일으켜 석산에 진을 세웠다. 이에 태조는 견훤과 100보 정도 떨어진 고을 북쪽 병산에 진을 쳤다. 둘은 여러 번 겨룬 끝에 견훤이 패하고 시랑 김악이 태조에게 사로잡혔다. 다음날 견훤은 다시 군사를 모아 순주성을 습격했다. 성주 원봉이 견훤을 막아보려 했지만 결국 패하고 밤에 도주했다. 태조는 매우 노하여 그 고을을 낮추어 하지현을 삼았다.

이때 신라의 왕과 신하들은 쇠퇴한 국력을 다시는 일으키기 힘들다 판단하고, 태조를 끌어들여 우호관계를 맺어 후원해 주도록 했다. 견훤이 이 소식을 듣고 신라 서라벌을 치려 했으나 혹여 태조가 먼저 들어갈까봐 염려되어 태조에게 편지를 보냈다.

"신라의 재상 김웅렴 등이 장차 족하足下(같은 또래 사이에서 상대편을 높여 이르는 말로 여기에서는 고려 태조를 말한다)를 서울로 불러들이려 한다고 들었소. 이는 작은 자라가 큰 자라의 소리에 호응하는 것과 같으며, 메추라기가 매의 날개를 찢는 것과 같소.

심숭겸 유허각과 유허비 전남 곡성군에는 신숭겸의 탄생지를 중심으로 이루어진 유적지인 용산재가 있다.

따라서 반드시 백성들을 도탄에 빠뜨리고 종묘와 사직을 망하게 할 것이오. 그래서 내가 먼저 조적의 채찍을 갖고, 홀로 한금호의 도끼를 휘둘러* 모든 신하들에게 굳게 맹세하며 6부를 의리로 설득했거늘 뜻밖에 간신들이 도망가더니 왕까지 죽었소. 이에 경명왕의 외종제인 헌강왕의 외손을 받들어 왕위에 오르게 해서 위태로운 나라를 다시 세우고자 한 것이오.

> ●"조적의 채찍"을 휘두른다는 말은 "선수를 친다"는 뜻이며, "한금호의 도끼를 휘두른다"는 말은 "죄인을 벌한다"는 뜻이다.

그런데 족하는 내 충고는 귀담아 듣지 않고, 한갓 소문만 듣고는 온갖 계교로 침략해서 어지럽게 했소. 하지만 내가 탄 말의 머리도 보지 못했고 내 털 하나도 뽑지 못했소. 이 겨울 초순에는 도의 우두머리인 색상이 성산에서 손을 묶어 항복했고, 이달 안에는 좌장 김락이 미리사 앞에서 죽었소. 이들 말고도 죽거나 사로잡힌 사람이 적지 않소. 상황이 이러하니 앞으로 승패는 말 안 해도 잘 알 것이오. 내가

제2장 신기한 일이 일어나다

바라는 것은 평양성 누각에 활을 걸고 말에게 대동강 물을 먹이는 일이오.

지난달 7일에 중국 오월국의 사신 반상서가 와서 국왕의 조서를 전했소. 왕은 고려와의 화친을 당부하더이다. 나는 왕을 존경하고, 의리로써 큰 나라를 섬기기에 오월국 왕의 충고를 받아들이고자 하오. 다만 족하가 그만두고 싶어도 그만둘 수가 없고, 질 것을 뻔히 알면서도 싸우려는 것이 걱정이오. 그래서 왕의 조서를 베껴서 보내니 청컨대 유의해서 자세히 보시오. 토끼와 사냥개가 다 함께 지치면 마침내는 반드시 남의 조롱을 받는 법이오. 조개와 황새가 서로 버티다가는 역시 남의 웃음거리가 되는 것이오. 그러니 잘못을 되풀이하여 스스로 후회할 일은 불러오지 말도록 하시오."

천성 2년(027) 정월에 태조가 이에 회답을 보냈다.

"오월국의 통화사 반상서가 전한 조서 한 통과 족하가 보낸 여러 일을 적은 긴 편지 잘 보았소. 화려한 수레를 탄 사신이 조서를 가지고 왔더이다. 좋은 소식도 듣고, 가르침도 받았소. 조서를 받고 비록 감격이 더했지만 편지를 보고 의심스러운 마음을 없애기는 어려웠소. 그래서 돌아가는 사신에게 부탁하여 내가 하고 싶은 말을 하려 하오. 나는 위로는 하늘의 명령을 받들고 아래로는 백성들의 추대에 외람되지만 장수의 직권을 맡아서 천하를 경륜할 기회를 얻었던 것이오. 지난날 삼한이 액운을 당하고 모든 국토에 흉년이 들어 황폐해지니 백성들이 모두 도적떼가 되고, 논밭은 황량하지 않은 땅이 없었소. 그리하여 난리를 그치게 하고 나라의 재앙을 구하려 전쟁을 피했더니 과연 수천 리 되는 국토가 농사로 생업을 즐기고, 사졸은 7~8년 동안 한가롭게 쉬었소.

그런데 갑자기 계유년 10월에 그대가 군대를 일으켜 쳐들어왔소. 처음에는 적을 가볍게 여겨 곧장 전진해 와서는 마치 버마재비가 팔을 벌리고 수레바퀴를 막는 것같이 하더니, 마침내 쉽지 않음을 알고 물러가는데 마치 모기가 산을 짊어진 것과 같았소. 그리고 그때 그대가 하늘에 맹세하기를, '오늘 이후로는 길이 화목하며, 혹시라도 이 맹세를 어긴다면 신이 벌을 줄 것이' 하였소. 이에 나도 전쟁을 중지하고 사람을 죽이지 않는 어짊을 기약하여 드디어 여러 겹 포위했던 것을 풀어 피로한 군사들을 쉬게 했소. 더군다나 인질도 마다하지 않고 그저 백성만을 편안하게 하려 했으니, 이것은 곧 내가 후백제에 큰 덕을 베푼 것이었소.

그런데 맹약의 피가 마르기도 전에 흉악한 세력이 다시 일어날 줄 누가 알았겠소. 벌과 전갈의 독처럼 백성을 해치고, 미친 이리와 호랑이가 날뛰듯이 서라벌을 온통 헤집으니, 큰 의리로 주나라 왕실을 높인다는 말을 어찌 믿겠소. 오로지 권모술수로 기회를 틈타 한나라를 도모했던 왕망王莽과 동탁董卓의 간사함만 보일 뿐이오. 어디 이뿐이오? 왕을 핍박해 그대에게 꿇게 해 지위의 높고 낮음을 잃게 하였으니 상하가 모두 조심해서 말하기를, '원보의 충성이 아니면 어찌 사직을 편안케할 수 있으랴' 했소. 나는 그저 왕실을 높여 조정을 구해 나라를 바로잡고 싶을 뿐이오. 그런데 그대는 터럭만 한 작은 이익에 천지의 두터운 은혜를 저버리고, 임금을 죽이고 대궐을 불사르며 대신들을 죽이고 양반과 평민들을 살해했소. 또 궁녀들을 납치하고, 보물은 빼앗으니 그 흉악함은 걸왕桀王•, 주왕紂王••보다 더하고 어질지 못함은 경獍과 올빼미(모두 제 어머나 아비를 잡아먹는다는 동물)보다 심했소.

나는 하늘이 무너진 원통함과 해를 뒤로 돌린 깊은 정성으로, 매가 참새를 쫓듯이 국가에 대해 견마지로犬馬之勞•••를 다하려 했소. 그리하여 두 번째 군사를 일으킨 지 2년이 지난 지금, 육지에서는 천둥과 번개처럼 빠르고, 바다에서는 호랑이나 용처럼 용맹스러워 가는 곳마

•중국 고대 하왕조夏王朝의 마지막 왕이다. 성질이 포악하고 사치스러운 임금으로 폭군의 전형이 되었다. 《사기史記》에 그에 대한 기록이 남아 있는데, 성품이 부도덕했으며, 상商나라 탕왕에 의해 토벌당해 도망가던 중 죽었다고 한다.

••중국 상商나라의 마지막 왕이다. 체격이 장대한 장사였으며 외모 또한 잘생겼고 총명해 여러 전쟁에서 승리를 거두기도 했다. 하지만 평소 술과 여자를 좋아했다고 한다. 후에 애첩 달기妲己에 빠진 나머지 폭군이 되었다.

•••본래는 '개나 말의 하찮은 힘이나 수고'를 가리키는 말이지만, 충성을 다하는 자신의 노력을 겸손하게 비유적으로 이르는 말이다. 여기에서 '견마'는 신분이 낮거나 미천한 사람을 가리킨다. 같은 말로는 '견마지성犬馬之誠', '견마지심犬馬之心'이 있다.

임존성 충남 예산군 봉수산에 있는 임존성은 보존 상태가 양호한 편이지만, 최근에 성 전체를 복원하여 말끔하게 정돈되었다. 임존성은 흑치상지가 백제 부흥운동을 한 곳으로 알려져 있다.

다 공을 세우니, 그대의 수하 중 죽은 이가 몇이고, 또 항복한 이는 몇이더란 말이오. 우리의 기세가 이와 같았으니 후백제가 수복될 날이 어찌 멀겠소? 이는 하늘이 돕는 바이니 천명이 어디로 돌아가겠소? 더구나 오월 왕도 난리를 그치라고 조서를 내렸소. 만일 그대가 이 조서를 받들어 흉악한 싸움을 그친다면, 오월국의 어진 은혜에 보답할 뿐만 아니라 동방의 끊어진 대도 이을 수 있을 것이오. 그러나 만일 허물을 고치지 않는다면, 후회하게 될 것이오."

견훤의 신하 공직龔直은 용맹스럽고 지략이 뛰어난 자였는데, 장흥 3년(932)에 태조에게 와서 항복했다. 그러자 화가 난 견훤은 공직의 두 아들과 딸 하나를 잡아서 다리 힘줄을 지져서 끊었다. 9월에 견훤은 일길을 보내어 수군을 이끌고 고려 예성강으로 들어가 3일 동안 머무르면서 염주, 백주, 진주 등 세 주의 배 100여 척을 빼앗아 불사르고 돌아갔다.

또 청태 원년 갑오년(934)에 견훤은 태조가 운주(지금의 충남 홍성)에 주둔해 있다는 말을 듣고 군사를 뽑아 서둘러 그곳에 보냈는데, 미처 영채에 이르기 전에 장군 유금필이 강한 기병으로 3,000명 가량의 목을 베니 웅진 이북의 30여 성은 이 소문을 듣고 자진해서 항복하였으며, 견훤의 부하였던 술사 종훈과 의사 지겸, 용장 상봉, 최필 등도 모두 태조에게 항복했다.

병신년(936) 정월이었다. 견훤이 아들에게 말했다.

"내가 신라 말에 후백제를 세운 지도 여러 해가 되었구나. 우리 군사가 고려군보다 배나 되는데도 오히려 이기지 못하니 필경 하늘이 고려를 돕는 것 같구나. 그러니 지금이라도 고려 왕에게 항복해서 명을 보전하는 게 어떻겠느냐?"

그러나 그의 아들 신검神劍, 용검龍劍, 양검良劍은 모두 듣지 않았다. 그러나 여기에는 사정이 있었다. 견훤은 처첩이 많아서 아들이 10여 명이나 되었다. 맏이가 신검, 둘째가 태사 겸뇌, 셋째가 좌승 용술, 넷째가 태사 총지, 다섯째가 대아간 종우, 여섯째는 이름을 알 수 없고, 일곱째가 좌승 위흥, 여덟째가 태사 청구이며, 딸 하나는 국대부인이니 모두 상원부인의 소생이었다.

이 중 넷째아들 금강은 키가 크며 지혜로워 견훤이 특히 아꼈는데, 그 정도가 어느 정도인가 하니 맏이를 제치고 왕위를 물려주고 싶어할 정도였다. 이에 신검, 양검, 용검 등이 몹시 근심했다. 이때 양검은 강주도독, 용검은 무주도독으로 있고, 신검만이 홀로 견훤의 곁에 있었다. 그런데 이찬 능환이 신검의 마음을 눈치 채고 강주와 무주에 사람을 보내서 양검 등과 모의했다.

청태 2년 을미년(935) 3월에 이들은 드디어 영순 등과 함께 신검을 부추겨서 견훤을 금산 불당에 가두고 사람을 보내 금강을 죽였다. 그리고 신검이 자칭 대왕이라 하고 나라 안의 모든 죄수들을 사면해 주었다고 한다.

어느 날 견훤이 아직 잠자리에서 일어나기 전이었다. 멀리 대궐 뜰에서 고함치는 소리가 들렸다. 견훤이 무슨 소리냐고 신검에게 묻자 신검이 아버지에게 아뢰었다.

"왕께서 늙으시어 정사에 어두운 탓에 제가 부왕의 자리를 대신하게 되었습니다. 그리하여 여러 장수들이 기뻐하는 소리입니다."

잠시 후에 신검은 아버지를 금산사 불당으로 옮기고 파달 등 장수 30명에게 지키게 하니, 다음 같은 동요가 떠돌게 된다.

가엾은 완산 아이,
아비를 잃어 울고 있네.

당시 견훤은 후궁과 나이 어린 남녀 2명, 시비 고비녀, 나인 능예남 등과 함께 갇혀 있었다. 그러다가 4월에 견훤은 술을 빚어 자신을 지키는 장수 30명에게 먹여 취하게 하고는 고려로 도망갔다. 이에 태조는 소원보향예, 오염, 충질 등을 보내서 그를 맞이했다.

태조는 견훤 자신보다 열 살 위라고 하여 높여서 상부라 하고, 남궁에서 편히 쉬게 했다. 또 양주의 식읍, 전장과 노비 40명, 말 9필을 주고, 먼저 항복해 와 있는 신강으로 아전을 삼았다.

그러던 어느 날 견훤의 사위 장군 영규가 비밀리에 아내에게 말했다.

"대왕께서 나라를 위해서 애쓰신 지 40여 년에 공업이 거의 이루어지려던 찰나 하루아침에 집안사람의 화로 나라를 잃고 고려로 망명하셨소. 예부터 정숙한 여인은 두 남편을 모시지 않고 충신은 두 임금을 섬기지 않는 법이라 했소. 만일 내 임금을 버리고 반역한 아들을 섬긴다면 무슨 낮으로 천하의 선비들을 본단 말이오. 더구나 고려의 왕공은 어질고 근면하여 민심을 얻었다 하니 이는 아마 하늘의 계시로, 필경 삼한의 임금이 될 것이니 어찌 글을 올려 우리 임금을 위로하고, 더불어 왕공에게 의탁해 뒷날의 복을 도모하지 않을 수 있겠소?"

아내가 말했다.

"당신 말씀이 바로 제 뜻입니다."

이에 천복 원년 병신년(936) 2월에 사람을 보내서 태조에게 자기의 뜻을 말했다.

"왕께서 의로운 깃발을 드시면 저는 성 안에서 고려 군사를 맞이하겠습니다."

태조는 기뻐하며 사자에게 예물을 후히 주어 보내 영규에게 치사했다.

"만일 그대의 은혜로 길에서 막히는 일이 없다면 먼저 장군을 뵙고, 다음에 부인께 절하여 형으로 섬기고 누님으로 받들어 반드시 끝까지 후하게 보답하겠소. 천지와 귀신이 이 말을 증명할 것이오."

그 해 6월에 견훤이 태조에게 말했다.

"노신이 전하께 항복한 것은 전하의 위엄을 빌려 반역한 자식을 죽이기 위한 것이니 엎드려 바라건대 대왕께서 저 불충한 것들을 죽여 주십시오. 그렇게 된다면 신이 비록 지금 죽는다 한들 여한이 없겠습니다."

태조가 말했다.

"그들을 공격하지 않으려는 것이 아니라 때를 기다리는 것이오."

이에 먼저 태자 무와 장군 술희에게 보병과 기병 10만을 거느려 천안부로 나가게 하고, 9월에 태조는 삼군을 거느리고 천안에 이르러 군사를 합하여 일선군으로 진격해 나가니 신검이 군사를 거느리고 막았다.

갑오일에 일리천을 사이에 두고 서로 대치하니 고려 군사는 동북방을 등지고 서남쪽을 향해 진을 쳤다. 그리고 태조가 견훤과 함께 군대를 사열하는데, 갑자기 칼과 창 같은 흰 구름이 일어나 적군을 향해 갔다. 이때를 놓치지 않고 고려군이 북을 치고 나가자 후백제의 장군 효봉, 덕술, 애술, 명길 등이 질서정연한 고려 군사의 위용을 보고는 갑옷을 버리고 진 앞에 나와 항복했다. 태조는 이를 위로하고 신검이 있는 곳을 물으니 효봉이 말했다.

"신검은 중군에 있습니다."

태조는 장군 공훤 등에게 명하여 삼군을 일시에 진군시켜 양쪽에서 신검을 공격하니 백제군은 무너져 달아났다. 황산과 탄현에 이르자 신검은 두 아우와 장군 부달과 능환 등 40여 명과 함께 항복했다. 항복을 받은 태조는 그들을 위로하여 처자와 함께 서울로 돌아가도록 허락했다. 하지만 능환만은 꾸짖었다.

"처음에 양검 등과 비밀리에 모의하여 대왕을 가두고 그 아들을 세운 게 네 꾀이니, 그게 신하 된 자로 마땅하단 말이냐?"

태조의 말에 능환은 머리를 숙이고 말을 하지 못했다. 태조는 명하여 능환의 머리를 베게 했다. 이에 견훤이 신검도 함께 벌해야 한다고 하자 태조는 신검이 왕위를 빼앗은 것은 남의 위협으로 본심이 아니었고, 이미 항복까지 했으니 죽일 필요가 없다 하며 사면해 주었다. 그러자 견훤이 크게 분통해 하며 화병으로 난 등창에 수일 만에 황산 불사에서 죽으니 이때가 9월 8일이고 그의 나이가 70세였다.

태조는 군령이 엄격하고 분명해 군사들이 추호도 어기지 않아 주현이 편안하여 늙은이와 어린이가 모두 만세를 불렀다. 태조는 영규에게 말했다.

"전왕이 나라를 잃은 후에 그의 신하들 중 한 사람도 위로해 주는 이가 없었는데 오직 경의 내외만이 천 리 밖에서 글을 보내서 성의를 보였고, 더불어 아름다운 명예를 나에게 돌렸으니 그 의리를 잊을 수 없소."

그러고는 좌승이란 벼슬과 밭 1,000경을 내리고, 역마 35필을 빌려 주어 가족들을 맞게 했으며 그 두 아들에게도 벼슬을 주었다.

견훤은 당나라 경복 원년(892)에 후백제를 세워 진나라 천복 원년(936), 그러니까 45년 만인 병신년에 망했다.

《사론》에 이렇게 말했다.

"신라는 운수가 다하고 올바른 도리를 잃어 하늘이 돕지 않고 백성이 돌아갈 곳이 없게 되었다. 이에 도둑들이 틈을 타고 일어나서 마치 고슴도치의 털 같았다. 그 중에서도 제일 무서운 도적은 궁예와 견훤 두 사람이었다. 궁예는 본래 신라의 왕자로 도리이 제 나라를 원수로 삼아 심지어는 선조에게 욕을 보였으니 그 어질지 못함이 너무 심했다. 견훤은 신라의 백성으로 태어나 신라의 녹을 먹으면서도 역심을 품어 나라의 위태로움을 틈타 신라의 도읍을 쳐서 임금과 신하를 마치 짐승처럼 죽였으니 참으로 천하의 원흉이다. 그 때문에 궁예는 그 신하에게서 버림을 당했고, 견훤은 그 아들에게서 화가 생겼으니 모두 자초한 것인데 누구를 원망한단 말인가. 비록 항우나 이밀의 뛰어난 재주로도 한나라와 당나라가 일어나는 것을 대적하지 못했거늘, 하물며 궁예와 견훤 같은 흉한 자들이 어찌 우리 태조를 대항할 수 있었으랴."

가락국기

노래 부르고 춤을 추며 임금을 맞이하다

천지개벽 후에 아직 나라도 없고, 군신 간의 칭호도 없을 때였다. 다만 아도간我刀干, 여도간汝刀干, 피도간彼刀干, 오도간五刀干, 유수간留水干, 유천간留天干, 신천간神天干, 오천간五天干, 신귀간神鬼干 등 구간九干만 있을 뿐이었다. 이들은 추장으로 백성들을 통솔했다. 모두 100호로 7만 5,000명이었다. 이들은 산과 들에 모여 살고, 우물을 파서 물을 마시며 밭을 갈아 곡식을 먹었다.

후한의 세조 광무제 건무 18년 임인년(42) 3월 계욕일이었다.* 그들이 사는 북쪽 산봉우리 구지龜늘에서 뭔가를 부르는 듯한 이상한 소리가 들렸다. 그래서 백성들이 모여 그 소리에 들어보니, 모습은 보이지 않은 채 사람 소리 같은 게 들릴 뿐이었다.

> ● 음력 3월 상사일에 액을 없애기 위해 물가에서 목욕하며 노는 것이다. 계욕일에 왕이 내려온 것은 몸을 씻음으로써 완전한 존재가 된다는 것을 뜻한다. 일종의 부활적인 의미를 담고 있다.

"누구 있냐?"

구간들이 대답했다.

"우리가 있습니다."

"내가 있는 곳이 어디냐?"

구지봉석 지름 2.5미터 정도의 덮개돌과 5~6개의 짧은 받침돌로 된 기반식 고인돌로 청동기시대의 무덤이다. '구지봉'이라는 글씨는 조선시대 명필 한석봉이 썼다고 한다.

"구지입니다."

"하늘이 나에게 이곳에 나라를 세워 임금이 되라고 명하셨기에 내려온 것이다. 그러니 너희들은 지금 산봉우리 꼭대기의 흙을 파면서 '거북아 거북아, 머리를 내밀어라. 만일 내밀지 않으면 구워먹으리' 하고 노래 부르되 뛰면서 춤을 추어라. 그러면 곧 대왕이 나타날 것이다."

구간이 이 말을 듣고 모두 기뻐했다. 그리하여 목소리가 하라는 대로 노래하고 춤추다가 하늘을 우러러 쳐다보니, 자줏빛 줄이 하늘에서 땅으로 드리워져 있었다. 그 줄 끝을 찾아보니 붉은 보자기에 금궤가 싸여 있었다. 사람들이 열어 보니 해처럼 둥근 황금 알 여섯 개가 들어 있었다. 사람들이 이에 기뻐하며 감사의 절을 올리고는 아도간의 집으로 알들을 옮겨 책상 위에 놓아두었다.

하루가 지나 그 이튿날 사람들이 다시 모여 금궤를 열어 보았다. 안에는 여섯 알

제2장 신기한 일이 일어나다

들이 어느새 동자로 변해 있었는데, 용모가 하나같이 매우 훤칠했다. 사람들은 이들을 평상 위에 앉히고 절을 올려 하례하고, 지극히 공경했다.

　이들은 나날이 자라 10여 일이 지나자 키가 9척이 되었다. 마치 은나라 탕왕湯王•과 같았고, 용모는 용과 같은 게 한나라 고조高祖 같았고, 또 눈썹이 여덟 빛인 건 당나라 요임금과 같았고, 눈동자는 우나라 순임금과 같았다.

　같은 달 보름에 그들 중 한 명이 드디어 왕위에 오르니 세상에 처음 나타났다고 해서 이름을 수로首露(왕이 죽은 뒤의 시호로 수릉首陵이라고도 했다)라고 했다. 그리고 나라 이름을 '대가락大駕洛', 즉 '가야국伽耶國'이라고 하니, 여섯 가야 중 하나였다. 나머지 다섯 사람도 각각 다섯 가야의 임금이 되니 동쪽은 황산강, 서남쪽은 창해, 서북쪽은 지리산, 동북쪽은 가야산이며 남쪽이 나라의 끝이었다. 그는 임시로 대궐을 세우고 거처했다. 또 수수하고 검소하여 지붕에 이은 이엉을 자르지 않았고, 흙으로 쌓은 계단도 겨우 3척이었다.

　즉위 2년 계묘년(43) 정월이었다. 왕은 서울을 정하기로 했다. 그래서 임시 궁궐의 남쪽 신답평으로 행차했다. 수로왕이 사방의 산악을 바라보다가 신하들을 돌아보며 말했다.

　"이 땅은 협소하여 여뀌 잎사귀 같구나. 하지만 주변이 수려하고 기이하여 16나한이 살 만한 곳이다. 더구나 하나에서 셋을 이루고, 셋에서 일곱을 이루니 칠성이 살기에 가장 적합한 곳이다. 땅을 개척해 터전을 닦으면 훌륭해질 것이다."

　그러고는 1,500보 둘레의 성, 궁궐, 전당, 여러 관청의 청사와 무기고와 곡식 창고를 세울 터를 마련한 뒤에 궁궐로 돌아왔다. 나라 안의 장정과 장인들을 불러 그 달 20일에 성을 쌓기 시작해 3월 10일에 공사를 마쳤다. 궁궐과 옥사는 농사일이 바쁘지 않은 그 해 10월에 시작해 갑진년(44) 2월에 완성했다. 수로왕은 길일을 받아 새 궁으로 거둥한 후 모든 정사를 보살폈다.

이때 완하국이리는 나라의 함달왕의 왕비가 임신하여 알을 낳았다. 그리고 안에서 탈해가 태어났는데, 어느 날 바나늘 건너 가락국으로 들어왔다. 그는 키가 석자요, 머리 둘레는 한 자였다. 그는 바닷길을 따라와 거침없이 대궐에 들어와서는 왕에게 말했다.

"나는 왕의 자리를 빼앗으러 왔소이다."

수로왕이 대답했다.

"하늘이 명하여 나를 왕위에 오르게 하고, 장차 나라를 안정시켜 백성들을 편안하게 하도록 했다. 그런데 어찌 감히 하늘의 명을 어기겠느냐? 왕위를 넘겨줄 수도 없을뿐더러 우리 백성을 어찌 너에게 맡긴단 말이더냐?"

그러자 탈해가 말했다.

"그렇다면 술법으로 겨뤄 보는 것이 어떻겠소?"

이에 수로왕은 좋다고 말했다. 그러자 탈해가 순식간에 매로 변신했다. 이에 수로왕은 독수리로 변했다. 또 탈해가 참새로 변하자 왕은 새매로 변했다. 어찌나 빠르게 변하는지 눈 깜짝할 새에 다른 모습으로 탈바꿈했다.

탈해가 본래의 모습으로 돌아오자 수로왕 역시 본모습이 되었다. 이에 탈해가 이길 수 없음을 인정하고 수로왕에게 무릎을 꿇었다. 그리고 하직하고는 중국 배가 드나드는 서울의 한 나루터로 떠나갔다. 수로왕은 혹시나 그가 머물러 있다가 반란을 일으킬까 걱정하여 급히 수군 500척을 보내 쫓게 했다. 그러나 탈해가 이미 계림 땅으로 달아나 수군은 모두 돌아왔다.

건무 24년 무신년(48) 7월 27일의 일이다. 구간들이 조회할 때 왕에게 아뢰었다.

"대왕께서 아직 좋은 배필을 구하지 못하셨으니, 부족하나마 신들의 딸들 중에서 가장 어여쁜 이를 골라 궁중에 들여보내 대왕의 짝이 되게 하겠습니다."

그러자 왕이 말했다.

"내가 여기에 내려온 것은 하늘의 명으로 나에게 짝을 점지해주는 것 역시 하늘

제2장 신기한 일이 일어나다

의 뜻이다. 그러니 그대들은 너무 염려하지 마시오."

후에 수로왕은 유천간에게 명해 빠른 배와 준마를 끌고 망산도에 가서 기다리라 했다. 또한 신귀간에게도 명하여 승점으로 가게 했다. 그들이 그렇게 수로왕의 명을 받고 기다리고 있을 때였다. 갑자기 바다 서쪽에서 붉은 돛을 단 배가 붉은 기를 휘날리며 북쪽을 향해 오고 있었다. 유천간 등이 이를 먼저 보고 망산도에서 횃불을 올렸다.

때마침 그때 배에서는 사람들이 앞 다투어 육지로 뛰어내리고 있었다. 신귀간은 이를 바라보다가 대궐로 달려가 왕에게 아뢰었다. 왕은 이 말을 듣고는 그 배에 왕후 될 사람이 있다며 기뻐했다. 그러더니 목련으로 만든 키와 계수나무로 만든 노가 있는 좋은 배를 구간 등에게 주며 왕후를 맞이하게 했다. 구간이 모시려 하자 왕후가 말했다.

"내가 그대들을 모르는데, 어찌 경솔하게 따라가겠느냐?"

이에 유천간 등이 궁에 돌아가서 왕후의 말을 전하니 수로왕이 그 말이 옳다며 친히 행차했다. 왕은 대궐 아래 서남쪽으로 60보쯤 떨어진 곳에 장막을 쳐서 임시 궁전을 만들어놓고 기다렸다. 이에 왕후는 산 밖의 별포 나루터에 배를 대고 육지에 올라 높은 언덕에서 쉬었다. 그곳에서 왕후는 입고 있던 비단바지를 벗어 산신령에게 폐백으로 바쳤다.

그런 후 왕후가 다시 길을 떠나자, 그를 모시던 신하 신보와 조광, 그리고 그들의 아내인 모정과 모량이 그 뒤를 따랐다. 또한 노비 20여 명이 수놓은 비단과 의상, 필로 된 비단, 금은, 구슬과 옥, 장신구 등을 짊어지고 따랐는데, 그 양은 이루다 기록할 수 없을 정도였다.

왕후가 곧 왕이 있는 곳에 가까워지자, 왕이 나아가 맞아 함께 임시 궁전으로 들어갔다. 사람들은 왕후를 뜰 아래에서 영접하고 즉시 물러갔다. 수로왕은 또 왕후를 따라온 관리에게도 각각 방을 주고, 노비들은 5~6명으로 나눠 쉬게 했다. 그리고 좋은 음료와 술, 심지어 옷과 비단에 보화까지 주고는 병사들에게 그들을 보호하게 했다.

수로왕이 왕후와 함께 침전에 드니 왕후가 조용히 왕에게 말했다.

"저는 아유타阿踰陀*의 공주인데, 성은 허이고, 이름은 황옥이라고 합니다. 나이는 열여섯 살입니다. 제가 본국에 있을 때였습니다. 5월 어느 날, 부왕과 왕후는 저에게 이런 말을 하셨습니다. '어젯밤 꿈에 하늘의 상제께서 나오셨다. 상제께서 말씀하시길, 가락국의 왕 수로는

하늘이 내려 보내 왕위에 오른 이로 신령스럽고 성스럽다 하셨다. 또 덧붙이시길 아직 배필을 정하지 못했으니 공주를 보내 그 배필을 삼게 하라 하시고는 하늘로 올라가셨다. 꿈을 깬 뒤에도 상제의 말씀이 귓가에 생생하구나. 그러니 너는 이 자리에서 우리와 작별하고, 그곳으로 떠나라' 하셨습니다. 이에 저는 배를 타고 멀리 증조(신선이 먹는다는 대추)를 찾고, 하늘로 가서 반도(선계의 복숭아)를 찾아 이제 모양을 가다듬고 감히 임금을 가까이 하게 되었습니다."

수로왕이 대답했다.

"나는 태어나면서부터 자못 신성하여 공주가 멀리에서 올 것을 미리 알고 있었소. 그래서 신하들이 왕비를 맞으라 할 때도 가만히 있었던 것이오. 이제 마음이 어질고 정숙한 그대가 오셨으니 참으로 다행스러운 일이오."

왕은 왕후와 혼인하고 이틀 밤을 지내고 또 하루 낮을 보냈다. 그러고는 왕후를 데려온 15명의 뱃사공에게 각각 쌀 10석과 베 30필씩을 주어 본국으로 돌아가게 했다.

8월 1일 왕과 왕후는 수레를 타고, 신하들과 함께 궁궐로 돌아왔다. 왕후는 궁 중에 거처하고 신하 내외와 노비들에게는 비어 있는 두 집에 나누어 들게 했다. 그

리고 사람들도 20여 칸의 빈관 한 채를 주어 사람 수에 맞추어 편히 있게 했다. 그리고 날마다 많은 음식을 주고, 싣고 온 진기한 물건들은 창고에 간수하게 해 왕후가 항상 쓰도록 했다.

어느 날 왕이 신하들에게 말했다.

"구간들은 모든 관리들의 우두머리인데, 그 지위와 명칭이 모두 소인이나 농부들의 칭호와 다를 게 없소. 그 때문에 높은 벼슬의 이름에 적합하다 할 수 없소. 만일 외국 사람들이 듣는다면 웃음거리가 될 것이오."

그리하여 아도를 고쳐서 아궁, 여도를 고쳐서 여해, 피도를 피장, 오도를 오상이라 하고, 유수와 유천의 이름은 첫 글자는 그대로 두고 다음 글자만 고쳐 유공, 유덕이라 했다. 또 신천을 고쳐서 신도, 오천을 오능으로 고쳤다. 신귀의 음은 바꾸지 않고 그 뜻만 신귀라고 고쳤다.

또 계림의 직제를 참고해 각간, 아질간, 급간의 품계를 두고, 그 아래의 관리는 주나라 법과 한나라 제도를 참고해 나누어 정하니 이것은 옛것을 고쳐서 새것을 취하여 관직을 나누어 설치하는 방법이다. 이에 비로소 나라를 다스리고 집을 정돈하며, 백성들을 자식처럼 사랑하니 그 교화는 엄숙하지 않아도 위엄이 서고, 그 정치는 엄하지 않아도 다스려졌다.

더구나 왕이 왕후와 함께 사는 것은 마치 하늘에게 땅이 있고, 해에게 달이 있고, 양에게 음이 있는 것과 같았으며, 또 그 공은 도산씨塗山氏가 하나라를 보필하고, 당원唐媛•이 교씨를 일으킨 것과 같았다.

그 해에 왕후는 곰을 얻는 꿈을 꾸고 태자 거등공居登公을 낳았다.

> •요임금의 딸 아황과 아영으로 순임금에게 시집가 교씨의 시조가 되었다.

그러다 후한 영제 중평 6년 기사년(189) 3월 1일에 왕후가 죽으니 그의 나이 157세였다. 이에 사람들은 땅이 무너질 듯 슬퍼했다. 구지봉 동북 언덕에 왕후를 장사 지냈다. 그리고 왕후가 백성들을 자식처럼 사랑하던 은혜를 잊지 않고자 왕

<u>수로왕릉</u> 왕릉이 지금과 같은 모습을 갖추게 된 것은 선조 13년(1580) 수로왕의 후손인 허엽이 수로왕비릉과 더불어 크게 정비작업을 마친 후이다. 임진왜란 때는 도굴되기도 하는 수난을 당했다. 현재 경남 김해시 서상동에 있다.

후가 처음 배에서 내린 도두촌渡頭村을 주포촌主浦村이라 고치고, 비단바지를 벗었던 언덕을 능현綾峴, 즉 비단고개라 하고, 붉은 기를 걸고 들어온 바닷가를 기출변旗出邊이라 했다.

왕후를 따라온 신하 천부경 신보와 종정감 조광은 가락국에 온 지 30년 만에 각각 두 딸을 낳았고, 그들 부부는 12년 뒤에 모두 죽었다. 그 밖에 노비들은 이 나라에 온 지 7~8년이 되어도 자식을 낳지 못했으며, 오직 고향을 그리워하는 슬픔을 품고 모두 죽었으므로, 그들이 거처하던 빈관은 텅 비고 아무도 없게 되었다.

왕후가 죽은 후 수로왕은 매일 외로움과 슬픔 속에 지내다가 10년 후, 그러니까 헌제 건안 4년 기묘년(199) 3월 23일에 죽으니, 나이가 158세였다. 사람들은 마치 부모를 잃은 듯 왕후가 죽던 때보다 더욱 슬퍼했다. 대궐 동북쪽 평지에 높이가 한 길, 둘레가 300보인 빈궁을 세워 장사 지내고, 이름을 수릉왕묘라 했다. 그 아들 거등왕부터 9대손인 구충왕까지 이 묘에 배향하고, 매년 정월 3일과 7일, 5월 5일

제2장 신기한 일이 일어나다

과 8월 5일, 15일에 정결한 제사를 지내 대대로 끊어지지 않았다.

신라 제30대 문무왕, 즉 당 고종 12년 신유년(661) 3월에 왕은 조서를 내렸다.

"나의 어머니이신 문명왕후文明王后는 가야국 가야 왕의 후손으로 즉 가야국의 시조 수로왕은 내게 15대조가 된다. 비록 가야국은 없어졌지만 그를 장사 지낸 사당은 지금도 남아 있으니, 종묘에 합해서 계속 제사를 지내게 하라."

그리하여 그 옛 터에 사자를 보내어 그 묘 가까이에 좋은 밭 30경을 위토位土•로 정하고 왕위전이라 이름 지었다. 수로왕의 17대 손 급간 갱세가 조정의 뜻을 받들어 그 밭을 관 리해 해마다 명절이면 술과 단술을 빚고, 떡, 밥,

●문중의 제사 등에 필요한 비용을 충당하기 위한 토지이다.

차, 과일 등의 제물을 차리기를 한 해도 거르지 않았다. 특히 거등왕이 정한 연중 5일을 꼭 지켰다.

거등왕이 즉위한 기묘년(199)에 임시로 제사를 지내는 편방을 설치한 후 구형왕 말년에 이르는 330년 동안 종묘의 제사는 늘 지켜졌다. 하지만 구형왕이 왕위를 잃고 나라를 떠난 후부터 용삭 원년 신유년(661)에 이르는 60년 동안은 제사가 제 대로 이뤄지지 않았다. 그러나 문무왕이 끊겼던 제사를 다시 지내니 선조를 받 드는 효심이 너무나 갸륵하고 아름답다 하겠다.

신라 말기에 잡간 충지忠至라는 자가 있었는데, 금관고성을 공격하여 성주장군 이 되었다. 그때 아간 영규란 자가 장군의 기세를 믿고 수로왕의 사당을 빼앗아 함 부로 제사를 지냈다. 그러던 중 단오날을 맞아 제사를 지내는데 까닭 없이 대들보 가 부러져 깔려 죽었다. 그러자 성주장군 충지가 혼잣말로 중얼거렸다.

"전생의 인연으로 성왕(수로왕)이 계시던 이 도성의 제사를 내가 지내게 되었으니 마땅히 그 영정을 받들어 모시고 향등을 바쳐 신하 된 은혜를 갚아야겠다."

충지는 진귀한 비단에 수로왕의 모습을 그려냈다. 그러고는 벽 위에 모시고는 아침저녁으로 촛불을 켜놓고 공손히 받들었다. 그리고 그러기를 3일 만에 진영眞

影(얼굴을 그린 화상畵像)의 두 눈에서 피눈물이 흘러 땅바닥에 거의 한 되나 괴었다. 충지는 몹시 두려워 그 림을 가시고 사당으로 나아가 불태워 없앴다. 그러고는 즉시 수로왕의 친자손인 규림을 불러 말했다.

"어제 상서롭지 못한 일이 생겼소. 어찌 이런 일이 거듭되는 것이오? 이는 필시 내가 영정을 그려 모시는 것을 불손하게 여겨 크게 노하셨기 때문인가 보오. 영규가 이미 죽었고, 나는 두려워 영정을 이미 불살라 버렸으니 반드시 신의 노여움을 살 것이오. 그대가 왕의 자손이니 전에 하던 대로 제사를 받드는 것이 좋겠소."

이리하여 규림이 대를 이어 제사를 지냈다. 그리고 88세에 그가 죽으니 그 아들 간원경이 이어 제사를 지냈다. 그리고 다시 단오날이 되어 간원경이 사당을 찾아갈 때였다. 영규의 아들 준필이 오더니 놀라 간원경이 차려 놓은 제물을 치우고 자기가 제물을 차려 제사를 지내려 했다. 그런데 그가 술잔을 세 번 올리기도 전에 갑자기 병이 나니 집에 돌아가서 곧 죽었다. 옛 사람들은 함부로 지내는 제사는 복이 없을 뿐 아니라 도리어 재앙을 받는다고 말했다. 이는 먼저 영규가 있고, 후에 준필도 그랬으니 이들 부자를 이르는 말이었다.

또 도적들이 사당 안에 금과 옥이 많다는 소리를 듣고 도둑질을 하려고 했다. 처음 도적이 왔을 때 갑옷을 입은 용사가 사당 안에서 나와 사방에서 비 오듯이 화살을 쏘아서 7~8명을 죽이니, 도적들이 놀라 달아나 버렸다. 며칠 후에 도적들이 다시 오자 길이가 30여 척이나 되고 번개 같은 눈빛의 큰 구렁이가 사당 옆에서 나와 8~9명을 물어 죽였다. 겨우 죽음을 면한 자들은 모두 엎어지면서 도망쳐 흩어졌다. 그 후로는 능원 안에 신물이 있어 사당을 보호한다는 것이 알려져 누구도 감히 접근을 하지 못했다.

사당을 세운 건안 4년 기묘년(199) 때부터 지금 임금이 즉위한 지 31년 만인 대강 2년 병진년(1076)까지 도합 878년 동안 쌓아올린 흙이 허물어지지 않았고, 심어 놓은 나무도 시들거나 죽지 않았으며, 더구나 거기에 벌여놓은 수많은 옥 조각도 부서지지 않았다.

이것으로 본다면 신체부가 말한 "예부터 지금까지 어찌 망하지 않은 나라가 있으며 허물어지지 않은 무덤이 있겠는가?"라는 말을 다시 생각하게 한다. 가락국이 옛날에 일찍이 망한 것은 맞았지만 수로왕의 사당이 허물어지지 않았으니 신체부의 말을 다 믿을 수는 없겠다.

또 수로왕을 사모해서 하는 놀이가 있다. 매년 7월 29일엔 지방 사람들을 비롯한 서리와 군졸들이 승점에 올라가서 장막을 치고 술과 음식을 먹으면서 즐겁게 논다. 그들이 동서쪽으로 서로 눈짓을 하면 건장한 인부들은 좌우로 나누어서 망산도에서 말을 타고 육지를 향해 급히 달리고 뱃머리를 둥둥 띄워 물 위로 서로 밀면서 북쪽 고포를 향해 다투어 달린다. 이것은 옛날에 유천간과 신귀간 등이 왕후가 오는 것을 바라보고 급히 왕에게 아뢰던 것에서 유래한 것이다.

가락국이 멸망한 뒤로는 사당의 칭호가 한결같지 않았다. 신라 제31대 신문왕이 즉위한 개요 원년 신사년(681)에는 금관경이라 이름 짓고 사당에 태수를 두었다. 그 후 259년이 지나 고려 태조가 통합한 뒤로는 여러 해 동안 임해현으로 불렸는데, 배안사排岸使를 두어 48년을 계속 했다. 다음에는 임해군 혹은 김해부라고 하고, 도호부를 두어 27년을 유지했으며, 또 방어사防禦使를 두어 64년 동안 계속 했다.

순화 2년(991)에 김해부의 양전사 중대부 조문선이 이를 조사해서 보고했다.

"수로왕의 묘에 딸린 밭의 면적이 많으니 마땅히 15결을 가지고 전대로 제사를 지내게 하고, 그 나머지는 부의 역정들에게 나누어주는 것이 좋겠습니다."

이 일을 맡은 관청에서 장계를 올려 아뢰었는데 조정에서 허락하지 않았다.

"하늘에서 내린 알이 변해 성군이 되었고 이내 왕위에 올라 나이 158세가 되었으니 저 삼황 이후로는 이에 견줄 만한 분이 드물다. 수로왕께서 돌아가신 뒤에 선대부터 능묘에 소속된 전답을 지금에 와서 줄인다는 것은 참으로 두려운 일이다."

하지만 양전사가 거듭 아뢰자 이번에는 조정에서도 옳게 여겨 반만 능묘에 남겨둔 채 나머지 반은 그곳의 역정에게 나누어주게 했다. 그는 조정의 명을 받아 반은 능원에 남기고 나머지 반은 부역하는 호정에게 주었다.

이렇게 전답을 나누는 일이 어느 정도 마무리되어 갈 무렵이었다. 양전사가 몹시 지쳐 잠깐 졸았는데, 꿈에 7~8명의 귀신이 나타나 밧줄과 칼을 들고 와서 그를 꾸짖었다.

"네가 감히 큰 죄를 지었으니 살려둘 수 없다."

그러더니 귀신들이 양전사에게 달려들어 형을 가하는 게 아닌가. 양전사는 몹시 아파하다가 놀라서 깼다. 그리고 갑자기 병이 들었는데 남에게 말도 못하고 야반도주하다 죽고 말았다. 이 때문에 양전도장에는 도장이 찍히지 않았다.

그 뒤에 사신이 와서 그 밭을 조사해 보니 겨우 11결 12부 9속만 남아 있었고, 3결 87부 1속이 모자랐다. 이에 모자라는 밭을 어찌했는지를 조사해서 관원들에게 보고하여, 칙명을 내려 넉넉히 지급했으니 고금에 탄식할 일이다.

수로왕의 8대손 김질왕은 나라를 다스리는 데 게을리 하지 않고, 도를 매우 숭상했다. 그리고 시조의 어머니 허황후의 명복을 빌기 위해 원가 29년 임진년(452)에 왕과 황후가 혼인하던 곳에 절을 세우니, 절 이름을 왕후사王后寺라 했다. 김질왕은 또 그곳에 사자를 보내어 절 근처에 있는 평전 10결을 삼보를 위한 공양비로 쓰게 했다.

절이 생긴 지 500년 후 장유사長遊寺를 세웠는데, 이 절에 바친 밭이 모두 300결이나 되었다. 이에 장유사를 관리하던 승려들이 왕후사가 장유사의 밭 동남쪽 지역 안에 있다고 해서 왕후사를 없애고 거기에 농장으로 만들었다. 그것도 모자라 겨우내 곡식을 저장하는 창고와 말을 기르고 소를 치는 마구간으로 만들었으니 참으로 안타까운 일이다.

세조 이하 9대손의 역수를 아래에 자세히 기록하니 이러하다.

허황후릉 김해 허씨의 시조로 수로왕과의 사이에 10명의 아들이 있었는데, 그 중 2명이 어머니의 성인 허씨 성을 받았다. 나머지 8명 중 7명은 스님이 되었는데, 지리산에 있는 칠불암을 창건했다는 전설이 있다.

천지가 처음 열리니, 해와 달이 비로소 밝았네. 비록 인륜은 있었지만, 왕위는 아직 이루어지지 않았다. 중국은 이미 오래도록 한 나라였지만 동방의 나라는 서울이 나뉘어져 있었다. 신라가 먼저 세워지고, 가락국이 뒤에 세워졌다. 스스로 맡아 다스릴 사람이 없으면 누가 백성을 보살피랴.

드디어 상제께서, 세상의 모든 이들을 돌보셨다. 그리고 부명(하늘이 왕이 될 만한 사람에게 내리는 상서로운 징조)을 주어, 특별히 정령을 내려 보내셨다. 산 속에 알을 내려 보내고 안개 속에 모습을 감추었다. 오히려 안은 아득하고, 밖도 역시 캄캄했다. 보고 있노라면 형상이 없는 듯한데 들으니 소리가 난다. 여러 사람이 노래를 불러 아뢰고, 춤을 추니, 이레가 지난 후에 한때 안정이 찾아왔다. 바람이 불고 구름이 걷히니 푸른 하늘이 텅 비었고, 여섯 개 둥근 알이 내려오니, 가늘고 긴 자주색 끈이 드리워졌다. 또 낯선 땅에 집과 집이 연달아 지어졌다. 이에 구경꾼들이 몰려들어 우글거렸다.

알에서 나온 다섯 이는 각 고을로 돌아가고, 한 사람은 이 성에 남아 있었다. 하지만 여섯이 똑같이 생겨 마치 형제 같았다. 참으로 하늘이 덕인을 낳아서, 세상을 위해 질서를 만드셨도다. 왕위에 처음 오르니, 온 세상이 밝아지려 했나. 화려한 제도는 옛 법을 따랐고, 흙 계단은 오히려 평평했다. 온갖 정사에 힘쓰니 모든 정치가 시행되었고, 기울지도 치우치지도 않으니, 오직 하나이고 오직 정밀했다. 길가는 자는 길을 양보하고, 농부는 밭갈이를 서로 양보했다. 사방은 모두 안정이 되고, 만백성은 태평했다.

　　그런데 갑자기 풀잎의 이슬처럼, 장수하던 나이를 보전하지 못했다. 그가 죽으니, 천지의 기운이 변하고 신하와 백성이 모두 슬퍼했다. 금 같은 그의 발자취요, 옥 같은 명성이었다. 후손이 끊어지지 않으니, 영묘靈廟(선조의 영혼을 모신 사당)의 제전이 항상 깨끗했다. 세월은 비록 흘러갔지만, 규범은 허물어지지 않았다.

제3장

불교를 전하다

순도가 고구려에 불교를 전하다

고구려 17대 소수림왕 즉위 2년인 임신년(372), 즉 동진 함안 2년에 중국 전진前秦*의 왕 부견이 사신과 승려 순도順道를 보내 불상과 경문을 전했다. 또 4년 갑술년(374)에는 아도가 진나라에서 돌아왔다. 5년 을해년 2월에 초문사肖門寺를 지어 순도를 머물게 하고, 이불란사伊弗蘭寺**를 지어 아도를 있게 했다. 이때부터 고구려에 불교가 알려지게 되었다. 사람들이 이 일을 찬양해 이렇게 말했다.

● 351년 저족의 부견이 세운 나라로, 중국 5호 16국 중의 하나다. 한때 화북을 통일하는 등 위세를 떨쳤으나, 후진을 세운 강족 출신의 요장에게 394년에 멸망하고 만다. 제3대 부견왕 때 최고 전성기를 누렸다.

●● 한국 최초의 사찰이다. 초문사와 더불어 고구려 소수림왕 때 세워졌다. 《삼국유사》에는 375년에 건립되었다는 기록이 있지만, 정확한 것은 아니다. 사찰의 위치는 당시의 정황으로 미루어 만주 안동성 지안현輯安縣 국내성國內城 부근이었던 것으로 추측된다.

압록강에 봄 깊어 풀빛 고운데
백사장 갈매기 한가로이 조는구나.
문득 어디서 들리는 노 젓는 소리에 놀라니
어디의 어선인지, 나그네는 안개 속에 왔구나.

마라난타가 백제의 불교를 열다

　　　　　　백제 제15대 침류왕이 즉위한 갑신년(384)에 인도의 승려 마라난타가 진나라에서 왔다. 왕은 그를 궁중에 머물게 하고 예로써 공경했다. 마라난타는 이듬해인 을유년(385)에 새 도읍인 한산주에 절을 지어 열 사람에게 불교를 가르쳤다. 이것이 백제 불교의 시초이다. 사람들은 이를 찬양해 다음과 같이 말했다.

　　하늘의 조화는 옛날부터 아득하게 전해오니
　　대체 잔재주로 솜씨 부리기는 어려워라.
　　어른들은 절로 노래 부르고 춤을 추고
　　옆 사람 이끌어 눈을 뜨게 하네.

불갑사 현판과 대웅전 불갑사佛甲寺는 유서 깊은 고찰로 불교를 처음 전래한 마라난타가 백제 침류왕 1년에 창건했다고 한다.

아도가 신라 불교의 기초를 놓다

아도阿道는 원래 고구려 사람으로 어머니는 고도녕이다. 정시연간(240~248)에 위나라 사람인 아굴마我崛摩가 사신으로 고구려에 온 적이 있었다. 아굴마는 고구려에 머무는 동안 고도녕을 가까이 했는데, 이때 고도녕이 임신을 하여 아도를 낳았다. 아도가 다섯 살이 되자 어머니는 그를 출가시켰는데, 열여섯에 위나라에 가서 굴마를 만나 현창화상의 가르침을 배웠다.

어느덧 열아홉 살이 된 아도는 고구려로 돌아와 어머니를 뵈었다. 어머니가 말했다.

"우리나라는 지금 불법이 뭔지 잘 모른다. 하지만 3,000여 달 후 신라는 성왕이 나와 불교를 크게 일으킬 것이다. 그리고 신라 서울에 가면 일곱 군데의 절터가 있는데, 금교 동쪽 천경림, 삼천기, 용궁의 남쪽, 용궁의 북쪽, 사천의 끝, 신유림, 서청전이 바로 그곳이란다. 이곳은 모두 부처님 때의 절터로 앞으로 불법이 길이 전해질 곳이니라. 그러니 너는 지금 이 길로 신라에 가 큰 가르침을 널리 퍼뜨려 불교의 개조開祖(종파의 창시자)가 되도록 하라."

그리하여 아도는 어머니의 말대로 신라로 가 왕성 서쪽에 머물렀는데, 지금의 엄

아도화상 사적비 아도화상 사적비는 효종 6년 (1655)에 세운 것으로 아도화상이 신라에 불교를 전한 사적을 적어놓은 것이다.

장사嚴莊寺가 그곳이다. 이때가 미추왕 2년 게미년(263)이었다. 그러던 어느 날 아도는 대궐에 들어가 불법을 시행하기를 청했다. 그러나 당시에는 전혀 들어보지 못했던 불법이라 꺼리고, 심지어 그를 죽이려고까지 했다. 아도는 하는 수 없이 속림續林(일선현, 지금의 선산군) 모록의 집으로 도망가 숨어 지내게 되었다.

그렇게 시간이 흘러 미추왕 3년에 성국 공주가 병이 들었다. 주술과 의원까지 불러 갖은 방법을 모두 써봤지만 효험이 없었다. 그래서 왕은 칙사를 사방으로 보내 용한 의원을 찾기 시작했다. 이 소식은 곧 아도에게도 전해졌다. 아도는 대궐을 다시 찾았다. 여전히 많은 사람들이 그를 불신했지만, 공주의 병을 낫게 할 다른 뾰족한 수가 없었기에 기회를 한 번 주기로 했다.

그런데 예상치 못한 일이 벌어졌다. 아도가 염불을 외우니 공주의 병이 나은 것이다. 이에 왕은 크게 기뻐하며 그의 소원을 물었다.

"소승에게 필요한 것은 없습니다. 그저 천경림에 절을 세워 불교를 크게 일으켜서 국가의 복을 빌기만을 바랄 뿐입니다."

왕은 곧 공사를 시작하도록 명했다. 당시의 풍속은 수수하고 검소하여 아도 역시 띠집을 짓고 강연을 하니, 이때 하늘꽃이 땅에 떨어지므로 그 절을 흥륜사興輪寺라 했다.

제3장 불교를 전하다

모록의 누이동생 사씨는 아도에게 와서 승려가 되어 역시 삼천지에 절을 짓고 살았다. 절 이름은 영흥사永興寺이다. 얼마 안 되어 미추왕이 세상을 떠나자 사람들이 아도를 해치려고 했다. 그러자 아도는 모록의 집으로 돌아가 스스로 무덤을 만들고 그 속에서 문을 닫고 자결했다. 그리고 다시 나타나지 않으니 불교도 같이 사라졌다. 사람들이 이를 찬양해 말했다.

금교에 눈이 쌓여 아직 녹지 않으니
계림의 봄빛 아직도 온전히 돌아오지 않았네.
봄의 신은 재주 많아 아름다우니
먼저 모록의 집 매화나무에 꽃이 피게 했네.

이차돈이 불법을 위해 몸을 바치다

《신라본기新羅本紀》에, "법흥왕이 즉위한 14년(527)에 신하
이차돈異次頓이 불법을 위해서 몸을 바쳤다"고 했다. 바로 소량 보통 8년 정미년
(527)에 서천축의 달마대사가 금릉에 온 해다. 이 해에 낭지법사도 영취산에 머물
면서 법문을 열었다. 불교의 큰 가르침이 흥하기도 쇠하기도 하나 멀든 가깝든 한
시기에 서로 감응한다는 것을 이 일로 해서 알 수가 있다.

원화연간(806~820)에 남간사의 승려 일념이 〈촉향분례불결사문燭香墳禮佛結社文〉
을 지었는데, 이 사실이 자세히 실려 있으니 대략 옮기면 이러하다.

법흥왕이 즉위한 후 동쪽 땅을 살펴보며 말했다.

"옛날 한나라 명제가 꿈에서 계시를 받은 후부터 불교가 동쪽으로 전해졌다. 이
에 과인도 백성들을 위해 복을 빌고 죄를 없앨 절을 마련하고자 한다."

그러나 조정의 신하들은 왕의 깊은 뜻을 헤아리지 못하고, 오로지 나라를 다스
리는 데에만 열중할 뿐이었다. 대신들이 절 건축을 반대하자 법흥왕이 탄식하며
말했다.

"아아, 과인이 대업을 이어받고도 덕이 부족하여, 위로는 음양의 조화가 모자라

제3장 불교를 전하다

이차돈 초상 한국 불교사에서 최초로 순교한 신앙인이다. 그가 죽은 뒤 기적이 일어나자 신라에 불교가 공인되었다. 초상은 국립중앙박물관에 소장되어 있다.

고 아래로는 백성들이 즐거워하는 일이 없구나. 그리하여 정사를 닦는 여가에 부처의 교화를 마음에 두었는데, 누구와 함께 한단 말인가."

그때 남몰래 불도를 닦던 사람이 있었다. 성은 박이요, 자는 염촉猒髑(이차돈)이었다. 그의 아버지에 대해서는 알려진 바가 없지만 조부는 아진 벼슬에 있던 사람으로 이름이 종이었고, 습보갈문왕의 아들이었다. 염촉은 절개가 대쪽 같았고, 지조가 물처럼 맑았다. 선행을 쌓은 집안의 증손으로서 맑은 시대의 조정 중신이 되기를 바랐다. 그때 나이 22세로 사인의 직책에 있었는데, 법흥왕의 얼굴에서 그 심정을 눈치 채고 아뢰었다.

"신이 듣자오니 옛사람은 천한 사람에게도 계략을 물었다고 하옵니다. 그 때문에 큰 죄를 무릅쓰고 이렇게 이릅니다. 나라를 위해 목숨을 바치는 것은 신하의 큰 절개이옵고, 임금을 위해 목숨을 바치는 것은 백성이 곧은 의리라 하였습니다. 하오니, 제가 거짓으로 말씀을 전했다고 하고 신의 목을 베시옵소서. 그리하시면 만백성이 굴복하여 감히 왕의 말씀을 어기지 못할 것입니다."

그러자 법흥왕이 말했다.

"살을 베고 몸을 덜어서라도 한 마리 새를 살리라 했고, 피를 뿌리고 목숨을 끊어서라도 짐승을 불쌍히 여기라 했다. 더욱이 과인의 뜻은 사람을 이롭게 하고자 함인데, 어찌 죄 없는 사람을 죽일 수 있단 말이냐? 너는 비록 공덕을 쌓고자 하지만 죽음을 피하는 것만 못할 것이다."

그러자 이차돈이 말했다.

"왕의 말씀이 맞습니다. 가장 버리기 힘든 것은 목숨이지요. 하오나 소신이 저녁에 죽음으로써 불교가 아침에 행해져 부처님의 말씀이 다시 성행하고, 왕께서 편안해지신다면 더는 바랄 것이 없사옵니다."

왕은 말했다.

"난새와 봉황의 새끼는 어려서도 하늘을 치솟을 뜻이 있고, 기러기와 고니의 새끼는 나면서부터 파도를 깨칠 기세를 품는다더니 바로 너를 두고 한 말이 아니겠느냐? 과연 큰 선비의 행동이라 할 만하도다."

이차돈의 확고한 뜻을 확인한 왕은 그리하여 몸가짐을 바르게 하고 사방에 서슬 퍼런 형장을 벌여 놓은 후 여러 신하들을 불러 들였다.

"그대들이 내가 절을 지으려는데 일부러 일을 지체시키지 않았느냐?"

여러 신하들은 왕의 불호령에 벌벌 떨며 그런 일이 없다고 맹세하며 동서를 가리켰다. 왕은 또 이차돈을 불러 꾸짖었다. 이차돈은 얼굴빛이 변하여 아무 대답도 하지 못했다. 대왕이 크게 노하여 베어 죽이라고 명령을 내리자 관원들은 그를 묶어 관아로 데리고 갔다.

이차돈은 죽기 전 하늘을 향해 자신의 희생에 대한 징표를 보여달라고 기도했다. 이윽고 옥리가 그의 목을 베었다. 그러자 피가 아닌 흰 젖이 한 길이나 솟아올랐으며, 하늘이 곧 어두워지더니 저녁 빛을 감추고, 땅이 진동하며 빗방울이 뚝뚝 떨어졌다. 왕은 이차돈의 희생에 눈물이 곤룡포를 적시도록 슬퍼했고, 재상들은 걱정으로 관복에 진땀을 흘려댔다.

이뿐만 아니라 샘물은 모두 말라 물고기와 자라가 다투어 뛰어오르고, 곧은 나무는 저절로 부러져 원숭이들이 떼 지어 울었다. 동쪽 궁궐에서 말고삐를 나란히 하던 동무들은 피눈물을 흘리면서 서로 돌아보고, 대궐 뜰에서 소매를 잡고 놀던 친구들은 창자가 끊어지는 듯 이별을 애석해 하며 관을 쳐다보고 우니, 그 소리가 마치 부모를 잃은 것과 같았다. 그들이 말했다.

"개자추介子推*가 자신의 허벅지 살을 자른 일도 이차돈의 뼈아픈 절개에 비할 수는 없으며, 홍연弘演**이 배를 가른 일도 어찌 그의 장렬함에 비할 수 있으랴. 이는 곧 대왕의 믿음에 의지하고 아도의 본심을 성취한 것이니 참으로 성자로다."

이에 이차돈을 북산 서쪽 고개에 장사 지냈다. 나인들은 슬퍼하여 좋은 땅을 가려 절을 세우고 이름을 자추사刺楸寺라 했다. 그 후 부처를

●중국 춘추시대 사람으로 진나라 문공의 충복이었다. 하루는 망명 중이던 문공이 거의 아사 직전까지 가자 개자추가 자신의 허벅지 살을 잘라 바쳤다고 한다. 하지만 후에 문공이 왕위에 올라 자신을 등용하지 않자 이에 실망한 나머지 산에 들어가 은둔했으며, 문공이 산에 불을 질러도 나오지 않고 타 죽었다고 한다.
●●춘추시대 위나라 사람으로 위나라 왕 의공이 적들에게 죽임을 당해 몸둥이를 잃자 자기 몸이라도 주겠다며 왕의 간을 자신의 뱃속에 집어넣고 죽은 충신이다.

받드는 집은 대대로 영화를 얻게 되고, 불도를 행하는 자는 곧 불교의 이치를 깨닫게 되었다.

진흥왕이 즉위한 5년 갑자년(544)에는 흥륜사를 지었다. 태청 원년(547)에는 양나라 사신 심호가 사리를 가져오고, 천가 6년(565)에 진나라 사신 유사가 승려 명관과 함께 불경을 받들고 왔다. 그러자 절과 절이 하늘에 별처럼 곳곳마다 늘어서고,

백률사 신라 불교의 순교자인 이차돈을 기리는 절이다. 주위 경관이 금강산처럼 아름다워서 '소금강산'이라 불린다. 처음에는 자추사였으나 백률사로 이름을 바꿨다.

탑과 탑이 기러기처럼 줄을 지었다.
법당을 세우고 범종도 달아 불상과
승려들은 천하의 복을 주는 밭이 되
고, 대승과 소승의 불법은 자비로운
구름이 되었다.

다른 지방의 보살이 세상에 나타나
고*, 서역의 고승들이 신라에 오니 드
디어 삼국이 통일이 되고, 온 세상이
한 집이 되었다. 그 때문에 그의 공덕
을 하늘의 계수나무에 쓰고, 신성한
행적으로 은하수에 그림자를 비추니
어찌 세 성인(아도, 법흥왕, 이차돈)의 위
엄으로 이루어진 것이 아니겠는가.

그 후 국통 혜륭과 법주 효원과 김
상랑, 대통 녹풍, 대서성 진노, 파진
찬 김의 등이 사인의 이차돈의 무덤
을 고치고 큰 비를 세웠다. 원화 12년
정유년(817) 8월 5일 즉, 제41대 헌덕
왕 9년에 흥륜사의 영수선사는 이차

돈의 무덤에 예불할 신도들을 모아 매월 5일에 법회를 열었다.

《향전鄕傳》에 따르면, "시골 노인들이 제삿날이 되면 흥륜사에서 모임을 가졌다"
고 한다. 즉, 이 달 초닷새는 바로 이차돈이 목
숨을 버리고 불법에 순응한 날로, 이런 임금이
없었으면 이런 신하가 없었을 것이요, 이런 신

●분황사의 진나陳那와 부석사의 보개寶蓋,
낙산사의 오대五臺를 등을 말한다.

제3장 불교를 전하다

하가 없었으면 이런 공덕도 없었을 것이다. 이는 마치 유비란 물고기가 제갈량이란 물을 만난 것과 같으며, 구름과 용이 서로 감응한 아름다운 일이라 하겠다.

법흥왕은 이미 피폐해진 불교를 일으켜 절을 세우고, 절이 완공되자 면류관을 벗고 가사를 입었다. 또 궁 중에 있는 친척들을 절의 노예로 쓰 게 했으며, 그 절의 주지가 되어 몸 소 넓게 교화를 폈다.

진흥왕은 아버지의 덕을 계승한 성군으로 위엄으로 모든 신하를 통 솔하고, 법흥왕이 주지로 있는 절에 대왕흥륜사라는 이름을 내렸다. 법 흥왕의 성은 김씨요, 출가한 뒤 이름 은 법운이며, 자는 법공이다.

《책부원귀册府元龜》를 보면 법흥왕 의 성은 모, 이름은 진이라 했다. 공

백률사 금동약사여래입상 풍만한 얼굴과 뚜렷한 삼도 三道, 긴 귀 등은 불국사 금동아미타여래좌상과 비슷하 다. 얼굴은 근엄하지만, 눈·코·입의 명확한 묘사는 치밀하고 세련되었다. 현재 국립경주박물관 소장되어 있다.

사를 처음 시작하던 을묘년에 왕비 역시 영흥사를 세웠다. 그리고 모록의 누이동 생인 사씨의 유풍을 사모하여 법흥왕과 함께 머리를 깎고 승려가 되어 이름을 묘 법이라 하고, 영흥사에 머물다가 여러 해 뒤에 죽었다.

《국사》에는 건복 31년(614)에 영흥사 소상이 저절로 무너지더니 얼마 후에 진흥 왕비인 여승이 죽었다고 했다. 살펴보건대 진흥왕은 법흥왕의 조카요, 왕비 사도

이차돈 순교비 순교비 5면에 각각 글씨를 새겼으나 마모가 심해 알아보기 힘들다. 하지만 1면에 이차돈의 순교 모습이 돋을새김으로 조각되어 있는 것을 확연하게 볼 수 있다. 현재 국립경주박물관에 소장되어 있다.

부인 박씨는 모량리 각간 영실의 딸로 역시 출가하여 여승이 되었으나, 절을 세운 주인은 아니다. 진眞 자를 마땅히 법法 자로 고친다면 이것은 법흥왕의 왕비 파조부인이 여승이 되었다가 죽은 것을 가리킨 것이다. 이는 그가 절을 이룩하고 불상을 세운 주인이기 때문이다. 법흥왕과 진흥왕이 왕위를 버리고 출가한 것을 사관이 쓰지 않은 것은 세상을 경영하는 교훈이 되지 못하기 때문이다. 또 대통 원년 정미년(527)에는 양나라의 무제를 위하여 웅천주에 절을 세우고 이름을 대통사大通寺

라고 했다. 그리고 사람들이 이를 찬양했다.

성인의 지혜는 원래 만세를 꾀하나니
구구한 여론은 조금도 따질 것 없네.
법륜이 풀려 금륜을 쫓아 구르니
요순 세월 바야흐로 불교로 해서 이루어지네.

　　　　　　　　　　　　— 이것은 원종(법흥왕)을 위한 것이다.

의로움을 좇아 삶을 가볍게 하니 놀라운 일인데
하늘꽃과 흰 젖의 행적이 더욱 다정해라.
이윽고 한 칼에 몸은 죽었지만
절마다 울리는 종소리는 서울을 뒤흔드네.

　　　　　　　　　　　　— 이것은 염촉(이차돈)을 위한 것이다.

법왕이 살생을 금하다

  백제 제29대 법왕法王의 이름은 선宣으로, 효순孝順이라고
도 했다. 개황 10년 기미년(599)에 즉위했다. 법왕은 즉위한 해 겨울 조서를 내려
살생을 금지했다. 민가에서 기르던 매도 놓아주고, 물고기 잡는 기구들을 불살라
버리라 했다. 이듬해 경신년에는 30명에게 승려가 되는 것을 허락했다.

  서울인 사비성(부여)에 왕흥사를 세우려고 터를 닦다가 죽었다. 무왕이 왕위를
계승하고 선왕의 사업을 이어 수십 년이 지나 완성하니 절 이름 역시 미륵사彌勒寺
다. 산을 등지고 물에 임했으며, 꽃과 나무가 많아 사철 경치가 아름다웠다. 왕은
늘 배를 타고 강물을 따라 절로 들어가면서 그 경치를 즐겼다. 사람들이 이렇게 찬
양했다.

  너그러움을 짐승에까지 베푸니 온 산이 은혜롭고
  돼지와 물고기도 흡족하니 온 세상이 어질구나.
  성군이 덧없이 세상을 떠났다고 말하지 마라.
  도솔천에는 이제 봄꽃이 한창일지니.

198

보장왕이 노자를 섬기고
보덕이 암자를 옮기다

《고구려본기高句麗本紀》에 이렇게 말했다. 고구려 말기에 사람들이 다투어 도교를 신봉했다. 당나라 고조가 이 말을 듣고 고구려에 천존상을 보내고, 또 《도덕경》을 강론하게 했는데 왕이 백성들과 함께 들었다. 이때가 제27대 영류왕 즉위 7년 갑신년(624)이었다. 다음 해 고구려가 당나라에 사신을 보내 불교와 도교를 배우고자 청하니 고조가 이를 허락했다.

그 후 정관 16년 임인년(642)에 즉위한 보장왕寶藏王은 유교, 불교, 도교를 모두 일으키려 했다. 이때 보장왕의 사랑을 받던 재상 개소문이 왕에게 아뢰었다.

"지금 유교와 불교는 강성한 것에 반해 도교는 그렇지 못합니다. 그러니 특별히 당나라에 사신을 보내 도교를 배워야 합니다."

이때 보덕화상은 반룡사盤龍寺에 있었다. 보덕화상은 개소문의 소식을 듣고, 도교가 불교와 맞서게 되면 나라의 운명이 위태롭게 될 것이라며 여러 번 왕에게 말했지만 왕은 듣지 않았다. 보덕은 이에 신통한 힘으로 절 방을 남쪽 완산주(전주) 고대산으로 옮겨 거기서 살았으니 이때가 영휘 원년 경술년(650) 6월이었다. 지금 경복사에 있는 비래방장飛來方丈이 바로 이것이라 한다. 그렇게 보덕화상이 집을 옮긴 지 얼마 안 되어 정말로 고구려가 망했다. 이자현은 그를 위해 시를 지어 남겨 두었고, 김부식은 그에 대한 전기를 저술하여 세상에 전했다.

한편 《당서》를 살펴보면 개소문에 대한 일화가 전해지는데 다음과 같다.

수나라 양제가 요동을 정벌할 때 비장 양명이란 자가 있었다. 전세가 불리하여 죽게 되었는데, 그는 맹세했다.

"반드시 고구려의 총애 받는 신하가 되어 저 나라를 멸망시킬 것이다."

개소문이 정권을 마음대로 하게 되자 개盖로 성씨를 삼았으니 곧 양羊과 명皿이 맞붙은 것이다. 다시 말해 양명이 환생한 것이다.

또 《고구려고기》에서는 이렇게 말했다.

수나라 양제가 대업 8년 임신년(612)에 군사 30만을 이끌고 바다를 건너 고구려를 정벌했다. 10년 갑술년(614) 10월에 고구려 왕(영양왕 25)이 항복을 청하려고 표문을 올렸다. 이때 한 사람이 몰래 작은 활을 품속에 감추고, 표문을 가진 사신을 따라 양제가 탄 배 안으로 들어갔다. 그는 양제가 표문을 들고 읽을 때 활을 쏘아 양제의 가슴을 맞추었다. 양제가 좌우 사람들에게 말했다.

"내가 천하의 군주로 작은 나라를 친히 정벌하여 이기지 못했으니, 만대의 웃음거리가 되었구나."

그러자 우상 양명이 아뢰었다.

"신이 죽어 고구려의 대신이 되어 반드시 그 나라를 멸망시켜 제왕의 원수를 갚겠나이다."

양명은 죽은 뒤 과연 고구려에서 태어났다. 어찌나 총명한지 열다섯 살에 신기한 무예를 익혔으며 용맹스러웠다. 영류왕은 그가 어질다는 소문을 듣고 불러들여 신하로 삼았다. 그는 스스로 성을 개라 하고, 이름을 금이라 했으며, 지위는 시중의 벼슬인 소문에까지 이르렀다.

개금이 아뢰었다.

"솥에 세 발이 있듯, 나라에는 세 가지 교가 있는 법입니다. 신이 보기에 이 나라에는 오직 유교와 불교만 있고, 도교가 없으니 장차 나라가 위태로울 것입니다."

왕은 그의 말이 옳다 하며 당나라에 도교를 청했다. 그러자 태종이 서달 등 도사 8명을 보내주었다. 영류왕이 기뻐하여 절을 도관으로 바꾸고, 도사를 존경하여 유학자 위에 앉게 했다.

하지만 도사들은 국내의 이름난 산천을 돌아다니며 정기를 어지럽히는 행위를 일삼았다. 또한 평양성의 지세가 신월성, 즉 앞으로도 발전할 수 있는 초승달이라 하여 주문으로 만월성, 즉 보름달 모양으로 성을 쌓게 해 기를 막았다. 어디 이뿐이랴. 영석*을 파 깨뜨리기도 했다.

개금은 또 왕을 선동해 동북과 서남쪽에 긴 성을 쌓게 했다. 이때 남자들은 부역을 하고 여자들은 농사를 지었다. 이 공사는 16년 만에야

●도제암都帝嵓 또는 조천석朝天石이라고 한다. 옛날 성제가 이 돌을 타고 상제에게 올라가 뵈었기 때문에 이렇게 불렸다.

끝이 났다. 보장왕 때에 이르러서야 당나라 태종이 친히 군사를 거느리고 고구려를 쳐들어 왔으나, 또 이기지 못하고 돌아갔다. 당나라 고종 총장 원년 무진년(668)에 우상 유인궤, 대장군 이적과 신라 김인문 등이 고구려를 쳐서 나라를 멸망시키고, 왕을 사로잡아 당나라로 돌아가자 보장왕의 서자는 4,000여 가구를 거느리고 신라에 항복했다.

대안 8년 신미년(1091)에 고려의 승통 우세(대각국사 의천)가 경복사 비래방장에 가서 보덕화상의 영정에 예를 갖추고 다음의 시를 지었다.

열반의 평등한 가르침은
우리 스승님이 전수하셨다 하네.
애석하게도 방이 날아온 후에
동명왕의 옛 나라가 위태로워졌네.

그 발문에는 이렇게 썼다.

"고구려 보장왕이 도교에 빠져 불교를 믿지 않기 때문에 부덕법사는 이에 승방을 날려서 남쪽 이 산으로 옮겨 놓았다."

뒤에 신인이 고구려 마령에 나타나서 사람들에게 말하기를, "너의 나라가 망할 날이 얼마 남지 않았다"고 했다.

이는 모두 《국사》와 같고, 그 나머지는 〈본전〉과 〈승전〉에 모두 기록되어 있다. 보덕법사에게는 11명의 뛰어난 제자가 있었는데, 그 중에 무상화상은 제자 김취 등과 함께 금동사를 세웠고, 적멸과 의융 두 법사는 진구사를 세웠고, 지수는 대승사를 세웠고, 일승은 심정과 대원 등과 함께 중대사를 세웠고, 개원화상은 개원사를 세웠고, 명덕은 연구사를 세웠다. 개심과 보명도 역시 전기가 있는데 모두 〈본전〉과 같다. 사람들은 이를 찬양해 말했다.

불교는 넓어 바다처럼 끝이 없고
백 갈래의 유교와 도교를 모두 받아들이네.
우습구나. 저 고구려 왕은 웅덩이를 막고
용이 바다로 옮겨가는 것 알지 못했네.

탑을 세우다

장륙존상, 인연으로 이루어지다

신라 제24대 진흥왕이 즉위한 14년 계유년(553) 2월에 용궁 남쪽에 궁을 지으려고 하자, 황룡이 나타났다. 이에 궁을 절로 바꾸고 이름을 황룡사皇龍寺라 했다. 기축년(569)에 공사를 시작해 17년 만에 완성했다.

얼마 후 바다 남쪽에 큰 배 한 척이 나타나 하곡현 사포(지금의 울산)에 닿았다. 배에는 공문이 하나 있었는데, 다음과 같은 글이 적혀 있었다.

"서축의 아육왕이 황철 5만 7,000근과 황금 3만 푼을 모아 석가 삼존상을 만들려 했으나 이루지 못하고, 대신 이렇게 배에 실어 바다에 띄우며 빕니다. 부디 인연 있는 나라에서 장륙존상을 이루어 주기 바랍니다."

또 부처 하나와 보살상 둘도 함께 실려 있었다. 현의 관리가 보고하자 진흥왕은 사자를 보내 그 고을 성 동쪽 높고 깨끗한 땅을 골라서 동축사東竺寺를 세우고, 세 불상을 모셨다. 그리고 금과 철은 서울로 보내 태건 6년 갑오년(574) 3월에 장륙존상丈六尊像으로 만들었다. 공사가 곧 이뤄져 무게는 3만 5,007근으로 황금 1만 198푼이 들었고, 두 보살상은 쇠 1만 2,000근과 황금 1만 136푼이 들었다. 그리고 이 장륙존상을 황룡사에 모셨더니 그 이듬해 불상에서 눈물이 발뒤꿈치까지 흘러 땅이 한

황룡사 구층탑 복원도와 황룡사 터 진흥왕이 월성 동쪽 낮은 지대에 새로운 궁궐을 건립하려고
했으나, 그곳에서 황룡이 승천하는 모습을 보고 왕이 사찰로 만들게 하여 황룡사라고 했다.

자나 젖었다. 이는 대왕이 승하할 조짐이었다. 어떤 이는 불상이 진평왕 때에 만들
어졌다고 하나 잘못된 말이다.

전해지는 이야기로는 아육왕은 서축 대향화국(옛 인도의 나라 이름)에서 부처님이
세상을 떠난 후 100년 만에 태어났다. 그는 부처님께 공양하지 못한 것을 한으로
여겨 금과 쇠를 모아 세 번이나 불상을 만들었으나 이루지는 못했다. 이때 태자 혼

동축사 대웅보전과 삼층석탑 동축사는 인도의 아육왕이 장륙존상이 이루어지기를 기원하며 신라 진흥왕 34년에 건립했다는 사찰이다.

자 이 일에 참여하지 않자 왕이 그를 나무랐다. 그러자 태자가 아뢰었다.

"혼자 힘으로는 이루지 못할 것을 저는 이미 알고 있었습니다."

아육왕은 그 말에 고개를 끄덕이며 그것들을 배에 실어 바다에 띄웠다. 그러면서 부디 인연이 닿는 땅에 가 실현되기를 바랐다. 배는 인도의 여러 나라를 두루 돌아 안 닿은 곳이 없었지만, 모두 이루지 못했다. 그러다 마지막으로 신라에 이르러 진흥왕에 의해서야 불상이 되니 좋은 모양으로 이루어졌다. 이로써 아육왕은 한을 풀게 되었다.

후에 대덕 자장이 중국에 유학하여 오대산에 이르렀더니 문수보살文殊菩薩(지혜를 맡은 보살)이 나타나 그에게 말했다.

"너희 나라의 황룡사는 바로 석가와 가섭불迦葉佛●이 강연한 곳으로, 연좌석宴坐石●●이 아직도 있다. 인도의 아육왕이 황철을 모아 바다에 띄웠던 것인데, 1,300년이 지난 후에야 너희 나라에 이르러서 불상이 되어 그 절에 모셔졌으니, 이는 큰 인연으로 그렇게 된 것이다."

불상이 이루어지고 난 뒤, 동축사의 삼존불 역시 황룡사로 옮겨 안치했다. 기록에 따르면 진평왕 5년 갑진년(584)에 금당이 지어졌다. 황룡사의 첫 번째 주지는 성덕왕 때 사람인 진골 환희사였고, 제2대 주지는 자장 국통, 그 다음은 국통 혜훈, 그 다음은 상률사였다. 하지만 병란이 있은 후 대상과 두 보살상이 모두 녹아 없어졌고, 작은 석가상만 남아 있을 뿐이다. 사람들이 다음과 같이 찬양했다.

이 세상 어느 곳치고 참 고향이 아니랴만
향화의 인연은 우리나라가 으뜸이로다.
아육왕이 손대지 못할 일이 아니라
월성에 찾아오느라 그랬던 것일세.

황룡사 구층탑

백제의 공장工匠들이 탑을 세우다

신라 제27대 선덕여왕이 즉위한 지 5년, 정관 10년 병신년(636)이었다. 자장법사慈藏法師는 중국에서 유학하던 중 오대산에서 문수보살의 계시를 듣고 불법을 받았다. 문수보살이 말했다.

"너희 국왕은 바로 천축 찰리종刹利種●의 왕으로, 이미 불기佛記(부처의 예언을 적은 글)를 받았기에 야만스런 동방 오랑캐와는 다르다. 하지만 산천이 험한 탓에 사람의 성질이 거칠고 사

> ● 인도 신분 계급 중 왕과 왕족에 해당하는 부류다. 크샤트리아 계급이 이에 속한다. 크샤트리아는 최상급 신분인 브라만(사제)과 함께 인도 사회를 지배하는 계층이다.

나워 간사한 말을 잘 믿는다. 그래서 때때로 천신이 화를 내리기도 하는데, 불법을 많이 들은 승려들이 나라 안에 있기 때문에 군신이 편안하고 모든 백성들이 화평한 것이다."

그리고 이내 문수보살은 사라졌다. 자장은 이것이 보살의 변화인 것을 알고 울며 물러갔다.

또 자장이 중국 태화지 근처를 지날 때였다. 홀연히 신이 나타나 물었다.

"어찌하여 이곳에 왔는가?"

자장이 대답했다.

"바른 깨달음을 구하기 위해서입니다."

신이 합장하며 또 물었다.

"그대의 나라에 무슨 어려운 일이 있는가?"

"우리나라는 북으로는 말갈이 있고, 남으로는 왜에 접했으며, 고구려와 백제 두 나라가 번갈아 국경을 침범하는 등 이웃 나라의 횡포가 자주 있습니다. 이것이 백성들의 걱정입니다."

신이 말했다.

"지금 그대의 나라는 여자가 왕인 까닭에 덕은 있으나 위엄이 없어 이웃 나라가 범하는 것이오. 그대는 빨리 본국으로 돌아가시오."

자장이 물었다.

"제가 돌아간다면 장차 어떤 이로운 일이 있겠습니까?"

"황룡사의 호법룡은 바로 내 큰아들이오. 부처의 명을 받아 그 절을 보호하는 것이니, 본국에 돌아가거든 절 안에 구층탑을 세우시오. 그러면 이웃 나라들은 항복할 것이며, 아홉 나라가 조공하여 왕업은 영원히 편안할 것이오. 탑을 세운 뒤에는 팔관회八關會•를 열어 죄인을 사면하면 외적이 해치지 못할 것이오. 그리고 나를 위해 서울 남쪽 언덕에 절 하나를 지어 내 복을 빌어준다면 나 또한 그 은덕을 갚을 것이오."

그리고 자장에게 옥을 주고는 이내 사라져 버렸다.

> • 진흥왕 때 처음 행해졌다. 당시 팔관회는 모두 호국적인 성격으로, 불가에서 말하는 살생·도둑질·간음·헛된 말·금주 등 오대계五大戒에 사치를 금하고, 높은 곳에 앉지 않고, 오후에는 금식해야 한다는 세 가지를 덧붙인 여덟 가지의 계율을 하루 낮 하루 밤 동안에 엄격히 지키게 하는 불교의 식이었다.

정관 17년 계묘년(643) 16일에 자장법사는 당나라 황제가 준 불경, 불상, 가사, 폐백 등을 가지고 고국에 돌아와 탑 세울 일을 왕에게 아뢰었다. 선덕여왕이 여러 신하들에게 이 일을 의논하니 신하들이 말했다.

"신라의 장인들만으로는 어렵사옵니다. 백세에 장인들을 청해야만 될 것입니다."

이에 여왕은 보물과 비단을 백제에 보내 도움을 청했다. 명을 받고 온 상인은 아비지阿非知였다. 아비지는 나무와 돌을 재고, 이간 용춘은 수하의 공장工匠 200명을 통솔하여 일을 주관했다.

절의 기둥을 처음 세우던 날이었다. 아비지는 꿈을 꾸었는데, 백제가 멸망하는 꿈이었다. 꿈이 어찌나 생생한지, 정말로 자기 나라에 나쁜 일이 생길까 염려되어 아비지는 일손을 놓기로 했다. 그때였다. 갑자기 천지가 진동하고 어두워지더니 금전문에서 한 노승과 장사가 나와 그 대신에 기둥을 세우고는 사라졌다. 아비지는 이 놀라운 광경이 부처의 뜻임을 깨닫고 탑을 완성했다.

《찰주기刹柱記》의 기록에 따르면 절 받침대 위 높이가 42척, 이하는 183척이라고 했다. 자장이 오대산에서 받아온 사리 100알을 탑 기둥 속과 통도사 계단, 대화사 탑에 나누어 모셨다. 이는 용의 청에 따른 것이었다.

탑을 세운 뒤 천하가 태평하고 삼한이 통일되었다. 그러니 탑의 영험이 아니면 무엇이란 말인가. 후에 고구려 왕이 신라를 치려고 하다가 말했다.

"신라에 세 보배가 있어 침범할 수 없다고 하니 그것이 무엇이냐?"

"황룡사 장륙존상과 구층탑과 진평왕의 천사옥대를 말하는 것입니다."

이 말에 고구려 왕은 계획을 포기했다. 사람들이 구층탑을 찬양해 말했다.

> 귀신의 힘으로 서울을 진압하니
> 휘황한 금벽은 용마루를 날리네.
> 여기에 올라 어찌 아홉 나라만 항복을 받으랴.
> 온 천하가 평화로운 듯하구나.

신라의 뛰어난 솜씨는 하늘이 만든 것이다

진평왕 9년 갑신년(587)이었다. 죽령에서 동쪽으로 100리쯤 떨어진 곳에 높은 산이 있었는데, 갑자기 하늘에서 사면이 한 길이나 되는 큰 돌이 떨어졌다. 붉은 비단에 싸인 돌은 사면에 여래가 새겨져 있었다. 왕은 이 말을 듣고 그곳에 가서 우러러보았다. 그리고 그 바위 곁에 절을 세우고는 대승사大乘寺라 했다. 그러고는 한 승려에게 《법화경》을 외게 하고 절의 주지로 삼아 공양 돌을 깨끗이 쓸고, 향불을 피워 끊이지 않게 했다. 이때부터 그 산을 역덕산亦德山 또는 사불산四佛山이라 했다. 후에 승려가 죽어 장사를 지내니 무덤 위에 연꽃이 피었다.

경덕왕 때의 일이다. 왕이 백률사에 행차하고자 산 밑에 이르렀을 때였다. 땅속에서 염불소리가 들려 그곳을 파게 했더니, 큰 돌이 나왔다. 신기하게도 그 돌의 사면에는 사방불이 새겨져 있었다. 이에 절을 세우고, 이름을 굴불사掘佛寺라 했으나, 지금은 잘못 전해져서 굴석사라 한다.

왕은 또 당나라 대종황제가 불교를 숭상한다는 말을 듣고 공장(장인)에게 침단목을 조각하여 명주와 아름다운 옥으로 꾸민 한 길 높이의 산을 만들게 했다. 그리고

대승사 극락전과 일주문 극락전은 임진왜란 때 불에 모두 탔지만, 이후 다시 지어져 대승사 안에 늠름하게 서 있다.

이 산을 오색 천 위에 놓았다. 산에는 치솟은 바위와 괴석과 굴이 있었고, 각 구역 안에는 노래하며 춤추고 노는 모습과 여러 나라의 산천 형상이 있었다. 바람이 집 안으로 불어오면 벌과 나비가 훨훨 날고, 제비와 참새가 춤을 추니 얼핏 보아서는 참인지 거짓인지 분간할 수가 없을 정도였다.

그리고 그 속에 1만 불을 모셨는데, 큰 것은 사방 한 치가 넘었고, 작은 것은 8~9푼인 것도 있었다. 또 불상의 머리도 가지각색으로 큰 것은 기장만 했고, 콩 반쪽만 한 것도 있었다. 그럼에도 소라같이 구불구불한 머리털과 흰 털, 눈썹과 눈이 또렷해 모든 형상을 다 갖추었으니, 그 정교함을 말로써 자세히 설명하기가 어려울 정도였다. 이 때문에 만불산이라고 했다.

거기에 금과 옥으로 오색의 수실이 달린 깃발과 불상을 덮는 양산과 과일나무와 가지각색의 화초를 새기고, 누각과 대전과 당사도 만들었는데, 모두 작기는 하지만 마치 살아서 움직이는 것같이 생생했다.

굴불사 터 사면석불 사면석불은 사방사불정토를 상징하는 것으로 대승불교의 발달과 더불어 성행한 사방불 신앙의 한 형태이다. 동쪽에는 약사여래, 서쪽에는 아미타삼존(중앙–아미타불, 좌우–관세음보살과 대세지보살), 남쪽과 북쪽은 각각 석가모니불과 미륵불로 추측된다.

또 앞에는 돌아다니는 비구 형상 1,000여 개가 있고, 아래에는 자금종 셋을 벌여 놓았는데, 모두 종각이 있고 좌대가 있으며 고래 모양으로 종 치는 방망이까지 달려 있었다. 바람이 불어 종이 울리면 중들이 모두 엎드려 머리를 땅에 대고 절했다. 은은하게 염불하는 소리가 나는 듯하니, 이 까닭은 그 종에 있었다.

아무튼 만불산이 완성되어 당나라에 바치니 왕이 감탄하여 말했다.

"이는 하늘이 만든 것이지 사람의 기술이 아니다."

이에 구광선九光扇(빛을 내뿜는 부채)을 그 바위 사이에 두고 이름을 불광佛光이라고 했다. 4월 8일에 대종은 거리의 승려들에게 명하여 내도량에서 만불산에 예배하게 하고, 삼장법사에게는 밀교의 진리를 1,000번이나 외워 경축하게 하니, 보는 사람들 모두 그 정교한 솜씨에 탄복했다.

하늘은 만월을 단장시켜 사방불을 마련하고
땅은 흰 눈썹을 솟구쳐 하룻밤에 열었도다.
교묘한 솜씨로 만불을 조각하니
부처님의 자비를 온 세상에 두루 펴리라.

생의사의 돌미륵

꿈에 나타난 돌미륵을 모시다

선덕여왕 때, 생의라는 승려가 도중사에 살고 있었다. 어느 날 꿈에 한 승려가 나타나 그를 데리고 남산으로 올라가 풀을 매어 표를 해놓고는 산 남쪽 골짜기에 이르러 말했다.

"내가 여기에 묻혔으니 스님이 고개 위에다 편하게 묻어 주시오."

꿈에서 깬 생의는 친구와 함께 골짜기에 이르러 표시해 놓은 곳을 찾았다. 그 자리를 팠더니 거기에서 과연 돌미륵이 나왔다. 생의는 삼화령 위에 돌미륵을 모셨다. 그리고 선덕여왕 13년 갑진년(644)에 그곳에 절을 세우고 살았는데, 절 이름을 생의사生義寺*라고 했다.

● 지금은 잘못 전해져 성의사性義寺라고 한다. 충담사가 머물면서 해마다 3월 3일과 9월 9일에 차를 달여 재를 올린 곳이다.

흥륜사의 보현보살

보현보살상을 그려 하늘의 은혜를 갚다

　　　　　제54대 경명왕 때 흥륜사의 남문과 좌우 행랑채가 불에 탔다. 하지만 당장은 수리하지 못하고 방치했는데, 정화와 홍계라는 두 승려가 시주를 받아 수리하고자 했다. 그러던 정명 7년 신사년(921) 5월 15일에 제석신帝釋神(가옥 안에 있다는 신)이 절 왼쪽 경루에 나타났다. 그리고 열흘을 머무르니 절과 탑은 물론 풀과 나무, 흙과 돌이 모두 이상한 향기를 풍기고, 오색구름이 절을 덮고 남쪽 연못의 고기와 용이 기뻐 날뛰었다.

나라 사람들이 이것을 보고 신비한 일이라 경탄하여 옥과 비단, 조와 쌀을 시주하니 산더미 같았다. 또 장인들이 자청해 행랑채를 고치니 하루가 되지 않아 완성되었다. 모든 일이 성사되어 제석신이 돌아가려 하니 두 승려가 아뢰었다.

"천제께서 만일 환궁하려 하시거든 부디 저희에게 천제의 얼굴을 그려 정성껏 공양하여 하늘의 은혜를 갚게 하시고, 이로 인해 영정을 여기에 남겨 이 세상을 길이 보호하게 하시옵소서."

그러자 제석신이 말했다.

"나의 힘은 저 보현보살普賢菩薩이 신비한 조화를 펴는 것만 못하니라. 그러니 보

보현보살 이理 · 정定 · 행行의 덕德을 관장하는 보살이다. 석가가 중생을 제도하는 일을 돕는 다. 중생들의 목숨을 길게 하는 덕을 갖고 있어 보현연명보살이나 연명보살이라고도 한다.

현보살의 화상을 그려 공손히 공양하는 것이 옳을 것이다."

이에 두 승려는 가르침을 받들어 보현보살상을 벽에 정성스레 그렸는데, 지금까지도 화상이 남아 있다.

아름다운 여인의 배꼽 밑에 점을 그리다

중국의 어느 왕에게는 아름답기 그지없는 사랑하는 여인이 있었다. 왕은 고금의 그림에도 이처럼 아름다운 사람은 없을 것이라며 그 미모를 칭찬했다. 그러던 어느 날 왕은 화공을 불러 여인을 그리게 했다. 화공은 명을 받들어 그림을 완성했으나, 붓을 잘못 떨어뜨리는 바람에 배꼽 밑에 붉은 점을 찍고 말았다. 당황한 화공이 고쳐 보려 했으나, 좀처럼 고쳐지지 않았다. 그러자 화공은 그 여인이 정말로 붉은 점을 갖고 있는 건 아닐까 생각하고는 그림을 그대로 황제에게 바쳤다.

그림을 본 왕이 말했다.

"모습은 실물과 똑같으나, 배꼽 밑의 점은 비밀이거늘 네가 어떻게 알고 이것까지 그렸단 말이냐?"

왕은 크게 노하여 화공을 옥에 가두고 형벌을 주려고 했다. 그러자 승상이 아뢰었다.

"화공은 아주 정직한 사람으로 뭔가 사정이 있을 것입니다. 그러니 용서해 주심이 어떠할는지요?"

왕이 말했다.

"만일 저자가 그대의 말대로 정직하다면, 내가 어제 꿈에서 본 사람의 모습도 그릴 수 있을 것이다. 그림이 꿈에 본 형상과 틀림없다면 그를 용서해 주겠노라."

그리고는 화공에게 자기의 꿈을 그려 보라고 명했다. 그래서 화공이 십일면관음보살상을 그려 바치니 꿈과 맞는지라, 왕은 그제야 마음을 풀고 용서해 주었다. 화공은 죄를 면하자, 친구인 박사 분절을 찾아가 약속했다.

"내 듣기로는 신라가 불교를 존경하고 신봉한다 하니, 함께 그곳에 가서 불사를 닦아 어진 나라를 널리 이롭게 하는 것이 어떻겠는가?"

이에 분절이 좋다고 하니, 이들은 함께 신라에 이르러 중생사衆生寺의 관음보살상을 만들었다. 여기에 기도한 사람 중 복을 받은 사람이 여럿 있었다.

그 중 최승로도 있었는데, 그에 관한 이야기는 이렇다.

신라 말 천성연간(926~929) 정보 최은함은 늦도록 아들이 없자 중생사 관음보살상 앞에 가 기도를 드렸다. 그러자 신기하게도 아내에게 태기가 있어 아들을 낳았다. 그런데 그 후 석 달이 못 되어 백제의 견훤이 서울을 침범해 성 안이 크게 어지러웠다. 은함은 아들을 안고 이 절에 와서 말했다.

"적국이 쳐들어와서 급하게 되었습니다. 이 어린 것과 함께 피난을 가다가는 둘 다 살지 못할 것입니다. 정녕 보살님이 주신 아이라면, 큰 자비로 길러 주시어 우리 부자가 다음에 다시 만나게 해주시옵소서."

그렇게 세 번을 슬피 울며 아뢰고는 아이를 포대기에 싸서 부처의 자리 밑에 감추고 하염없이 뒤를 돌아보며 은함은 떠나갔다. 보름이 지나 적이 물러간 뒤에 은함이 와서 찾아보니 아이의 살결이 마치 방금 목욕을 한 듯하고, 얼굴도 좋아지고 젖 냄새가 아직도 입에 남아 있었다.

은함이 아이를 안고 돌아와 기르니 자라면서 총명하고 지혜롭기가 남보다 뛰어났다. 이가 곧 최승로이다. 후에 정광의 자리에까지 이르렀다. 그는 낭중 최숙을

중생사 전경과 마애삼존불 중생사는 창건 이후의 연혁은 전해지지 않고, 언제 폐사되었는지도 알 수 없다. 다만 1940년대에 옛터에 중창되었다. 보물 제665호로 지정된 낭산마애삼존불이 유명하다. 현재 경상북도 경주 배반동 낭산에 있다.

낳았고, 숙은 낭중 제안을 낳았는데, 이로부터 자손이 끊어지지 않았다. 후에 은함은 경순왕을 따라 고려에 들어와 큰 집안을 이루었다.

또 이런 일도 있었다. 통화 10년(992) 3월에 주지 성태가 보살 앞에 꿇어앉아 말했다.

"저는 오랫동안 이 절에 머물며 정성껏 향불을 받드는 데에 밤낮 게으르지 않았습니다. 하오나 더는 절의 토지에서 나는 것으로는 향불을 피워 제사를 드리기가 어렵습니다. 그래서 다른 곳으로 옮기고자 이렇게 하직 인사를 드립니다."

그러고는 이 날 언뜻 잠이 들었는데 꿈에 관음보살이 말했다.

"법사는 떠나지 말고 여기에 머물러 있으라. 내 시주를 해서 제사에 쓸 비용을 마련할 것이니라."

꿈에서 깨어난 주지는 기뻐하며 절에 계속 머물렀다. 그 일이 있은 지 13일 뒤에 갑자기 두 사람이 말과 소에 물건을 싣고 절 문 앞에 이르렀다. 주지가 나가 물었다.

"어디서 오셨습니까?"

"저희는 금주 지방 사람입니다. 지난번에 스님 한 분이 저희를 찾아와서 말하기를, 서울 중생사에 오래도록 있었는데, 지금은 공양에 쓸 돈이 없어 시주를 얻으러 왔다 했습니다. 그래서 저희가 이웃 마을에 가서 시주를 거두어 쌀 열 섬과 소금 넉 섬을 싣고 온 것입니다."

그러자 주지가 말했다.

"이 절에는 시주를 나간 사람이 없습니다. 잘못 듣고 온 것 같구려."

"그 스님이 저희를 데리고 오다가 이 신견정 가에 이르러 말하기를, 절이 여기서 멀지 않으니 내가 먼저 가서 기다릴 것이라고 했습니다. 저희들은 그저 따라온 것뿐입니다."

주지는 문득 얼마 전 꿈이 생각나 그들을 데리고 법당 안으로 들어섰다. 그러자 그 사람들은 대상을 쳐다보고는 절을 하면서 저희들끼리 수군거렸다.

"이 부처님이 바로 시주를 다니던 스님이십니다."

그들은 놀라고 감탄하기를 마지않았다. 이로부터 절에 바치는 쌀과 소금이 해마다 그치지 않았다.

한번은 저녁에 절 문에 붙어 니시 나블 사람들이 달려와 불을 끈 일이 있었다. 그런데 법당에 올라가 보니 불상이 없었다. 주위를 살펴보니 불상은 이미 뜰 가운데 서 있었다. 누가 밖으로 내왔느냐고 물었으나 누구도 알지 못하는 일이었다. 그제야 모두 관음보살의 신령스런 힘인 것을 알았다.

또 대정 13년 계사년(1173) 때에 있었던 일이다. 당시 점승이 이 절에 와서 살고 있었다. 그는 글은 몰랐으나, 본래 착하고 부지런해 정성껏 향불을 받들었다. 그런데 어떤 승려 하나가 절을 빼앗아 살려고 친의천사襯衣天使(불교에서 옷을 시주하는 천사)에게 빌었다.

"이 절은 국가의 은혜를 빌고 복을 받는 곳이니, 마땅히 글을 아는 사람을 뽑아 주관하게 해야 합니다."

천사는 그 말이 맞다고 생각하여, 점승을 시험하려고 불교 의식문을 거꾸로 주어 보았다. 그런데 글자를 모른다던 점승이 그것을 유창하게 읽는 게 아닌가. 천사는 탄복하여 방으로 불러 다시 그에게 읽어보라고 했다. 그러나 점승은 입을 다물고 한마디도 읽지 못했다. 그러자 천사가 말했다.

"스님은 참으로 관음보살께서 보호해주시는 사람이로다."

이리하여 끝내 이 절을 빼앗지 않았다. 그 당시 점승과 같이 이 절에 살던 처사 김인부가 이 이야기를 고을 노인들에게 전해주고 또 그 이야기를 적어두었다.

백률사

부처님이 부례랑을 구출하다

계림의 북쪽 산 그러니까 금강령 남쪽에 백률사가 있다. 그
곳엔 영험하다는 관음보살상이 있는데, 언제 만든 것인지 알 수 없었다. 어떤 이는
중국의 뛰어난 공장이 중생사의 관음보살상을 만들 때 이를 함께 만들었다고 했다.

한편 세속에서는 이 절에 부처님이 도리천에 올라갔다가 돌아와 법당에 들어갈
때 밟았던 돌 위의 발자국이 아직까지 온전하게 남아 있다고 했다. 또 어떤 사람은
이에 대해 이렇게 말했다.

"부처님이 화랑 부례랑을 구출해 돌아올 때 남기신 자취다."

천수 3년 임진년(692) 9월 7일의 일이다. 신라 제32대 효소왕孝昭王은 대현 살찬
의 아들 부례랑을 국선으로 삼았다. 화랑은 그 수가 1,000명은 되었는데, 특히 안
상과 친했다. 천수 4년 계사년(693) 늦봄인 3월에 안상은 친구들을 이끌고 금란(지
금의 강원도 통천)으로 놀러 나갔다. 그런데 북명에 도착했을 때 부례가 말갈족에게
사로잡혀 가고 말았다. 그들은 어쩔 줄 몰라 그대로 돌아왔으나, 안상만이 홀로 그
뒤를 쫓았다. 이때가 3월 11일이었다. 소식을 전해 들은 왕이 놀라 말했다.

"선왕께서 나에게 남겨주신 신령스런 피리와 가야금이 창고에 보관되었거늘,

무슨 일로 국선이 저에게 잡혀갔단 말인가. 이 일을 어찌하면 좋겠는가?"

말이 끝나기 무섭게 갑자기 싱시토운 구름이 몰려들더니 천존고를 덮었다. 왕이 놀라 조사하게 하자, 천존고 안에 있던 보배인 가야금과 피리가 없어졌다는 것이다.

"내게 무슨 죄가 있어 어제는 국선을 잃고, 오늘은 가야금과 피리를 잃는단 말인가?"

효소왕은 즉시 창고지기 김정고 등 5명을 가두고, 가야금과 피리를 찾는 자에게는 1년 조세를 상으로 주겠다고 말했다.

그렇게 시간이 지나 5월 15일이 되었다. 부례랑의 부모가 백률사 관음보살상 앞에 나아가 여러 날 저녁 기도를 올렸다. 그러자 갑자기 향을 피운 상 위에 두 보물인 가야금과 피리가 나타나더니, 이윽고 부례랑과 안상도 함께 나타났다. 부모는 매우 기뻐하며 어찌된 일인지 영문을 물었다. 부례랑이 대답했다.

"저는 적에게 잡혀간 뒤 적국의 대도구라의 집에서 말에게 풀을 먹이는 목자로 있었습니다. 그런데 갑자기 단정한 차림의 스님 한 분이 손에 가야금과 피리를 들고 와서는 위로하며 고향을 생각하느냐고 물었습니다. 저는 저도 모르는 사이에 그 앞에 무릎을 꿇고 앉아서 '임금과 부모를 그리는 마음을 어찌 말로 다하겠습니까?' 했습니다. 그러자 스님은 저를 데리고 바닷가로 갔습니다. 그리고 거기에서 안상과 만나게 되었습니다. 스님은 피리를 둘로 쪼개어 저희들에게 하나씩 주어 타게 하고, 스님은 가야금을 타고 바다에 떠서 돌아오는데 눈 깜짝할 사이에 여기에 와 닿았습니다."

이 일을 왕에게 자세히 아뢰자 왕은 크게 놀라 사람을 보내 그들을 맞이하니 부례랑은 가야금과 피리를 가지고 대궐 안으로 들어갔다. 왕은 50냥의 금은으로 만든 그릇 다섯 개씩 두 벌과, 마납가사 다섯 벌, 굵은 명주 3,000필, 밭 1만 경을 절에 바쳐 부처님의 은덕에 보답했다. 그리고 나라 안에 대사면을 내리고, 관리들에게는 벼슬 3계급을 높여 주고, 백성들에게는 3년간의 조세를 면해 주었으며, 절의 주지를 봉성사로 옮겨 살게 했다.

또 부례랑을 대각간에 봉하고, 아버지 대현 아찬은 태대각간으로 삼았으며 어머니 용보부인은 사량부의 경정궁주로 삼았다. 안상은 대통을 삼고 창고를 맡았던 다섯 사람은 모두 풀어주고, 각각 5급의 벼슬을 주었다.

6월 12일에 동쪽 하늘에서 혜성이 나타나고, 17일에는 서쪽 하늘에서 나타나니 일관이 아뢰었다.

"이는 가야금과 피리를 벼슬에 봉하지 않아서 그러한 것입니다."

이에 효소왕이 피리를 일컬어 '만만파파식적萬萬波波息笛'이라 칭하니 혜성이 사라졌다.

민장사의 관음보살

우금리에 보개寶開라는 가난한 여자가 살고 있었다. 아들인 장춘은 해상海商을 따라 나갔는데 오래도록 소식이 없었다. 이에 보개가 민장사敏藏寺 관음보살에게 7일 동안 간절히 기도를 올렸더니 장춘이 홀연히 돌아왔다. 보개가 그동안의 일을 묻자 장춘이 대답했다.

"바다에서 회오리바람을 만나 배는 부서지고, 동료들은 모두 죽었습니다. 겨우 저만 살아남아 널빤지를 타고 오나라 바닷가에 닿았는데 오나라 사람이 저를 데려다가 들에서 밭을 갈게 했지요. 어느 날 이상한 스님 한 분이 마치 고향에서 온 것처럼 위로하고는 저를 데리고 함께 갔습니다. 그리고 가던 중 앞이 도랑에 가로막히자 스님은 저를 겨드랑이에 끼고 도랑을 뛰어넘었습니다. 어렴풋하게 우리 마을의 말 소리와 우는 소리가 들려 정신을 차려보니 어느덧 여기에 와 있었습니다."

해가 질 때 오나라를 떠났는데, 이곳에 도착한 것이 겨우 오후 7시경이었다. 이때가 바로 천보 4년 을유년(745) 4월 8일이었다. 경덕왕이 이 말을 듣고 민장사에 밭을 시주하고 또 재물도 바쳤다.

원화를 폐지하고, 화랑을 뽑다

　　　　　신라 제24대 진흥왕眞興王의 성은 김씨요, 이름은 삼맥종三麥宗이다. 혹은 심맥종이라고도 한다. 양나라 대동 6년 경신년(540)에 즉위했다. 큰 아버지인 법흥왕의 뜻을 좇아 부처를 받들어 널리 절을 세우고, 많은 사람들이 승려가 되는 것을 허락했다.

　이런 진흥왕은 평소 풍류를 즐기고 신선을 숭상하는 백성들 집안의 처녀들 중에 아름다운 자를 뽑아서 원화原花(화랑의 전신이 된 제도)로 삼았다. 이는 무리를 모아 인재를 뽑고, 효제충신孝悌忠信(효도, 우애, 충성, 믿음)을 가르치려 함이었으며 또한 나라를 다스리는 중요한 일이었다. 이에 모여든 사람이 300명이나 되었는데, 남모랑과 교정랑이 원화로 뽑혔다. 그런데 날이 갈수록 교정랑은 남모랑을 시기하기 시작했다.

　하루는 교정랑이 술자리를 마련하여 남모랑을 초대했다. 그리고 남모랑을 취하게 만든 후 몰래 북천으로 데리고 가서 돌로 쳐서 죽여 묻었다. 남모랑의 무리들은 그녀의 행방을 찾을 수 없자 슬피 울다가 결국 헤어졌다.

　그러나 세상에 비밀은 없는 법이다. 그 음모를 아는 자가 있었고, 노래를 지어 거리의 아이들에게 부르게 하자, 무리들이 듣고는 그 시체를 북천에서 찾아냈고, 이내 교정랑을 죽였다. 진흥왕은 이에 명을 내려 원화제도를 폐지했다.

그런 지 몇 해가 지났다. 왕은 나라를 흥하게 하기 위해서는 반드시 풍월도風月道를 먼저 만들어야 한다고 여겨 다시 명을 내렸다. 좋은 집안의 남자 중에 덕행이 있는 자를 뽑아 이름을 고쳐 화랑花郞이라 하고, 처음으로 설원랑을 받들어 국선을 삼으니, 이것이 화랑 국선의 시초였다. 또 명주에 비를 세우고, 사람들에게 악한 것을 고쳐 착한 일을 하게 하고, 웃어른을 공경하고 아랫사람에게 유순하게 하니 오상五常, 육례六禮와 삼사三師, 육정六正°이 널리 행해졌다.

진흥왕순수비 신라 진흥왕이 세운 순수척경비巡狩拓境碑 가운데 하나로, 한강 유역을 영토로 편입한 뒤 왕이 이 지역을 방문한 것을 기념하기 위해 세운 것이다. 원래는 북한산 비봉에 있었으나 비를 보존하기 위해 경복궁에 옮겨 놓았다가 지금은 국립중앙박물관 전시실에 보관되어 있다.

그 후 제25대 진지왕 때였다. 흥륜사 승려 진자가 항상 미륵상 앞에 나아가 발원하며 맹세해 말했다.

"미륵불이시여, 화랑으로 화신化身하여 이 세상에 나타나 주시옵소서. 그리하여 제가 항상 뵙고 시중을 들게 해주십시오."

● 오상은 유교의 덕목으로 인·의·예·지·신을 이르며, 육례는 인류의 여섯 가지 예법을 말한다. 또한 삼사는 고려시대의 최고 관직인 태사·태부·태보를 일컫고, 육정은 나라에 이로운 여섯 신하를 말한다.

제4장 탑을 세우다

그 간곡한 정성과 지극한 기원은 나날이 더해, 어느 날 밤 꿈에 스님이 나타나 말했다.

"웅천(지금의 공주) 수원사에 가면 미륵선화를 볼 수 있을 것이다."

진자는 꿈에서 깨 기뻐하더니 곧바로 떠날 채비를 했다. 그리고 감사함에 열흘 동안 걸음마다 절을 올리니 드디어 수원사에 이르렀다. 수원사 문 밖에는 곱게 생긴 한 소년이 있었는데 진자를 반가운 얼굴로 맞이하여 방으로 안내했다. 진자는 머리를 숙이며 말했다.

"자네는 나를 잘 알지도 못하면서 어찌 이렇듯 정중하게 대접하는가?"

"저 역시 서울 사람입니다. 대사가 먼 곳에서 오셨기에 대접할 따름입니다."

소년은 이렇게 말하고는 문 밖으로 나갔으나 어디로 갔는지 알 수가 없었다. 진자는 우연한 일이겠거니 싶어 이상하게 여기지 않았다. 다만 절의 승려에게 지난 밤의 꿈과 여기에 온 뜻만을 이야기했다.

"잠시 여기에 머물면서 미륵선화를 기다리고자 하는데 괜찮겠는지요?"

그러자 승려가 그 정성스러움을 보고 말했다.

"남쪽으로 가면 천산이 있소. 예부터 현인과 철인이 살고 있어 감응이 많다고 하니, 그곳으로 가보는 것이 좋을 거요."

진자가 그 말을 따라 산 밑에 이르자, 산신령이 노인으로 변해 나와 맞으면서 말했다.

"여기에는 무엇 하러 왔느냐?"

진자가 대답했다.

"미륵선화를 보고자 합니다."

노인이 또 말했다.

"저번에 수원사 문 밖에서 이미 미륵선화를 보았는데 다시 무엇을 보려는 것이더냐?"

진자는 이 말을 듣고 실망하여 흥륜사로 돌아왔다.

한 달이 지나 진지왕이 이 말을 듣고는 진자를 불러 그 까닭을 물었다.

"성인은 거짓말을 하지 않는다. 소년이 자기를 서울 사람이라고 했거늘, 왜 성 안을 찾아보지 않았는가?"

진자는 왕의 뜻을 받들어 무리들을 모아 두루 마을을 돌면서 찾았다. 영묘사 동 북쪽 길가의 나무 밑에 이르렀을 때였다. 인물이 단정하고, 수려한 소년이 놀고 있 었다. 진자는 그를 보고 놀라서 말했다.

"이분이 미륵선화다."

그는 나아가서 물었다.

"낭의 집은 어디에 있으며 성은 누구신지 듣고 싶습니다."

낭이 대답했다.

"내 이름은 미시末尸이고, 어렸을 때 부모를 여의어서 성이 무엇인지 모릅니다."

이에 진자는 그를 가마에 태워 왕에게 데려갔다. 왕은 미시를 존경하고 아껴 국 선을 삼았다. 미시랑은 화랑들을 서로 화목하게 하고 예의와 풍습을 교화하는 일 이 남달랐다. 그리고 그렇게 7년이 지난 어느 날 갑자기 사라졌는데, 아무도 그가 어디로 갔는지 알 수가 없었다.

미시랑이 떠난 후 진자는 몹시 슬퍼하고 그리워했다. 그러나 미시랑의 자비로 운 가르침을 많이 배운 진자는 맑은 덕화를 이어 스스로 뉘우치고 정성을 다하여 도를 닦으니, 만년에 그 역시 어디 가서 죽었는지 알 수가 없었다.

어떤 사람이 말했다.

"미末는 미彌와 소리가 서로 같고 시尸는 역力과 글자 모양이 서로 비슷하기 때문 에 그 가까운 것을 취해서 바꾸어 부르기도 한 것이다. 부처님이 유독 진자의 정성 에 감동한 게 아니라 이 땅에 인연이 있었기 때문에 자주 나타났던 것이다."

지금까지도 나라 사람들이 신선을 가리켜 미륵선화라 하고, 남에게 중매하는

사람을 미시未尸라고 하는 것은 모두 진자가 남긴 풍습이다. 그리고 옛날 진자가
미시를 만났던 길가의 나무를 견랑見郎이라 불렀는데, 우리말로는 사여수, 또는 인
여수라고 한다. 사람들이 이 일을 찬양해 이렇게 말했다.

> 선화미륵 찾아 걸음마다 그 모습 생각하니
> 곳곳마다 심은 것은 한결같은 공일세.
> 문득 봄은 되돌아가고 찾을 곳 없으니
> 누가 알았으리, 상림上林이 한때 붉을 줄을.

노힐부득과 달달박박

맑은 바람이 한자리함을 구짖지 마오

신라 구사군의 북쪽에 있는 백월산白月山은 산봉우리는 기이하고 빼어났는데 수백 리에 뻗쳐 있어 참으로 거대했다고 한다. 이런 백월산과 관련한 이야기가 있는데 다음과 같다.

옛날에 당나라 황제가 연못 하나를 팠다. 그런데 매달 보름 전 달빛이 밝을 때면, 연못 한가운데 산이 하나 나타났는데, 마치 사자처럼 생긴 바위가 꽃 사이로 은은히 비쳐졌다. 황제는 화공에게 그 모양을 그리게 하고 사신을 보내 온 천하를 돌며 그 산을 찾도록 했다.

그런데 사자는 중국에서는 그 산을 찾지 못하고 결국 신라까지 오게 되었다. 그러다 백월산을 보게 되니 마침 산에 큰 사자암이 있고, 산의 서남쪽 2보쯤에 삼산이 있었다. 그리고 산 이름이 화산花山이라 했는데, 그 모양이 그림과 똑같았다.

하지만 사자는 과연 이 산이 그림 속의 산인지 확신이 서지 않았다. 그래서 신 한 짝을 사자암 꼭대기에 걸어 놓고 돌아와 연못을 확인하니, 그 신 그림자 역시 연못에 비쳤다. 황제가 이를 이상히 여겨 그 산 이름을 백월산이라 했다. 그러자 그 후로는 연못 가운데 산 그림자가 나타나지 않았다고 한다.

백월산 비석 백월산은 나무가 울창하고, 계곡물이 맑으며, 세 개의 봉우리가 있어 '삼산'이라고도 부른다. 동쪽 끝 봉우리에는 사자처럼 누워 있는 '사자바위'가 있다.

백월산의 동남쪽 3,000보쯤 떨어진 곳에는 선천촌이라는 마을이 있는데, 두 젊은이가 살고 있었다. 한 사람은 노힐부득努肹夫得으로 아버지는 월장이며, 어머니는 미승이라 했다. 다른 사람은 달달박박怛怛朴朴이니, 그의 아버지는 수범이고, 어머니는 범마라 했다. 둘 다 풍채와 골격이 범상치 않았고, 세상을 마음에 품고 있어 서로 좋은 친구로 지냈다.

스무 살이 되자 두 사람은 마을 동북쪽 고개 너머 법적방에서 머리를 깎고 승려가 되었다. 그리고 얼마 되지 않아, 서남쪽 치산촌 법종곡 승도촌에 있는 옛 절이 수도하기 좋다는 소리를 듣고는 함께 떠났다. 그리고 부득은 회진암(양사)에, 박박은 유리광사에 살았다.

이들은 모두 처자가 있어 생계를 꾸리면서도 정신을 수양하고 속세를 떠날 마음을 잠시도 버리지 않았다. 그리고 어느 날 세상사의 무상함을 느끼며 서로 말했다.

"기름진 밭에 풍년이 드는 것도 좋지만 마음대로 먹고 입고, 일하지 않고도 배부르고 따뜻한 것만은 못하고, 아내와 가정을 이루어 사는 것도 좋지만 연화장에서 여러 부처가 앵무새나 공작새와 놀면서 서로 즐기는 것만은 못하다. 불도를 배우면 응당 부처가 되고, 참됨을 닦으면 반드시 진리를 얻는 것이다. 지금 우리는 머리를 깎고 이미 승려가 되었으니 마땅히 몸에 얽매어 있는 것을 버리고 더할 수 없는 도를 이루어야 하는데, 이 세상 속에 파묻혀 세속의 무리들처럼 지내서야 되겠는가."

마침내 이들은 속세를 떠나 깊은 골짜기에 숨기로 했다. 그리고 어느 날 밤 꿈에 부처님이 서쪽에서 오더니 빛 속에서 금빛 팔을 내려 두 사람의 이마를 쓰다듬어 주었다. 두 사람이 놀라 잠에서 깨 서로 이야기를 하니, 꿈이 똑같았다. 이들은 오래도록 감탄하다가 드디어 백월산 무등곡으로 들어갔다.

박박은 북쪽 고개의 사자암에 판잣집 8척 방을 만들고 살았으므로 판방板房이라했고, 부득은 동쪽 고개의 돌무더기 아래 물이 있는 곳에 방을 만들어 살았으므로 뇌방磊房이라고 했다. 암자에 살면서 부득은 미륵불을 성심껏 구했고, 박박은 미타불에게 예불했다.

그렇게 3년이 못 된 초파일이었다. 이때가 경룡 3년 기유년(709)으로 성덕여왕이 즉위한 지 8년이 된 해였다. 해가 질 무렵 나이가 한 스무 살 정도로 보이는 낭자가 달달박박을 찾아왔다. 박박이 보니 자태가 곱고 난초향과 사향 냄새를 풍기는 낭자였다. 그 여인은 자고 가기를 청하면서 글을 지어 바쳤다.

해 저문 산골에 갈 길은 아득한데
길은 막히고, 인가는 멀어
사방이 막힌 몸
오늘은 이 암자에서 자려 하오니
자비하신 스님이여, 노하지 마오.

그러자 박박은 말했다.
"절은 청정한 곳이라 그대가 가까이 할 곳이 아니니, 어서 다른 곳으로 가시오."
그러고는 문을 닫고 들어갔다.

낭자는 이번에는 남암으로 돌아가서 또 전과 같이 청하니 부득이 말했다.

"이 밤중에 어디서 왔는가?"

"맑기가 태허와 같은데 어찌 오고 감이 있겠
습니까? 다만 어진 선배의 뜻이 깊고 덕행이 높
고 굳다는 말을 듣고 장차 도와서 보리를 이루
고자 할 따름입니다."

● 부처의 공덕과 가르침을 찬양하기 위해 지은 노래나 글귀를 뜻한다. 다른 말로 '가타'라고 부른다.

그리고 게偈* 하나를 바쳤다.

해 저문 깊은 산길에

가도 가도 사방이 막혔네.

송죽松竹 그늘은 그윽하기만 하고

골짜기를 울리는 물소리 더욱 새롭구나.

자고 가려 함은 길을 잃어서가 아니요

스님을 인도하려 함일세.

원컨대 내 청을 들어만 주시고

길손이 누구인지 묻지 마오.

부득은 이 말을 듣고 몹시 놀라 말했다.

"이곳은 여자가 더럽힐 곳이 아니나, 중생을 따르는 것도 역시 보살행의 하나일
것이오. 깊은 산골짜기에 날이 저물었는데 어찌 소홀히 대접할 수 있겠소."

이에 낭자를 암자 안으로 맞아들였다. 밤이 되자 부득은 마음을 맑게 하고, 지조
를 닦아 희미한 등불이 비치는 벽 아래서 염불을 그치지 않았다. 밤이 깊었을 때
낭자가 부득을 불렀다.

"제가 불행하게도 산기가 있으니 짚자리를 좀 준비해 주십시오."

부득은 낭자를 불쌍히 여겨 거절하지 못하고, 은은히 촛불을 비추자 낭자는 이미 해산을 끝내고 목욕하기를 청했다. 부득은 부끄러움과 두려움이 마음속에 일었으나, 측은한 마음이 더 컸기에 목욕통을 준비하여 낭자를 통 안에 앉히고 물을 데워 목욕을 시켰다. 그러자 통 속 물에서 강한 향이 풍기며 금빛으로 변했다. 부득이 크게 놀라자 낭자가 말했다.

"스님께서도 이 물에 목욕하시는 것이 좋겠습니다."

낭자가 굳이 권하자 부득은 얼결에 그렇게 하기로 했다. 그러자 갑자기 정신이 상쾌해지더니 살결은 금빛이 되었다. 어느새 그 옆에는 연화대 하나가 놓여 있었다. 낭자가 부득에게 앉기를 권하며 말했다.

"사실 나는 관음보살이오. 대사의 성불을 돕고자 온 것이라오."

말을 마친 낭자는 이내 보이지 않았다.

한편, 박박은 부득이 자신처럼 여인을 거절하지 못하고 오늘 밤 반드시 계를 더럽혔을 것이라 상상했다. 그리고 비웃어 주어야겠다며 가보기로 했다. 그런데 그의 생각과는 달리 부득은 연화대에 앉아 미륵존상이 되어 광채를 빛내고 있으니, 그 몸은 금빛으로 변해 있었다. 박박은 자신도 모르게 머리를 조아리고 절하며 말했다.

"어떻게 해서 이렇게 되었습니까?"

부득이 그 연유를 자세히 이르자 박박은 탄식해 말했다.

"내가 부처님을 뵙는 천운을 얻고도 도리어 대우하지 못했구나. 큰 덕이 있고 지극히 어진 그대가 나보다 먼저 이루었으니 부디 지난날의 약속을 잊지 마시고 일을 함께 하길 바랍니다."

이에 부득이 말했다.

"아직도 통 속에 물이 남았으니 목욕을 하는 게 좋겠습니다."

박박이 목욕하여 부득과 함께 무량수를 이루니 두 부처가 서로 마주 대하고 있었다. 산 아래 마을 사람들이 이 말을 듣고 다투어 와서 우러러보고 감탄하며 말했다.

"참으로 드문 일이로다."

두 부처는 그들에게 설법을 한 후 구름을 타고 가버렸다. 사람들이 달달박박을 찬양해 말했다.

푸른빛 떨어지는 바위 앞에 문 두드리는 소리,

누가 해 저문데 구름 속 길을 찾는가.

남암이 가까운데 그리로 갈 것이지

푸른 이끼 밟고서 내 뜰을 더럽히지 마오.

또 노힐부득을 찬양해 말했다.

골짜기에 해 저문데 어디로 가리

남창에 자리 있으니 머물다 가오.

밤 깊어 백팔 염주 세고 있으니

이 소리 시끄러워 길손의 잠 깰까 두려워라.

성스러운 낭자에 대해서는 이렇게 찬양했다.

십 리 솔 그림자에 한 길을 헤매다가

밤에 중을 찾아와 시험했네.

세 통에 목욕 끝나니 날도 장차 새는데

두 아이 낳아 던져두고 서쪽으로 갔다네.

분황사 천수대비

눈먼 아이가 눈을 뜨다

경덕왕 때에 한기리라는 마을에 희명希明이라는 여자가 살고 있었다. 그런데 태어난 지 5년밖에 안 된 그녀의 아이가 갑자기 눈이 멀었다. 그래서 희명은 아이를 안고 분황사 좌전 북쪽 벽에 그려진 천수대비 앞에 나가서 아이를 시켜 노래를 지어 빌게 했다.

"무릎을 꿇고 두 손을 모아 천수대비 앞에 빌어 아뢰옵니다. 1,000개의 손, 1,000개의 눈을 가지셨으니, 둘 다 없는 제게 하나만이라도 주시면 그 은혜 잊지 않겠습니다."

그러자 신기하게도 아이가 마침내 눈을 떴다. 후에 사람들이 찬양해 말했다.

죽마竹馬를 타고 피리를 불며 거리에서 놀더니
하루아침에 두 눈이 멀었도다.
대사가 자비로운 눈을 돌리지 않았다면
버드나무 꽃을 헛되게 보냄이 몇 해인고.

관음과 정취

의상법사가 받은 구슬을 절에 봉안하다

옛날 의상義湘대사가 당나라에서 돌아왔을 때였다. 관음보살의 진신眞身이 동해 굴속에 머문다는 말을 듣고, 그곳을 낙산洛山이라고 했다. 이는 서역의 보타락가산에서 따온 것이다. 또는 소백화小白華라고도 했는데, 이는 백의대사의 진신이 머물러 있는 곳이라 해서 정한 것이다.

이곳에서 의상이 몸과 마음을 깨끗이 한 후 7일 만에 자리를 새벽 물 위에 띄우자 용천팔부*의 시종들이 굴속으로 그를 인도했다. 의상이 공중을 향해 절하자 갑자기 수정 염주 한 꾸러미가 떨어졌다. 의상이 이를 받아 가지고 나오자, 이번에는 동해의 용이 여의주

> ●불법을 지키는 여덟 신장을 뜻한다. 다시 말해 천天 · 용龍 · 야차夜叉 · 건달바乾闥婆 · 아수라阿修羅 · 가루라迦樓羅 · 긴나라緊那羅 · 마후라가摩睺羅迦를 말한다.

한 알을 바치는 게 아닌가. 의상이 둘을 받들고 나와 다시 7일 동안 몸과 마음을 깨끗이 하고 나서 굴속에 들어가니 그제야 비로소 관음이 참모습을 드러냈다. 관음이 말했다.

"앉은 자리 위 산마루에 한 쌍의 대나무가 솟아날 것이다. 그 땅에 불전을 짓는 것이 좋으리라."

낙산사 **보타전** 낙산사는 3대 관음기도 도량 중의 하나이며, 관동팔경의 하나로 유명하다. 671년 의상이 세웠고, 6·25전쟁 때 소실되었던 것을 1953년에 다시 창건한 것이다.

의상이 관음의 계시를 듣고 나와 보니 과연 대나무가 땅에서 솟아나왔다. 의상은 여기에 금당을 짓고, 불상을 만들어 모셨다. 그러자 대나무는 다시 사라졌다. 그제야 의상은 관음의 진신이 살고 있는 곳임을 알고 절 이름을 낙산사라 정했다. 그리고 자기가 받은 두 구슬을 성전에 봉안하고는 그곳을 떠났다.

후에 원효법사가 예를 올리고자 낙산사를 찾았다. 그가 막 남쪽 교외에 이르렀을 때였다. 흰옷을 입은 여인이 논에서 벼를 베고 있었다. 원래 자유분방한 원효가 희롱 삼아 그 벼를 달라고 청하자, 여인은 벼가 잘 익지 않았다고 말했다. 또 가다가 다리 밑에 이르자 이번엔 한 여인이 월수月水가 묻은 빨래를 하고 있었다. 원효가 물을 달라고 청하자 여인은 그 더러운 물을 떠서 바쳤다. 그러자 원효는 그 물을 엎질러 버리고는 깨끗한 냇물을 떠서 마셨다. 이때 소나무 위에 앉아 있던 파랑새 한 마리가 그를 불러 말했다.

의상대사 원효와 마찬가지로 신라 십성의 한 사람이다. 화엄종을 창시했으며, 전국에 걸쳐 화엄종 사찰을 세웠다. 또한 많은 제자를 가르쳤다.

"스님은 그만두시오."

그러더니 홀연히 사라졌는데 나무 아래 신 한 짝이 벗겨져 있을 뿐이었다. 원효가 절에 이르러 관음상의 자리 아래를 보니 좀전의 신 한 짝이 벗겨져 있는 게 아닌가. 그제야 길에서 만난 여인들이 관음의 진신임을 깨달았다. 이때부터 사람들은 그 소나무를 관음송이라 불렀다.

원효는 성굴로 들어가서 다시 관음 진신의 모습을 보려고 했으나, 풍랑이 크게 일어 들어가지 못한 채 떠났다.

시간이 지나 신라 말엽, 굴산조사堀山祖師 범일梵日이 태화연간(827~835)에 당나라에 들어가 명주 개국사를 찾아갔다. 범일이 법회에 참여하니 왼쪽 귀가 없는 한 승려가 끝자리에 앉았다가 조사에게 말했다.

"저 역시 신라 사람입니다. 집은 명주의 경계인 익령현(지금의 강원도 양양) 덕기방에 있습니다. 조사께서 본국에 돌아가시거든 제 집을 찾아 주십시오."

이윽고 조사는 여러 사찰을 두루 돌아다니다가 염관에게서 법을 얻고, 회창 7년 정묘년(847)에 본국으로 돌아와 먼저 굴산사를 짓고 불교를 전했다.

그렇게 10년이 지난 대중 12년 무인년(858) 2월 보름밤에, 그 승려가 창문 밑에 와서 말하는 꿈을 꾸었다.

"지난 날 명주 개국사에서 나와 약속하더니 어찌 이리 늦는 겁니까?"

조사는 놀라 꿈에서 깬 사람들을 데리고 익령 경계에 가서 그가 사는 곳을 찾았다. 그리고 낙산 아래 마을에까지 와 그의 집을 물으니 마을에 살고 있는 여인 하나가 자신의 이름이 '덕기'라 했다. 그 여인에게는 여덟 살 된 아들이 하나 있었는데 항상 마을 남쪽 돌다리 가에 나가 놀았다. 여인은 조사에게 아들의 동무 중에 금빛이 나는 아이가 있다고 말해 주었다. 조사는 이 말에 기뻐하며 그 다리 밑에 가보니 전에 만나 승려처럼 한쪽 귀가 떨어진 석불 하나가 물속에 있었다. 바로 정취보살상正趣菩薩像이었다. 이에 간자를 만들어 절을 지을 곳을 점쳤더니 낙산 위가 가장 좋다고 했다. 그리하여 그곳에 불전 세 칸을 지어 불상을 모셨다.

100여 년이 지난 어느 날 들에 불이 나 산까지 번졌으나 관음보살상과 정취보살상만은 화재를 면했다. 하지만 나머지는 모두 불타고 말았다. 그 후 몽고의 병란이 있자 두 성인의 진용과 의상이 받들었던 두 구슬을 양주성으로 옮겼다. 그러나 얼마 후 몽고군이 갑자기 쳐들어와 양주성은 혼란에 빠지고 이 틈을 타 주지인 아행선사는 두 구슬을 갖고 도망치려 했다. 그러자 절의 노비인 걸승이 이를 빼앗아 땅

속 깊이 묻으며 맹세했다.

"내가 만일 병란에 죽음을 면치 못한다면 두 구슬은 끝내 인간 세상에 나타나지 못해 아는 자가 없을 것이요, 내가 만일 죽지 않는다면 마땅히 두 보물을 나라에 바칠 것이다."

갑인년(1254) 10월 22일 성이 함락되어 아행은 죽고 걸승은 살았다. 걸승은 적군이 물러가자 구슬을 파내어 명주도 감창사에게 바쳤다. 이때 낭중郎中 이녹수가 감창사였는데, 이를 받아 감창고監倉庫 안에 간직해 두고 교대할 때마다 서로 전해 이어받았다.

무오년(1258) 11월에 이르러 기림사 주지 대선사 각유가 임금께 아뢰었다.

"낙산사의 두 보물인 구슬은 국가의 신령스런 보물이온데 양주성이 함락될 때 절의 노비인 걸승이 성 안에 묻었다가 적병이 물러간 뒤에 파내어 감창사에 바쳐 명주성의 창고 안에 간직해 왔습니다. 그러나 지금 명주성도 위태로우니 마땅히 궁으로 옮겨야 합니다."

왕은 이를 허락하고 야별초 10명을 내어 걸승을 데리고 명주성에서 두 구슬을 갖다가 궁궐 안에 안치했다. 그때 사자 10명에게는 각각 은 1근과 쌀 5석씩을 주었다.

조신

인생의 덧없음을 깨닫다

      신라 때였다. 세규사의 장원이 명주 날리군에 있었다. 본사에서 승려 조신調信을 보내 장원을 맡아 관리하게 했다. 장원에 온 조신은 태수 김흔공의 딸에게 반해 깊이 사모하게 되었다. 조신은 여러 번 낙산사 관음보살 앞에서 남몰래 인연을 맺게 해달라고 빌었다.

  하지만 그 여인에게는 이미 다른 배필이 생겼다. 이에 조신은 불당에 나아가 자기의 소원을 들어주지 않는 관음보살을 원망하며 날이 저물도록 슬피 울었다. 그리고 울다 지쳐 잠깐 잠이 들고 말았다. 조신의 꿈속에 갑자기 즐거운 낯빛의 낭자가 문으로 들어와 활짝 웃으며 말했다.

  "저는 일찍부터 스님을 마음속으로 사모해서 잊은 적이 없었습니다. 그러나 부모의 명을 어길 수 없어 마지못해 시집을 갔다가 이제야 부부가 되고자 이렇게 왔습니다."

  조신은 매우 기뻐하여 그녀와 함께 고향으로 돌아갔다. 조신은 그녀와 40여 년을 살면서 자녀 다섯을 두었다. 그러나 집은 그저 네 벽뿐이고, 콩잎이나 명아주국마저도 먹지 못했다. 끝내 조신은 실의에 찬 나머지 식구를 이끌고 떠돌아다니면

제4장 탑을 세우다

서 얻어먹고 지냈다.

그렇게 10여 년이 지나자 옷은 해져 몸도 가릴 수가 없었다. 그리고 명주 해현령을 지날 때에는 열다섯인 큰 아이가 굶어죽기까지 했다. 가족들은 통곡하면서 길가에 묻었다. 그들 내외는 남은 네 식구를 데리고 우곡현에 이르러 길가에 띠집을 짓고 살았다.

부부는 늙고 병이 들었다. 게다가 굶주려 일어나지도 못해 열 살 난 딸아이가 밥을 빌어다 그들을 먹여 살렸다. 그 날도 딸이 나가 동냥을 하는데, 마을 개에게 물리고 말았다. 아파서 울부짖으며 앞에 와서 누웠으니 부모도 탄식하며 하염없이 눈물을 흘렸다. 부인이 갑자기 눈물을 씻더니 말했다.

"제가 처음 당신을 만났을 때는 얼굴도 아름답고 나이도 젊었으며 입은 옷도 깨끗했습니다. 한 가지 맛좋은 음식이라도 당신과 나누어 먹었고, 몇 자의 좋은 옷감도 당신과 나누어 입었습니다. 집을 나온 지 50년 동안에 정을 맺어 가까워졌고, 사랑도 굳어졌으니 정말 두터운 인연이라 하겠습니다.

그러나 지금은 병이 날로 더해지고 굶주림과 추위도 갈수록 심해지니, 남의 집 곁방살이에 하찮은 음식조차도 빌어 얻을 수 없고, 문전걸식하는 부끄러움이 너무 큽니다. 아이들이 추위에 떨고 배고파 해도 미처 돌봐주지 못하는데 어느 겨를에 부부의 정을 즐길 수가 있겠습니까?

고왔던 얼굴과 어여쁜 웃음도 풀 위의 이슬일 뿐이요, 지란 같은 약속도 회오리바람에 나부끼는 버들가지일 뿐입니다. 당신은 내가 있어서 더 누가 되고, 나는 당신 때문에 근심이 더합니다. 가만히 옛날 기쁘던 일을 생각해보니, 그것이 바로 근심의 시작이었습니다.

당신과 내가 어찌해서 이 지경에 이르렀습니까? 여러 새가 다 함께 굶어죽는 것보다는 차라리 짝 잃은 난새가 거울을 보며 짝을 부르는 것이 낫지 않습니까? 추우면 버리고 더우면 가까운 것이 인정상 할 수 없는 일입니다만 나아가고 그치는 것은 사람 마음대로 되는 것이 아니고, 헤어지고 만나는 것도 운수가 있는 것입니다. 그러니 헤어지기로 합시다."

조신이 그 말을 듣고 반색하며 각각 아이 둘씩을 데리고 떠나려 하자 여인이 말했다.

"나는 고향으로 갈 테니, 당신은 남쪽으로 가십시오."

이리하여 서로 작별하고 길을 떠나려 하다가 조신은 꿈에서 깼다. 주변을 보니 날이 새려 하고, 타다 남은 등잔불만 깜박거리고 있었다. 아침이 되자 수염과 머리털은 모두 희어졌고, 조신은 넋이 나간 듯 세상일에 뜻이 없어졌다. 괴롭게 사는 것도 이미 싫어졌고, 마치 한평생의 고생을 다 겪고 난 것처럼 재물을 탐하는 마음도 얼음 녹듯 깨끗이 녹아 버렸다. 또 관음보살상을 대하기조차 부끄럽고, 잘못을 뉘우치는 마음이 그치지 않았다.

서포 김만중 '조신몽'이라고도 불리는 조신의 꿈은 환몽소설의 원조격으로 몽자류 소설인 김만중의 《구운몽》, 이광수의 《꿈》 등에 영향을 주었다. 비록 설화지만 단편소설 이상의 긴밀한 구성과 현실적 개연성이 있다는 점에서 높이 평가된다.

조신이 해현으로 가 꿈에 아이를 묻었던 자리를 파 보았더니 돌미륵이 나왔다. 물로 깨끗하게 씻어 근처의 절에 모시고, 서울로 돌아가 장원을 맡은 책임을 내놓았다. 그리고 재산을 정리해 정토사를 세우고 부지런히 수행했다. 그 후에 어디서 세상을 마쳤는지 알 수가 없다.

어찌 조신의 꿈만이 그렇겠는가. 지금 모두 속세의 즐거운 것만 좇아 아등바등 하지만 이는 깨닫지 못했기 때문이다. 이에 사람들은 노래를 지어 경계하게 하니 다음과 같다.

잠깐 흥겨운 마음에 한가롭더니
어느새 젊은 얼굴은 근심으로 늙었구나.
조밥이 다 익기를 기다리지 말지니
인생이 한바탕 꿈임을 깨달았네.
몸 닦는 것 잘되고 못됨은 성의에 달렸거늘
홀아비는 미인 꿈꾸고 도둑은 재물 꿈꾸네.
어찌 가을날 하룻밤 꿈만으로
때때로 눈을 감아 청량의 세상에 이를 수 있으랴.

자장법사, 꿈에서 게를 받다

오대산을 문수보살이 살던 곳이라고 처음으로 부른 사람은 다름 아닌 자장법사다. 자장은 중국 오대산 문수보살의 진신을 보고자 신라 선덕여왕 때인 정관 10년 병신년(636)에 당나라에 들어갔다. 처음 중국 태화지 가의 돌부처 문수보살에 이르러 경건하게 7일 동안 기도를 드렸더니 꿈에 갑자기 부처가 네 구의 게를 주었다. 꿈에서 깬 후 그 글을 기억할 수는 있었으나, 모두 범어라 뜻을 풀 수는 없었다.

이튿날 아침, 한 승려가 붉은 비단에 금색 가사 한 벌과 부처의 바리때, 부처의 머리뼈 한 조각을 가지고 자장 옆으로 와 물었다.

"어찌해서 그렇게 근심에 싸여 있는 게요?"

이에 자장이 대답했다.

"꿈에 네 구의 게를 받았는데 범어로 되어 있어 풀 수가 없기 때문입니다."

그러자 승려가 그 글을 번역하여 말했다.

"'가라파좌낭'이란 일체의 불법을 깨달았다는 말이요, '달예치거야'란 본래의 성품을 가진 바 없다는 말이요, '낭가희가낭'이란 법성을 이렇게 해석한다는 말이요, '달예노사나'란 노사나불盧舍那佛(삼신불三身佛의 하나)을 곧 본다는 말입니다."

승려는 자기가 갖고 있던 가사 등을 자장에게 주면서 부탁했다.

"이는 석가세존께서 쓰시던 도구이니 잘 보관하십시오. 그리고 그대의 나라 동북방 명주 경계에 오대산이 있는데 1만의 문수보살이 항상 그곳에 머물러 있으니 가서 뵙도록 하시오."

말을 마친 승려는 사라지고 보이지 않았다. 그러나 자장은 중국에 좀더 머물면서 두루 보살의 자취를 찾아보고 본국으로 돌아오려 했다. 그때 태화지의 용이 나타나 재를 청하고 7일 동안 공양하더니 법사에게 말했다.

"계를 전한 노승이 바로 진짜 문수보살입니다."

그러고는 또 절을 짓고 탑을 세울 것을 간곡하게 부탁했다. 그리하여 자장은 정관 17년(643)에 오대산에 가서 문수보살의 진신을 보려 했으나 3일 동안 날이 어둡고 흐려서 뜻을 이루지 못했다. 이에 다시 원령사에 돌아가 살면서 문수보살을 뵈었다고 했다. 후에 칡덩굴이 얽힌 깊은 산에 이르렀으니 지금의 정암사淨嵓寺가 바로 그곳이다.

그 후 승려 신의는 범일대사의 제자로 이 산을 찾아 자장이 쉬던 곳에 암자를 짓고 살았다. 신의가 죽은 뒤에 암자는 오랫동안 황폐했는데, 수다사의 장로 유연이 새로 암자를 짓고 살았다. 바로 지금의 월정사다.

또 자장이 신라로 돌아왔을 때였다. 신문왕의 태자 보천과 효명 두 형제가 하서부에 와서 각간 세헌의 집에서 하룻밤을 묵었다. 다음날 큰 고개를 지나 각각 무리 1,000명을 거느리고 성오평에 닿아 유람하다가, 갑자기 하루 저녁에 두 형제가 속세를 벗어날 뜻을 남몰래 약속하고는 같이 도망하여 오대산에 들어가 버렸다. 이에 시중 들던 사람들은 그들의 행방을 알지 못해 자기들끼리 서울로 돌아오고 말았다.

도망친 두 태자가 산 속에 이르렀을 때였다. 갑자기 푸른 연꽃이 피어났다. 보천

정암사 수마노탑과 적멸궁 수마노탑은 고려시대 마노석을 쌓아 만든 모전석탑이다. 마노석은 보석의 하나로 원석의 모양이 말의 뇌수를 닮았다고 하여 '마노'라는 이름이 붙었다. 적멸보궁은 사리를 봉안한 신라시대 보궁으로 정암사 경내에 있다. 강원도 정선군에 있다.

이 여기에 암자를 짓고 머물러 살았으니 이곳을 보천암寶川庵이라 했다. 여기에서 동북쪽으로 600여 보를 더 가자 북쪽 대의 남쪽 기슭에 푸른 연꽃이 또 피었다. 이에 아우인 효명 태자가 암자를 짓고 그곳에 사니, 각자 부지런히 업을 닦았다.

어느 날 형제가 다섯 봉우리에 예를 드리려 올라가니 동쪽 대 만월산에 1만 관음보살의 진신이 나타났다. 또 남쪽 대 기린산에는 팔대보살八大菩薩(정법正法을 지키고 중생을 옹호하는 여덟 보살)을 우두머리로 한 1만의 지장보살地藏菩薩(무불 세계에서 육도중생六道衆生을 교화하는 대비보살)이 나타나 있고, 서쪽 대 장령산에는 무량수여래無量壽如來('아미타여래'를 달리 이르는 말)를 우두머리로 한 1만의 대세지보살大勢至菩薩(아미타불의 오른쪽에 있는 보살)이 나타났다. 북쪽 대 상왕산에는 석가여래釋迦如來를 우두머리로 한 500의 대아라한大阿羅漢(아라한 가운데에서 나이가 많고 덕이 높은 사람)이 나타나 있고, 중앙의 대 풍로산은 비로자나불毘盧遮那佛(큰 광명을 내비치어 중생을 제도하는 부처)을 우두머리로 한 1만의 문수보살이 나타나 있었다. 그들은 이와 같은 5만 보살의

제4장 탑을 세우다

진신에게 하나하나 예를 드렸다.

날마다 이른 아침에는 문수보살이 지금의 상원인 진여원에 이르러 36가지의 모습으로 변해 나타났다. 혹은 부처의 얼굴 모양으로, 어떤 때는 구슬 모양으로, 또 부처의 눈 모양이 되기도 하고, 부처의 손 모양도 되고, 보배스런 탑 모양도 되고, 만 가지 부처의 머리 모양도 되고, 만 가지 등 모양도 되고, 금 다리 모양도 되고, 금 북 모양도 되고, 금 종 모양이 되기도 하니, 그 모양을 말로 다 따지기가 힘들 정도였다.

아무튼 두 태자는 항상 골짜기 속의 물을 길어다가 차를 달여 공양하고, 밤이 되면 각각 자기 암자에서 도를 닦았다. 이때 신문왕의 아우가 왕과 왕위를 다투고 있었다. 하지만 사람들은 이를 폐하고, 장군 넷을 산으로 보내 두 태자를 맞아오게 했다. 그들은 먼저 효명의 암자 앞에 이르러 만세를 불렀다. 그러자 오색구름이 7일 동안 그곳을 덮었다. 사람들이 그 구름을 보고 모여 들어 왕의 행차를 갖추어 태자들을 맞아 가려 했다. 그러나 보천은 울며 사양하고 결국 효명이 왕위에 오르게 되었다. 효명은 나라를 여러 해 다스렸는데, 그가 왕위에 있은 지 20여 년인 신룡 원년(705) 3월 4일에 진여원을 처음 세웠다.

한편 보천 태자는 항상 골짜기에서 신령스러운 물을 마시더니 육신이 공중을 떠서 유사강에 이르게 되었다. 그리하여 울진대국의 장천굴에 들어가 도를 닦다가 다시 오대산 신성굴로 돌아와 또다시 50년을 도를 닦았다. 오대산은 바로 백두산의 큰 줄기로 각 대에는 진신이 항상 머물렀다.

월정사의 다섯 성자

학의 깃으로 뚫어진 가사를 맞추다

월정사는 자장법사가 처음으로 띠집으로 지었으며, 그 후에는 신효거사信孝居士가 살았고, 그 다음에는 범일의 제자인 신의두타信義頭陀가 와서 암자를 세웠다. 또 그 뒤에 수다사 장로인 유연이 와서 살았다. 그리하여 점점 큰 절이 되었다. 절의 다섯 성중(부처를 따라다니는 성자)과 구층석탑은 모두 이들의 자취다.

어느 날 지관이 말하기를, 나라 안의 명산 중에서도 가장 좋은 곳으로 불법이 길이 번창할 곳이라고 했다.

이들 중 신효는 원래 집이 공주에 있었다. 지극한 효성으로 어머니를 봉양했는데, 어머니는 밥상에 고기가 오르지 않으면 먹지를 않았다. 그래서 신효는 자주 고기를 구하러 나갔다. 그날도 어김없이 어머니에게 드릴 고기를 구하고자 산과 들을 돌아다닐 때 길에서 우연히 학 다섯 마리를 보고 활을 쏘았다. 그 중 한 마리가 활에 맞아 날개깃 하나를 떨어뜨렸다. 신효가 장난 삼아 학의 깃을 집어 들어 눈을 가리고 사람을 보았다. 그랬더니 사람이 모두 짐승으로 보였다. 결국 고기를 구하지 못한 신효는 자기의 허벅지 살을 베어서 어머니께 드렸다.

월정사 팔각구층석탑 고려시대 들어 북쪽 지방을 중심으로 '일반형 석탑'의 형태를 벗어난 다각형의 다층석탑을 선보이게 되는데, 바로 월정사 팔각구층석탑이 고려 초의 석탑 양식을 대표하는 탑이다. 고려 귀족의 화려하면서도 사치스런 면모를 잘 드러내고 있다.

　나중에 신효는 승려가 되어 자기 집을 절로 만들었는데, 지금의 효가원孝家院이 그 절이다. 그러던 어느 날이었다. 신효는 경주 경계의 하솔에 가서 또다시 학의 깃으로 눈을 가리고 사람을 보았다. 이번에는 사람들이 모두 사람의 모습으로 보였다. 그래서 신효는 그곳에 살기로 마음을 먹었다. 때마침 길을 가던 늙은 부인을 보고, 살 만한 곳을 물었더니 그 부인이 대답했다.

　"서쪽 고개를 넘으면 북쪽으로 향한 골짜기가 있는데 거기가 적당할 것입니다."

　그리고 말을 마친 부인은 이내 보이질 않았다. 신효는 이것이 관음보살의 가르침임을 깨닫고, 곧 성오평을 지나 자장법사가 처음 띠집을 지은 곳에 들어가 살았다.

　얼마 후, 문득 다섯 승려가 찾아와서 말했다.

"그대가 가지고 온 가사 한 폭은 어디 있습니까?"

신효가 어리둥절해 하며 선뜻 내납하지 못하자, 승려가 다시 말했다.

"그대가 집어서 사람을 본 깃이 바로 우리가 찾는 가사입니다."

그제야 신효는 그 깃을 내주었다. 승려가 그 깃을 받아 가사의 뚫어진 부분에 갖다 대자 꼭 들어맞았다. 그리고 이내 가사의 천으로 변했다. 신효는 다섯 승려와 작별한 뒤에야 비로소 그들이 다섯 성중의 화신임을 알았다.

투구를 숨길 만한 험준한 곳에
신령스런 터를 얻다

무장사鍪藏寺는 서라벌 동북쪽 20리쯤 되는 암곡촌 북쪽에 있다. 신라 제38대 원성왕의 아버지인 대아간 효양(명덕왕으로 추봉)이 숙부 파진찬을 기려 세운 것이다. 그윽한 골짜기는 깎아 세운 듯 험준했다. 깊고 어두워 빈 마음이 절로 생기며 불문에 들어 도를 닦을 만한 신령스런 곳이었다. 무장사의 위쪽에는 아미타의 옛 전각이 있는데 이와 관련해서 다음과 같은 이야기가 전해진다.

신라 제39대 왕이었던 소성왕昭聖王이 갑자기 세상을 떠나자 왕비인 계화桂花황후는 당황해 어쩔 줄 몰라 하고 그저 눈물을 흘리며 슬퍼했다. 그러다 소성왕의 명복을 빌자고 생각했다. 이때 서방에 아미타라는 관음보살이 있어 지성으로 받들면 구원하여 맞아준다는 말이 떠돌는데, 황후가 이 이야기를 듣고 말했다.

"이것이 사실이라면 어찌 나를 속이겠느냐?"

이에 여섯 가지의 화려한 옷을 기꺼이 내놓고 창고에 쌓인 재물을 다 내어 이름난 장인들을 불러 아미타불상 하나와 여러 신들을 만들게 해 미타전에 모셨다.

이보다 앞서 이 절에는 노승이 살고 있었다. 어느 날 꿈에 진인이 석탑 동남쪽 언덕에 앉아서 서쪽을 향하여 대중을 위해 설법하는 것을 보고 속으로 생각했다.

무장사 터 삼층석탑과 아미타불조상사적비 이수와 귀부 아미타
불조상사적비는 없고 이 비를 받쳤던 거북 모양의 받침돌(귀부)과
용 모양을 새긴 비머리(이수)만 남아 있다.

'이곳은 반드시 불법이 머무를 곳이다.'

노승은 이를 비밀로 했다. 사실 그곳은 바위가 우뚝 솟고, 시냇물이 급하게 흘러 장인들은 돌아다보지도 않는 곳이었고, 사람들도 좋지 못한 곳이라 했다. 하지만 터를 닦을 때에는 평탄한 곳이 제법 있어 집을 세울 만했으며, 확실히 신령스런 터 같았다. 그러자 보는 이들은 깜짝 놀라 좋다고 하지 않는 이가 없었다. 그러나 지금 미타전은 허물어지고 절만 남았을 뿐이다. 무장사라는 이름은 태종이 삼국을 통일한 뒤에 병기와 투구를 이 골짜기에 감추어 두었다 하여 붙여진 것이다.

제4장 탑을 세우다

영취사

매가 우물 속의 꿩을 바라보다

신라 제31대 신문왕 때인 영순 2년(683)의 일이다. 재상 충원이 장산국(동래현) 온천에서 목욕을 하고 돌아오는 길에 굴정역屈井驛 동지의 들에서 쉬게 되었다. 일행 중에 사냥을 좋아하는 이가 있었는데, 그날도 어김없이 매를 놓아서 꿩을 쫓게 했다. 꿩이 갑작스러운 매의 출현에 놀라 날아갔는데 어디로 갔는지 자취가 없었다. 다만 매의 방울소리가 들리는 곳으로 따라가기로 했다.

그렇게 일행이 소리를 따라 굴정현 관청 북쪽 우물가에 이르렀을 때였다. 매는 근처 나무 위에 앉아 있었다. 사람들이 꿩을 찾으려 주위를 둘러보다 우물을 들여다보니 상처 입은 꿩이 양 날개를 벌려 새끼 두 마리를

온정개건비 신문왕은 부산 동래 온천장에 와서 목욕하고 돌아가다 매가 상처 입은 꿩을 살려주는 것을 보고 감동한 나머지 영취사를 세웠다.

안고 있었다. 물은 이미 피로 붉게 물들어 있었다. 그 모습이 어찌나 가여운지 매 역시 감히 꿩을 잡지 못하고 있었다.

충원이 이것을 보고 감동하여 그 땅을 점쳐 보니 가히 절을 세울 만했다. 그리하여 서울로 돌아와 이 사실을 왕에게 아뢰니, 왕은 현청을 다른 곳으로 옮기고 그곳에 절을 세우라 명했다. 그리고 절 이름을 영취사靈鷲寺라고 지었다.

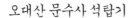오대산 문수사 석탑기

동쪽으로 치우친 탑이 영험을 드러내다

오대산 문수사文殊寺의 뜰 가장자리에는 석탑이 하나 있었
는데, 모양으로 보건데 신라 사람이 세운 듯하다. 수수한 모습에 세련되지는 않
지만 말로 형용할 수 없는 영험함이 느껴졌다. 이 탑에 관한 이야기를 하자면 이
렇다.

옛날에 연곡현(옛 강릉에 속한 현) 사람이 배를 타고 바닷가에서 고기를 잡고 있었
다. 이때 갑자기 탑 하나가 나타나더니 배를 따라다녔다. 그리고 어찌된 일인지 탑
그림자를 본 물고기들은 모두 흩어져 달아났다. 덕분에 어부는 물고기를 한 마리
도 잡지 못하게 되었다. 화가 난 어부는 그 그림자를 따라 찾아갔다. 그것은 다름
아닌 문수사의 그 석탑이었다. 이에 어부가 도끼를 휘둘러 탑을 부수고 갔는데, 지
금 이 탑의 네 귀퉁이가 모두 떨어진 것은 이 때문이란다.

나는 이 이야기를 듣고 놀라서 탄식했다. 그런데 이상한 것이 탑의 위치가 조금
동쪽으로 치우쳐 있었다. 보통 탑이라 함은 절 중앙에 있는 게 아니던가. 하도 괴
상해서 현판을 쳐다보니 거기에 이렇게 적혀 있었다.

"이 절에 있던 승려 처현이 탑을 뜰 가운데로 옮겼더니 20여 년 동안 아무 영험

도 없었다. 풍수가가 터를 구하려고 여기에 왔다가 탄식히면시 '이 플 중앙은 밥을 세울 곳이 아닌데 어찌 동쪽으로 옮기지 않는가?' 했다 이에 여러 승려들이 깨닫고 다시 옛 자리로 옮겼으니 지금 서 있는 곳이 바로 그곳이다."

나는 괴이한 것을 좋아하는 사람은 아니나 부처의 위엄과 신령스러움이 만물을 이롭게 하는 자취가 이처럼 민첩한 것을 보고서 어찌 불자가 된 사람으로서 잠자코 있을 수 있으랴. 그래서 정풍 원년 병자년(1156) 10월에 백운자白雲子(일연의 제자)가 이 일을 기록한다.

제5장

고승들의 뜻을 담다

원광법사

바다 건너 처음으로 길을 내다

《속고승전續高僧傳》에는 이렇게 전한다. 신라 황룡사의 승려 원광圓光은 속성이 박씨로, 본래 삼한에 살았다. 즉, 진한 사람이다. 대대로 해동에서 살아 조상의 풍습을 계속 이어왔다. 원광은 도량이 넓고 컸으며, 글을 좋아해서 불교뿐만 아니라 도교와 유학을 두루 섭렵했다. 또 경전과 역사서도 연구하여 삼한에 그 명성을 떨쳤다. 하지만 정작 원광은 자신의 지식이 턱없이 부족함을 부끄러워하며 마침내 부모를 떠나 유학을 가기로 결심한다. 그리고 그의 나이 25세에 배를 타고 금릉(중국 난징)으로 향했다. 이때가 바로 진나라 때였다.

원광은 금릉에서 의심 나던 일들을 묻고 도를 배워 뜻을 알게 되었다. 처음 원광은 장엄사 승려 민의 제자 강론을 듣게 되었다. 원래도 세상의 모든 경전을 읽고, 이치를 연구하는 일에도 신통하다는 말을 들었던 그였지만, 강론을 듣고 나니 자신의 앎이란 썩은 지푸라기처럼 형편없는 것이요, 오히려 유학을 공부하는 것마저 두려워졌다. 그래서 원광은 진나라 황제에게 글을 올려 불법에 귀의할 것을 청했다. 이에 황제는 칙령을 내려 이를 허락했다.

이로써 원광은 승려가 되어 계를 받고, 두루 강의하는 곳을 찾아다니며 좋은 도

제5장 고승들의 뜻을 담다

리를 다하고, 미묘한 말을 깨닫는 데 게으르지 않았다. 그리하여 《성실론成實論》*과 《열반경涅槃經》을 얻어 마음속에 간직해 두고 삼장三藏(경經·율律·논論의 세 불경을 통틀어 이르는 말)과 석론釋論(대승불교의 백과전서)을 두루 탐구했다.

그리고 마침내 오나라 호구산에 들어가 사념을 없애고 마음을 고요하게 해 각관覺觀(총체적인 사고와 분석적인 사고)을 잊지 않으니, 승려들이 그에게 배움을 얻고자 구름처럼 모여들었다. 그리고 원광은 《사아함경四阿含經》**을 널리 읽어 그 공덕이 팔정八定에 흐르니, 자기 마음대로 행동해도 도리에 어긋남이 없었다. 원광은 일생을 호구산에서 마치기로 마음먹고 속세를 끊은 채 성인의 자취를 따르기로 했다.

그러던 어느 날 산 밑에 사는 한 신도가 원광에게 출강을 요청했다. 하지만 이미 원광은 세속과 인연을 끊고자 마음먹었기에 이를 사양했다. 그러나 그가 너무 간곡히 청한 나머지 결국 허락했다. 원광은 먼저 《성실론》을 강연하고, 다음에 《반야경》을 강의했다. 모든 해석이 뛰어나고 명철했으며, 모든 질문에 거침없이 답을 하니, 듣는 사람들이 매우 기뻐하고 흡족해 했다.

이를 본 원광은 세속과 인연을 끊는 것만이 수도가 아님을 깨닫고, 옛 뜻에 따라 중생을 인도하는 것을 임무로 삼았다. 법륜法輪***을 한 번 굴릴 때마다 강물을 기울여 붓듯 사람들이 불법에 기울게 했다. 이는 비록 다른 나라일지라도 설법에는 싫어하고 꺼리는 것이 없기 때문이다.

이런 원광의 명망은 널리 중국의 남쪽까지 퍼지니, 가시밭을 헤치고 바랑을 지고 찾아오는 사람들이 마치 물고기비늘처럼 쭉 이어졌다. 이때가 수나라 문제 때였다. 이미 진나라는 쇠퇴하고 수나라의 기세가 등등했는데, 하루는 수나라 군사가 진나라 양도에까지 쳐들어왔다.

* 총 16권이며 인도의 불교학자 하리발마이가 저술했다. 산스크리트 원전은 전해지지 않고 한자로 번역된 것만이 남아 있다.

** 《소승경小乘經》을 《증일아함경增一阿含經》, 《장아함경長阿含經》, 《중아함경中阿含經》, 《잡아함경雜阿含經》으로 분류한 것을 말한다. 여기서 《소승경》이란 말 그대로 소승 불교의 경전을 의미하며, 인연본생本生 따위를 설명하는 모든 원시 경전을 뜻하기도 한다.

*** 스님이 설법하는 것을 흔히 '법륜을 돌린다'고 한다.

원광법사 부도탑 부도는 승려가 죽은 후에 유골이나 사리를 보관하던 곳이다. 원광의 부도는 최근에 새롭게 복원된 것으로 삼층석탑의 형식을 하고 있다. 경북 경주 금곡사에 있다.

이때 원광도 잡혀 죽임을 당할 위기에 처했다. 수나라 군사가 절에 불을 질렀는데 마침 불심이 깊은 수나라 대장이 이를 보고 불을 끄기 위해 달려갔다. 그런데 이상하게도 불에 탄 흔적이라고는 전혀 없고 다만 원광이 탑 앞에 묶인 채 의연하게 죽음을 기다리고 있을 뿐이었다. 이에 수나라 대장은 원광이 범상치 않은 인물임을 깨닫고 즉시 풀어 주었다. 그 위태로운 상황에 원광의 영험함이 나타난 것이다.

원광은 더 나아가 중국 북쪽 지방인 주나라와 진나라의 문화도 보고 싶어했다. 그리하여 개황 9년(589)에 장안을 유람하니, 때마침 중국 불교의 하나인 섭론종攝論宗이 막 일어났다. 원광은 이곳에서도 경전의 아름다운 말을 모두 깨우치고 지혜로운 해석으로 이름을 날렸다. 그리고 공적이 이미 이루어지니 이번에는 동쪽으로 도를 전하고자 했다.

한편 신라에서는 원광의 소식을 듣고 수나라 왕에게 아뢰어 그를 보내 달라고

제5장 고승들의 뜻을 담다

청했다. 그리하여 수나라 왕은 칙명을 내려 그를 후하게 대접하고 고향으로 돌려보냈다. 원광이 여러 해 만에 신라로 돌아오자 늙은이나 젊은이 할 것 없이 모두 기뻐했다. 특히 신라의 진평왕은 그를 직접 만나 보고는 공경하게 돼 성인처럼 우러렀다.

원광은 성품이 한가롭고 정이 많아 두루 사랑을 베풀었다. 말할 때는 늘 웃음을 머금고 노여운 기색을 보이질 않았다. 그리고 황제에게 올리는 글이나 왕래하는 국서가 모두 그에게서 나오니, 이는 온 나라가 나라 다스리는 방법을 모두 그에게 맡기고 도로써 교화하는 일을 물었기 때문이다. 원광은 비록 화려한 옷을 입은 고위 관리는 아니었지만, 관리들이 같이 나라를 보살피기를 청하니 때를 타 훈계를 베풀어 그 모범을 지금까지 보였다.

그렇게 시간이 흐르고 원광은 나이가 들어 수레를 타고 대궐에 출입하게 되었다. 이때 왕은 의복과 약과 음식을 손수 마련하여 복을 받으려 했는데 무척이나 지극 정성이었다. 원광이 세상을 떠나기 전 왕은 친히 그의 손을 잡고 위문하면서 법을 남겨 백성을 구제할 길을 물었다. 이에 원광이 답을 주니 그 공덕이 온 나라 구석에까지 미쳤다.

결국 신라 인평 3년(636)에 원광은 자신의 죽음을 예감하고 7일 후 간곡한 계를 남기고는 황룡사에 단정히 앉아서 세상을 마쳤다. 그의 나이 99세요, 때는 당나라 정관 4년이었다.

원광이 임종할 때 동북쪽 하늘에 음악소리가 가득하고 이상한 향기가 절 안에 가득 찼다. 모든 승려와 속인들은 슬퍼하면서도 한편으로는 이를 기쁘게 생각했는데 신불의 영묘한 보살핌임을 알았기 때문이다. 드디어 교외에 장사 지내니 나라에서 장례용품을 내려 임금의 장례처럼 치렀다.

그런데 원광이 죽어서도 그의 영험함이 나타났는데, 한번은 이런 일이 있었다. 어떤 사람이 죽은 태아를 낳은 일이 있었다. 당시 사람들 사이에서는 복 있는 사람의 무덤에 묻으면 후손이 끊어지지 않는다는 미신이 있었다. 이에 그 사람은 남몰래 원광의 무덤 옆에 죽은 태아를 묻었다. 그러나 바로 그날 벼락이 치더니 죽은 태아가 무덤 밖으로 내던져졌다. 이 일이 있은 후 평소 그를 믿지 않았던 사람들마저 모두 우러러 원광을 숭배하게 되었다.

원안은 원광의 제자로 지혜롭고 총명했다. 또 유람을 좋아하여 조용한 곳에서 수도하면서 스승을 본받고자 했다. 그리하여 원안은 북쪽 환도(평양)에 가고, 동쪽의 불내不耐(동예), 서쪽 연나라와 위나라에까지 가더니 장안에까지 이르렀다. 덕분에 각 지방의 풍속을 알게 되고, 여러 경론經論을 구해 읽어 모두 깨우치게 되었다. 만년에 이르러서는 마음의 학문心學으로 돌아갔는데 원광의 높은 뜻을 따랐다.

원안이 처음 장안의 절에 있을 때 도가 높다는 소문이 났다. 이를 들은 특진特進 소우蕭瑀가 왕에게 알리니, 왕이 원안을 남전藍田 땅에 지은 진량사津梁寺에 머물게 하고 공양을 게을리 하지 않았다. 이런 원안이 일찍이 원광의 일을 기록하니 다음과 같다.

"우리 신라의 임금이 병이 나서 의원이 치료해도 차도가 없었다. 이에 원광에게 부탁해 매일 밤 두 시간씩 깊은 법을 말하고, 참회의 계를 받으니 왕이 크게 신봉했다. 그러던 어느 날 저녁, 그날도 역시 원광은 법을 외우는 데 여념이 없었는데, 왕이 원광의 머리를 보니 금빛이 찬란하고, 태양이 그의 몸을 따라다니니 왕후와 궁녀들도 모두 이것을 보았다. 이리하여 왕이 원광을 병실에 머물러 있게 했더니 머지않아 차도가 있었다. 원광은 진한과 마한에 불법을 널리 펴고 매년 두 번씩 강론하여 후학을 양성하고 보시 받은 재물은 모두 절 짓는 데 쓰게 하니, 남은 것이라고는 가사와 바리때뿐이었다."

또 《수이전殊異傳》의 〈원광법사전〉에서는 원광에 대해 이렇게 말한다.

원광의 원래 성은 설씨로 경주 사람이다. 처음 승려가 되어 불법을 배웠는데, 나이 서른에 삼기산에서 홀로 도를 닦으며 살았다. 4년 후 한 승려가 와서 멀지 않은 곳에 절을 짓고 2년을 살았는데, 그는 사람됨이 강하고 용맹스러워 주술을 배우기를 좋아했다. 원광이 홀로 앉아 불경을 외우고 있을 때였다. 갑자기 신이 그의 이름을 부르는 소리가 들렸다.

"그대의 수행이 좋구나. 많은 수행자들이 원칙대로 하는 이가 적은데 너는 그렇지 않구나. 지금 네 이웃에 있는 승려만 봐도 주술을 빨리 익히려 하지만 얻는 게 없을 것이며, 그 요란한 소리가 오히려 남의 고요한 생각을 괴롭히기만 한다. 게다가 그가 살고 있는 곳은 내가 다니는 길이라 늘 지나다닐 때마다 미운 생각이 날 지경이다. 그러니 법사는 나 대신 그에게 말해 다른 곳으로 옮겨 가도록 하라. 그가 내 말을 듣지 않는다면 내가 죄업을 저지를지도 모르겠구나."

이튿날 원광이 이웃에게 말했다.

"내 어젯밤 신의 말을 들었다오. 신이 말하길 여기가 그 신이 다니는 길목이라 하오. 그러니 스님은 다른 곳으로 옮기는 게 좋을 듯하오. 그렇지 않으면 재앙이 따를 것이오."

그러자 승려가 대답했다.

"수행이 지극한 사람도 마귀에 홀립니까? 법사는 어찌 여우의 말을 걱정하신단 말입니까?"

그러더니 끝내 원광의 말을 듣지 않았다. 그날 밤 또 신이 나타나 말했다.

"그래 승려가 무엇이라 하던가?"

원광은 신이 노여워할까 두려워하며 대답했다.

"아직 대답은 하지 않았습니다. 하지만 말을 한다면 감히 듣지 않겠습니까?"

신이 말했다.

"내가 이미 다 들었거늘 어찌 법사는 거짓말을 하는가? 그대는 잠자코 내가 하는 것만 보게나."

그날 밤이었다. 갑자기 우레와 같은 소리가 들렸다. 원광이 이튿날 살펴보니 산이 무너져서 승려가 있던 절이 바위에 깔려 있었다. 신이 다시 와 말했다.

"법사가 보기에 어떠한가?"

원광이 대답했다.

"보기에 몹시 놀라고 두려웠습니다."

신이 또 말했다.

"내 나이가 3,000세요, 신령스런 술법도 가장 훌륭하니 이런 일쯤이야 아주 사소한 것이라네. 어디 그뿐인가. 나는 앞일도 내다보고, 온 천하의 일도 통달하지 못한 것이 없네. 그래서 말해주는 것이니 잘 듣게나. 법사가 여기에만 머물면 비록 자기에게는 이로운 행실이 있겠지만, 남을 이롭게 하는 공로는 없을 것이야. 지금 높은 이름을 드날리지 않는다면 미래에 앞으로 성과를 얻지 못할 것이네. 그러니 어찌 중국에서 불법을 배워서 이 나라의 미혹한 무리들을 인도하지 않는가?"

원광이 대답했다.

"중국에 가서 도를 배우고 싶지만, 너무 멀어 가지 못할 따름입니다."

그러자 신은 중국에 가는 방법을 자세히 일러 주었다. 원광이 그 말에 따라 중국에 가서 11년을 머물면서 삼장에 널리 통달하고 유학도 배웠다. 그러다 진평왕 22년 경신년(600)에 중국에 왔던 조빙사朝聘使를 따라 신라로 돌아왔다. 원광은 신에게 감사하고자 전에 살던 삼기산의 절로 갔다. 밤중에 신이 와서 원광의 이름을 부르며 말했다.

"바다와 육지의 먼 길을 어떻게 왕복했는가?"

"신의 큰 은혜로 편안히 다녀왔습니다."

"내가 또 그대에게 계를 주겠네."

이에 세상에서 서로 구해 주자는 '생생상제生生相濟'의 약속을 맺었다. 원광이 또 청했다.

"신의 참모습을 볼 수 있습니까?"

금곡산에서 바라본 전경 원광이 구름을 뚫고 하늘에 닿아 있는 큰 팔뚝을 보았다고 해서 금곡산은 '비장산'이라고 한다. 금곡산은 원래 이름이 삼기산이었다.

"법사가 내 모습을 보고자 한다면, 내일 아침 동쪽 하늘 끝을 바라보게."

법사가 이튿날 아침 하늘을 바라보니 큰 팔뚝이 구름을 뚫고 하늘 끝에 닿아 있었다. 그날 밤 신이 또 와서 말했다.

"법사는 내 팔뚝을 보았는가?"

"보았는데, 매우 기이했습니다."

신의 팔뚝을 본 일로 그 산을 비장산臂長山(긴팔뚝산)이라고도 불렀다. 신이 말했다.

"비록 이 몸이 있다 해도 죽음의 무상함은 면할 수 없으니, 나는 얼마 지나지 않아 그 고개에 나를 버릴 것이네. 법사는 영원히 가버리는 내 영혼을 보내주게."

원광이 약속한 날에 가보니 늙은 여우 한 마리가 있었는데, 검기가 옻칠을 한 것 같고, 숨조차 쉬지 못한 채 헐떡거리기만 하다가 마침내 죽었다.

이런 일도 있었다. 원광이 처음 중국에서 돌아왔을 때 신라에서는 임금과 신하들이 원광법사를 존경하여 스승으로 삼았다. 원광은 항상 대승불교 경전을 강론했다. 이때 고구려와 백제가 항상 변방을 침범하니 왕은 몹시 걱정하여 수나라에 군사를 청하고자 법사에게 부탁해 '걸병표乞兵表(걸사표)'를 짓게 했다. 수나라 황제가 그 글을 보더니 감동해 30만 군사를 내어 친히 고구려를 물리쳤다. 이 일로 법사가 유학에도 통달했음이 세상 사람들에게 알려졌다. 84세에 세상을 떠나니 명활성 서쪽에 장사 지냈다.

《삼국사기》〈열전〉에서는 또 이렇게 말한다.

귀산은 어진 선비로 사량부 사람이다. 같은 마을의 추항이 그의 벗이었다. 하루는 두 사람이 이야기를 나누었다.

"우리들이 선비들과 사귀기 전에 우선 마음을 바르게 하여 처신하지 않는다면 욕을 면치 못할 걸세. 그러니 어찌 어진 사람을 찾아가서 도를 묻지 않겠는가?"

이때 원광법사가 수나라에 갔다가 돌아와 가슬갑에 머물고 있다는 말을 듣고 두 사람은 그에게 가 아뢰었다.

"속된 선비가 어리석어 아는 것이 없습니다. 바라옵건대 한 말씀만 해주시어 평생의 경계로 삼게 해주십시오."

원광이 말했다.

"불교에는 보살계가 있고 거기에 따로 열 가지가 있으나, 자네들은 다른 사람의 신하 된 몸이니 감당할 수 없을 것 같다. 대신 세속에는 다섯 가지 계가 있으니, 첫째는 충성으로써 임금을 섬기는 일이요, 둘째는 효도로써 부모를 섬기는 일이요, 셋째는 믿음으로써 벗을 사귀는 일이요, 넷째는 싸움에 임해서는 물러남이 없는 일이요, 다섯째는 살생을 가려서 한다는 것이다. 이것들을 따르는 데 소홀하게 하지 마라."

귀산이 말했다.

제5장 고승들의 뜻을 담다

"다른 일은 모두 알아듣겠습니다만, 살생을 가려서 한다는 것은 모르겠습니다."

"몸조심하고 마음을 깨끗이 재계하는 육재일六齋日과 봄·여름에는 죽이지 않는 것이니 즉 시기를 가리라는 뜻이다. 말, 소, 개 등 부리는 가축과 고기가 한 점도 되지 못하는 미물은 죽이지 않아야 한다. 즉, 이것은 대상을 가리는 것이다. 설사 살생을 하더라도, 많이 하면 안 된다는 것이다. 즉, 이것이 세속의 좋은 계이니라."

귀산이 다시 말했다.

"지금부터 이 말을 받들어 실천하고 어기지 않겠습니다."

그 후 두 사람은 전쟁에 나가 모두 국가에 큰 공을 세웠다. 사람들이 이를 찬양해 말했다.

> 바다 건너 처음 한나라 땅 구름을 헤치고 길을 내니
> 몇 사람이나 왕래하여 아름다운 덕을 쌓는가.
> 옛 자취는 오직 푸른 산만이 남았는데,
> 금곡金谷과 가서嘉西의 일은 지금도 전해지네.

보양과 배나무

천사가 배나무에 벼락을 치다

조사祖師 보양寶壤이 중국에서 불법을 전해 받아 서해에 당도했을 때였다. 갑자기 용이 나타나 그를 용궁으로 데려가 불경을 외우게 했다. 그러고는 금빛 비단 가사 한 벌을 주고, 아들 이무기를 보양과 함께 가게 하면서 용왕은 이렇게 부탁했다.

"아직은 세 나라가 혼란에 빠져 불법에 귀의하는 왕이 없지만, 내 아들과 함께 본국에 돌아가서 작갑鵲岬에 절을 짓고 살면 능히 도적을 피할 수 있을 것이오. 또 머지 않아 반드시 불법을 보호할 어진 임금이 나와 세 나라를 평정할 것이오."

그렇게 보양이 용왕과 작별하고 돌아와 이 고을에 이르니 갑자기 노승이 나타나 스스로 원광이라 하며 인궤印櫃(관아에서 쓰는 인印을 넣어 두던 상자)를 조사에게 주고는 곧 사라졌다.

이에 보양이 황폐한 절을 일으키려고 북쪽 고개에 올라 바라보니 뜰에 5층으로 된 누런 탑이 있었다. 그런데 신기하게도 내려와 찾아보며 그 자취가 없었다. 보양이 다시 올라가 바라보니 까치가 떼를 지어 땅을 쪼고 있는 것이 보였다. 보양은 바다의 용이 작갑이라던 말이 생각나서 그곳을 파보니 과연 이전의 벽돌이 수없이

운문사 대웅보전과 삼층석탑 운문사는 원래 이름이 작갑사였으나 고려 초 운문사로 이름을 바꾸었다. 경상북도 청도 호거산에 있다.

나왔다. 이것을 모아 탑을 쌓으니 남은 벽돌이 하나도 없었으므로 이곳이 절터임을 알았다. 보양은 여기에 절을 세우고 살면서 절 이름을 작갑사鵲岬寺(가서갑사嘉西岬寺라고도 한다)라 했다.

그런 지 얼마 후 정말로 고려 태조가 삼국을 통일하니, 용왕의 예언이 맞았다. 태조는 보양이 이곳에 절을 짓고 산다는 말을 듣고 다섯 갑의 밭 500결을 합해서 작갑사에 바쳤다. 청태 4년 정유년(937)에 절 이름을 운문사雲門寺라는 칭호를 내리고, 부처의 신령스런 음덕을 받들게 했다. 이때 용궁에서 보양을 따라왔던 이무기는 항상 절 곁에 있는 작은 못에 살면서 불법 교화를 도왔다.

그러던 어느 해, 가뭄이 심해 밭에 채소가 모두 타고 말랐다. 그러자 보양이 이

무기를 시켜 비를 내리게 하니 온 고을이 기뻐했다. 하지만 천제는 이를 못마땅하게 여겨 인간사에 관여한 이무기를 죽이려 했다. 이무기는 보양에게 위급함을 알리고 숨겨 달라고 청하니 보양은 침상 밑에 숨겨 주었다. 이윽고 천사가 내려와 이무기를 내놓으라고 하자 보양은 뜰 앞의 배나무를 가리켰다. 그러자 천사는 거기에 벼락을 치고는 하늘로 올라갔다.

후에 부러진 배나무를 용이 쓰다듬자 신기하게도 곧 되살아났다. 그 나무는 근년에 와서야 땅에 쓰러졌는데, 어떤 이가 몽둥이로 만들어서 선법당과 식당에 두었다. 그 자루에는 이런 글이 적혀 있었다.

처음 보양이 당나라에 갔다가 돌아와서 먼저 추화군推火郡 봉성사奉聖寺에 머물렀다. 이때 마침 고려 태조가 동쪽을 정벌해서 청도까지 이르렀는데, 산적들이 견성犬城에 모여서 교만을 부리고 항복하지 않았다. 태조가 산 밑에 이르러 보양에게 산적들을 쉽게 물리칠 방법을 묻자 보양이 대답했다.

"대체로 개란 짐승은 밤에만 지키고 낮에는 지키지 않으며, 앞만 지키고 그 뒤는 잊어버립니다. 하오니 마땅히 대낮에 그 북쪽으로 쳐들어가야 할 것입니다."

태조가 그 말을 따르니 과연 적이 항복했다. 태조는 보양의 그 신통한 꾀를 칭찬하며 매년 조租 50석을 주고 향을 피워 받들게 했다. 이에 이 절에 두 성인의 초상을 모시고 절 이름을 봉성사奉聖寺라고 했다. 이후에 보양은 작갑사로 옮겨서 크게 절을 세우고 세상을 마쳤다.

양지가 지팡이를 부리다

승려 양지良志는 그 조상이나 고향이 알려지지 않았고, 다만 신라 선덕여왕 때 자취만 남았을 뿐이다. 양지에게는 신기한 지팡이가 있었다. 무엇이 신기한고 하니, 그 지팡이 끝에 포대 하나를 걸어두기만 하면 지팡이가 저절로 날아 시주하는 집에 가서 흔들리면서 소리를 냈다. 그럼 그 집에서 재를 올릴 비용을 여기에 담는데, 포대가 차면 다시 양지에게 돌아왔다. 이 때문에 그가 있던 곳을 석장사錫杖寺라 했다.

양지는 범상치 않은 사람으로 다른 이들은 그를 가늠할 수 없었다. 그뿐만 아니라 그는 갖가지 기예에도 뛰어나 신통함이 비길 데가 없었다.

석장사 안내표지석 선덕여왕 때 양지가 경주에 창건한 석장사는 아쉽게도 지금은 그 터조차 알아보기 힘들 정도로 훼손되었다. 다만 안내석만이 그 터를 짐작하게 한다.

또 서화에도 능해 영묘사 장륙존상과 천왕상, 또 전탑의 기와와 천왕사 탑 밑의 팔부신장, 법림사의 주불삼존과 좌우 금강신 등이 모두 그가 만들었다. 영묘사와 법림사의 현판을 썼고, 또 일찍이 벽돌을 새겨서 작은 탑 하나를 만들고, 아울러 삼천불을 만들어 그 탑을 절 안에 모셔두고 예를 올렸다. 그가 영묘사의 장륙존상을 만들 때에는 선정에 들어 고요한 가운데 주물러서 만드니, 온 성 안의 남녀들이 다투어 진흙을 운반해 주었다. 그때 부른 〈풍요風謠〉(작자 미상의 4구체 향가)는 이러하다.

온다. 온다. 온다.
온다. 서럽도다.
서럽도다. 이 몸이여,
공덕 닦으러 온다.

지금까지도 시골 사람들이 방아를 찧을 때나 다른 일을 할 때에 이 노래를 부르는데 바로 이때 시작된 것이다.

제5장 고승들의 뜻을 담다

혜숙과 혜공이 여러 모습을 드러내다

승려 혜숙惠宿은 원래 화랑인 호세랑好世郞의 무리에 속하던 사람이다. 그런데 어느 날 갑자기 자취를 감추었는데, 시간이 지나도 나타나지 않기에 호세랑은 화랑의 명부에서 그의 이름을 지워 버렸다. 그렇게 화랑에서 나온 혜숙은 적선촌에서 20년 동안 은거했다.

그러던 어느 날, 국선인 구참공瞿旵公이 적석촌 교외에 와서 사냥을 한 일이 있었다. 이때 혜숙이 다가와 구참공의 말고삐를 잡고 청했다.

"소승이 따라가도 괜찮겠습니까?"

구참공이 허락하자 그는 옷을 벗어젖히고 공과 앞을 다투어 나아가니, 공이 기뻐했다. 잠시 후 일행은 사냥을 마치고 앉아 피로를 풀며 잡은 고기를 구워 먹었다. 혜숙도 함께 어울려 먹었는데, 조금도 싫어하는 기색이 없었다. 그렇게 서로 어울려 논 지 얼마 후 갑자기 혜숙이 구참공 앞으로 가더니 말했다.

"맛있는 고기가 여기 또 있으니 더 드시지요?"

구참공이 얼른 좋다고 했다. 그러자 갑자기 혜숙이 제 다리 살을 자르더니 소반에 올려 그에게 바치는 게 아닌가. 혜숙의 다리에는 피가 줄줄 흘러내렸다. 공이 깜짝 놀라 말했다.

"이게 대체 무슨 짓이냐?"

그러자 혜숙이 말했다.

"처음 공을 봤을 때 참 어진 사람이라 생각했습니다. 자신을 낮추고 만물을 아낄 줄 안다고 생각되어 따라온 것입니다. 그러나 지금 보니 오직 죽이는 것만을 즐기고 남을 해쳐 자기 몸만 봉양할 뿐이니, 이 어찌 어진 사람이 할 짓이겠습니까? 그러니 공은 내가 어울릴 수 있는 사람이 아니외다."

그러더니 혜숙은 가버렸다. 이에 구참공은 크게 부끄러워하며 혜숙이 먹던 고기를 보니 한 점도 먹지 않은 그대로였다. 구참공은 이 일에 감동해 돌아와 조정에 알렸다. 이에 진평왕이 듣고 사자를 보내 그를 맞아오게 했다. 그런데 사자가 혜숙을 찾았을 때 그는 여자와 누워 자고 있었다. 사신은 승려가 어찌 저럴 수 있느냐며 질겁하고는 그대로 돌아갔다. 그런데 이게 웬일인가? 여자와 누워 있어야 할 혜숙이 앞에서 걸어오는 게 아닌가. 사자가 의아해 하며 어디서 오느냐고 물었다.

"성 안에 있는 신도의 집에서 칠일재를 마치고 오는 길이오."

사자는 이 해괴한 일을 왕에게 아뢰었다. 그래서 사람을 보내 그 신도의 집을 조사해 보니 과연 사실이었다.

그 뒤 얼마 안 되어 혜숙이 갑자기 죽었다. 마을 사람들이 이현 동쪽에 장사를 지냈는데, 그때 이현 서쪽에서 오던 마을 사람이 도중에 혜숙을 만나 그에게 물었다고 했다. 그러자 혜숙이 "이곳에 오래 살았기 때문에 다른 곳으로 유람을 떠나는 길이오" 하더니 인사를 하고는 구름을 타고 가버렸다고 한다.

이 사람은 마을에 돌아와 마침 고개에서 혜숙의 장사를 지내던 사람들에게 말하니 당연히 믿을 수 없다고 했다. 이에 혜숙의 무덤을 파헤쳐 보았다. 그러자 거기에는 오직 짚신 한 짝이 있을 뿐이었다. 지금 안강현 북쪽에 혜숙사라는 절이 있는데 바로 그가 살던 곳이라 하며, 부도도 남아 있다.

승려 혜공惠空은 천진공天眞公의 집에서 시중을 들던 노파의 아들이었다. 어릴 때 이름은 우조였다.

우조의 나이 일곱 살 때였다. 천진공이 종기로 거의 죽게 생겼다. 그리하여 문병 오는 사람이 길을 메울 정도였다. 우조가 이를 보고 어머니에게 물었다.

"집에 무슨 일이 있어요? 왜 이렇게 손님이 많아요?"

어머니가 말했다.

"집안 어른이 병환으로 위독한 것을 너는 몰랐더냐?"

우조가 말했다.

"그래요? 그럼 제가 그 병을 고쳐 보겠습니다."

아들이 자신에 차 말하니 어머니가 천진공에게 대신 말을 전해 주었다. 그러자 절박했던 천진공이 우조를 불러오게 했다. 우조는 침상 밑에 앉아서 한마디도 하지 않고 그저 종기를 바라봤다. 그러자 얼마 지나지 않아 종기가 터지는 것이었다. 천진공은 우연의 일치겠지 하고 이 일을 별로 대수롭지 않게 생각했다.

우조는 커서 천진공을 위해 매를 길렀는데 어찌나 잘 기르는지 천진공이 아주 흡족해 했다. 한번은 공의 아우가 벼슬을 얻어 지방으로 부임할 때였다. 아우는 공에게 청하여 좋은 매를 골라 임지로 갔다. 어느 날 밤 공은 갑자기 그 매 생각이 나서 다음 날 새벽 우조를 보내 그 매를 가져오게 할 참이었다. 그런데 우조가 어찌 알았는지 미리 알고 잠깐 동안에 매를 가져다가 새벽 녘에 천진공에게 바쳤다. 공이 크게 놀라 그제야 지난 날 종기를 고친 일부터 신기한 일이 한두 가지가 아님을 눈치 챘다.

"성인이 내 집에 와 있는 줄도 모르고 예의에 어긋난 짓으로 욕을 보였으니 이 죄를 무엇으로 씻는단 말이오. 이제부터는 도사가 되어 저를 인도해 주십시오."

그러더니 천진공은 우조에게 절을 했다.

이 날 신령스런 일이 드러났기에 마침내 출가하여 이름을 혜공으로 바꿨다. 혜

279

오어사 전경 경상북도 포항에 있는 오어사는 원효와 혜공이 풍류를 즐기던 곳으로 원래 이름은 항사사였다.
오어사와 오어지吾魚池가 한눈에 들어온다.

공은 작은 절에 살면서 항상 술에 취해 삼태기를 지고 노래하고 춤추며 거리를 돌
아다녀 부궤화상負簣和尙이라고도 불렸다. 그리고 그가 있는 절을 부개사夫蓋寺라고
했는데, 이는 삼태기의 신라 말이었다.

혜공은 또 절 우물 속에 들어가 몇 달씩 나오지 않았는데, 이에 그의 이름을 따
우물 이름을 지었다. 아무튼 혜공이 우물에서 나올 때면 으레 푸른 옷을 입은 동자
가 먼저 나왔기에 승려들은 그 동자를 보고 혜공이 나올 것을 짐작했다. 그런데 신
기한 건 우물에서 나온 혜공의 옷이 젖지 않았다는 것이다.

혜공은 만년에는 항사사恒沙寺에 머물렀다. 이때 원효 역시 여기에 머물렀는데,
불경을 보다 의심 가는 게 있으면 항상 혜공에게 묻고 서로 말장난을 하기도 했다.
어느 날 혜공과 원효가 시냇가에서 물고기와 새우를 잡아먹고 돌 위에서 똥을 누
고 있었다. 혜공이 그것을 가리키면서 농담을 했다.

"그대가 눈 똥은 내 물고기다."

이 일이 있은 후 항사사를 오어사吾魚寺로 고쳐 불렀다.

제5장 고승들의 뜻을 담다

원효가 쓰던 삿갓과 원효 초상 낡고 낡은 삿갓을 보고 있노라니 불도를 전하려 전국을 누비던 원효가 눈앞에 보이는 듯하다. 현재 오어사 유물전시관에는 원효와 관련된 유물들이 전시되어 있다.

이런 일도 있었다. 구참공이 어느 날 산에 유람을 갔다가 혜공이 산길에 죽은 채 쓰러져 있는 것을 발견했다. 시체를 보니 이미 부어터지고 구더기가 들끓고 있었다. 구참공은 그 곁에서 오랫동안 슬퍼하다가 성으로 돌아왔는데, 그는 자기의 눈을 의심하지 않을 수 없었다. 왜냐하면 죽은 줄만 알았던 혜공이 술에 몹시 취한 채 시장 안에서 노래하고 춤추고 있었기 때문이다.

또 하루는 혜공이 풀로 새끼를 꼬아 가지고 영묘사에 들어가 금당과 좌우의 경루, 남문의 낭무를 묶어 놓고 강사(강당에서 경론을 강의하는 중)에게 말했다.

"이 새끼줄을 3일 후에 풀도록 하라."

갑자기 강사는 무슨 일인가 의아했지만 혜공이 시키는 대로 했다. 그렇게 사흘째 되는 날, 선덕여왕이 갑자기 절을 방문했다. 그러자 여왕을 사모하다 죽은 지귀가 분풀이로 탑에 불을 질렀다. 하지만 다행히 혜공이 새끼줄을 맨 곳만은 화재를 면했다. 이를 본 사람들은 혜공의 예지력에 감탄을 금치 못했다.

또 신인종의 명랑조사明朗祖師가 새로 금강사를 세우고 낙성회(일종의 법회)를 열 때였다. 각지의 고승들이 다 모였는데 오직 혜공만 오지 않았다. 이에 명랑이 향을 피우고 정성껏 기도하자 혜공이 모습을 드러냈다. 그런데 이때 큰 비가 내렸는데, 혜공의 옷이 젖어 있기는커녕 발에도 진흙이 묻지 않았다. 혜공이 명랑에게 말했다.

"안 오려던 것을 그대가 간곡히 찾기에 왔소이다."

이 일 외에도 혜공과 관련한 신령스런 일이 적지 않았다. 죽을 때는 공중에 떠서 입적했으며, 사리는 그 수를 셀 수 없을 정도였다.

자장이 계율을 정하다

대덕大德 자장은 김씨로 본래 진한의 진골 소판蘇判 무림의 아들이다. 그의 아버지는 높은 벼슬을 지냈으나 뒤를 이을 아들이 없어 근심으로 하루하루를 보냈다. 그러다 불교에 위안을 얻은 후 천부관음에게 아들 낳기를 빌었다.

"아들 하나만 점지해 주시옵소서. 아들을 주신다면 후에 반드시 시주하여 그가 불법을 전하도록 하겠습니다."

기도가 통했던 것일까? 그 후 무림의 부인은 별이 떨어져 품으로 들어오는 꿈을 꾸고는 이내 태기를 느꼈다. 그리고 아들 하나를 낳았는데 석가모니가 탄생한 날과 같은 날에 태어났다 하여 이름을 선종善宗이라 지었다.

자장은 심지가 맑고 슬기로웠으며 문사文思가 날로 풍부하고 속세에 물들지 않았다. 일찍이 부모를 여의고 속세에 염증을 느껴 처자를 버리고 출가했다. 그리고 자기 땅에 원녕사元寧寺를 세우고는 인적이 드문 곳으로 들어가 버렸다.

또 이리나 호랑이가 나타나는 곳에 암자를 세우고 수행을 시작했다. 물론 조금 피곤한 날도 있었다. 그럴 때면 작은 집을 지어 가시덤불로 둘러막고, 그 속에 발

가벗고 앉아 조금만 움직이면 가시에 찔리도록 했으며, 머리를 들보에 매달아 정신이 번쩍 나게 했다.

한편 조정에 새 상 자리가 비어 있어서 가문이 좋은 자장이 적임자로 여러 번 추천되었지만, 매번 거절하니 결국 왕이 칙명을 내렸다.

"네가 나오지 않으면 목을 베겠다."

자장이 이를 듣고 말했다.

"내 차라리 하루 동안 계율을 지키다가 죽을지언정 100년 동안 계율을 어기고 사는 것은 못한다."

이 말을 들은 왕은 결국 그의 출가를 허락했다. 자장은 바위 사이에 깊이 숨어 살면서 끼니조차 제대로 챙기지 않았다. 이때 이상한 새가 과일을 물어다 공양하니 자장은 그것을 손으로 받아먹었다. 그랬더니 갑자기 잠이 쏟아져 자장은 이내 잠이 들고 말았다. 꿈에 천인이 와서 오계를 주었다. 이에 자장이 비로소 골짜기에서 나오니 마을의 남녀가 다투어 와서 계를 받았다.

하지만 자장은 변방 나라에 태어난 것을 한탄하며 중국으로 가서 더 큰 가르침을 구하고 싶어했다. 그리고 마침내 인평 3년 병신년(636)에 왕명을 받아 제자 실實을 비롯한 승려 10여 명과 함께 당나라로 들어가게 되었다.

당나라에 도착한 자장은 청량산으로 향했다. 거기에는 문수보살의 소상小像이 있었는데, 그 나라 사람들이 서로 전해 말하기를 하늘님이 장인을 데리고 와 조각해 만든 것이라 했다. 아무튼 자장이 소상 앞에서 기도하고 명상을 하니, 꿈에 소상이 그의 이마를 만지면서 범어로 된 계시를 주었다. 그런데 자장이 깨어나 곰곰이 생각해 봐도 도무지 그 뜻을 알 수가 없었다.

이튿날 아침 여전히 자장은 꿈에서 본 계시에 대해 고민하고 있었다. 이때 웬 이상한 승려가 오더니 대신 해석해 주며 말했다.

"비록 만 가지 가르침을 배운다 해도 이보다 나은 것은 없다."

그리고 가사와 사리 등을 주고는 사라졌다. 자장은 부처님의 가르침을 받은 것을 알고 산에서 내려와 당나라 서울로 향했다. 자장이 왔다는 소리를 들은 태종은 칙사를 보내 그를 승광별원에 거처하도록 했다. 또 많은 하사품을 내렸으나 자장은 번거로운 게 싫어 거절하고 대신 종남산 운제사 동쪽 절벽에 들어가 바위에 의지해 집을 짓고 조용히 수도했다. 자장은 그곳에서 3년 동안 머물면서 사람과 신들의 계를 받아 영험함이 날로 더했다. 그리고 얼마 후 서울로 들어오니 또 태종은 비단 200필을 내려 의복비로 쓰게 했다.

정관 17년 계묘년(643)에 신라 선덕여왕이 태종에게 표문을 올려 자장을 돌려보내 주기를 청하니 태종은 이를 허락하고 비단 가사 한 벌과 좋은 비단 500필을 내려주었다. 또한 태자도 비단 200필과 많은 예물을 자장에게 주었다. 자장은 신라에 아직 불경과 불상이 구비되지 못한 것을 알고 《대장경》 1부와 여러 가지 번당, 화개 등 복과 이익이 될 만한 것을 태종에게 청해서 모두 싣고 돌아왔다. 그가 돌아오자 온 나라가 환영하고 여왕은 그를 분황사芬皇寺에 머물게 하며 극진히 대우했다.

그러던 어느 여름, 여왕이 자장을 궁으로 불렀다. 그러고는 '대승론大乘論(대승불교)'•을 강연하게 하고, 또 황룡사에서 《보살계본菩薩戒本》(보살계와 관련한 책)을 번역한 불교 율의서律義書)을 7일 동안 밤낮으로 강연하게 했다. 그러자 하늘에서는 단비가 내리고 구름과 안개가 자욱하게 끼어 강단을 덮었다. 이것을 보고 사방의 승려들이 모두 그의 신기함에 탄복했다.

• 말 그대로 대승의 교리를 기본 이념으로 하는 불교를 말한다. 여기서 '대승'의 어원은 큰maha 수레yana를 뜻하는 것으로, 즉 많은 사람을 구제해 태우는 수레라는 뜻이다. 모든 중생을 열반에 이르게 하는 게 목적이다.

당시 조정에서는 불교가 들어온 지 비록 오래되었으나 불법과 규범이 잘 갖춰지지 않아 기강이 바로 서지 않는다는 의견이 있었다. 이에 왕은 자장을 대국통大國統(신라시대 승려에게 주는 관직 중 가장 높은 승직)으로 삼아 승려의 모든 규범을 승통僧統

(신라시대에 승려에게 주던 관직)에게 위임하여 주관하도록 했다.

자장은 이런 좋은 기회를 맞아 불교를 널리 퍼뜨렸다. 그는 비구와 비구니의 5부에 구학僧學을 더하게 하여 보름마다 계율을 설법하고 겨울과 봄에는 시험을 쳐서 계를 지켰는지 범했는지를 알게 하고, 관원을 두어 이를 유지하게 했다. 또 순사巡使를 보내 서울 밖에 있는 절들을 조사하여 승려들의 과실을 징계하고 불경과 불상을 엄중하게 경계함을 일정한 규칙으로 삼았다. 이때에 불법을 보호하는 것이 가장 성했다. 이는 공자가 위나라에서 노나라로 돌아와 음악을 바로잡아 아雅(춤의 장단을 짚어주는 옛 북의 하나)와 송頌(공덕을 기리는 글이나 문장)이 마땅함을 얻었던 것과 같았다. 이때 나라 안에 계를 받고 불법을 받든 사람이 열 집에 여덟이나 아홉은 되었다. 머리를 깎고 승려가 되기를 청하는 이도 늘어나니 이에 통도사通度寺를 세우고 계단戒壇⁎을 쌓아 사람들을 받아들였다.

자장은 또 자기가 태어난 집을 원녕사로 고치고 낙성회를 열어 화엄경 1만 게를 강의하니, 52녀(부처의 열반회상에 모여든 52종류의 중생)가

> ⁎불교에서 죄를 금하는 계戒를 주는 의식이 이루어지는 단壇을 말한다. 주로 흙과 돌을 쌓아서 만드는데, 대승大乘 계단과 소승小乘 계단으로 나뉜다.

감동하여 모습을 드러내더니 강의를 들었다. 제자들에게 그들의 수대로 나무를 심어 특이한 자취를 표하게 하고, 그 나무를 지식수知識樹라고 불렀다.

자장은 또 우리나라의 복장이 중국과 같지 않은 점을 조정에 건의했다. 그리하여 진덕여왕 3년 기유년(649)에 처음 중국의 의관을 입게 하고, 이듬해인 경술년에 처음으로 영휘永徽란 연호를 썼다. 그 후로 중국은 신라를 주변국들보다 극진히 대접해 주었다. 이 역시 자장의 공이었다.

자장은 만년에 서울을 떠나 강릉군에 수다사水多寺를 세워 그곳에 머물렀다. 그러던 어느 날 북대에서 본 승려와 비슷한 사람이 또 꿈에 나타나서 말했다.

"내일 대송정에서 그대를 만나게 되리라."

자장이 놀라 일어나 일찍 송정에 가보니 과연 문수보살이 감응하여 와 있었다.

양산 통도사 오층석탑, 불이문, 관음전 통도사는 신라 선덕여왕 15년에 자장이 창건했다. 그는 당나라에서 가져온 불사리와 대장경 400여 함을 금강 계단에 봉안하기 위해 이 사찰을 창건했다고 한다. 통도사는 합천 해인사, 순천 송광사와 함께 삼보사찰로 일컬어진다.

자장은 문수보살에게 불법의 요지를 물었다. 그러자 문수보살은 이렇게 말했다.

"태백산 갈반지葛蟠地(칡이 많이 모여 있는 곳)에서 다시 만나자."

그러고는 자취를 감추고 나타나지 않았다. 그래서 자장이 태백산에 가서 찾아보니 큰 구렁이가 나무 밑에 똬리를 틀고 있는 것이었다. 자장이 시중 들던 중에게 말했다.

"이곳이 바로 갈반지이다."

이에 정암사淨巖寺를 세우고 문수보살이 내려오기를 기다렸다. 이때 늙은 거사가 해진 도포를 입고 삼태기에 죽은 강아지를 담아 메고 와서 자장의 시중 들던 중에게 말했다.

"자장을 만나러 왔다."

"내가 아직까지 우리 스승님의 이름을 함부로 부르는 자를 보지 못했는데, 그대가 누구라고 감히 스승님을 그렇게 부르는 게요!"

그러자 거사가 다시 태연하게 말했다.

"잔말 말고 네 스승에게 아뢰기나 하여라."

마지못해 중이 들어가 고하자 자장도 깨닫지 못하고 말했다.

"분명 미친 사람이리라."

그래서 중이 나가 그를 꾸짖어 쫓으니, 거사가 다시 말했다.

"돌아가자, 돌아가. 제 형상에 집착하는 자가 어찌 나를 볼 수 있으리오."

말을 마치고는 삼태기를 거꾸로 들어 터니 강아지가 변해 사자 모양의 의자가 되는 게 아닌가. 그리고 거사는 그 의자에 올라앉아 빛을 내면서 가버렸다. 자장이 이 말을 듣고 그제야 그 빛을 찾아 재빨리 남쪽 고개에 올라갔다. 그러나 이미 멀어져 따라가지 못했다. 자장은 자기의 어리석음을 통탄하며 그곳에서 쓰러져 죽었다. 그러자 사람들은 그를 화장해 유골을 굴속에 모셨다.

자장이 세운 절과 탑이 10곳이 넘는데, 세울 때마다 반드시 신기한 일이 있어 공양하려는 사람이 끊이질 않아 며칠이 되지 않아 완성되었다. 자장이 쓰던 도구, 옷감, 버선과 태화지의 용이 바친 오리 모양의 목침과 석존의 가사 등은 통도사에 보존되어 있다. 또 헌양현에 압유사鴨遊寺가 있는데, 목침 오리가 일찍이 이곳에서 이상한 일을 나타냈으므로 이름 지은 것이다. 사람들이 자장을 찬양해 말했다.

통도사 입구 통도사로 들어가기 위해서는 양쪽에 우뚝 선 나무들을 통과해야 한다. 저 멀리 천왕문이 보인다.

일찍이 청량산에서 꿈을 깨고 돌아오니

계율이 한꺼번에 열렸네.

승복의 복색을 부끄럽게 여겨

신라의 의관을 중국에 본떠 만들었네.

원효대사

누가 자루 없는 도끼를 주려는가

　　원효元曉의 세속 성은 설씨이다. 조부는 잉피공仍皮公 또는 적대공赤大公이라고도 하는데, 지금 적대연赤大淵 옆에 잉피공의 사당이 있다. 아버지는 담날내말談捺乃末이다. 원효는 압량군押梁郡의 남쪽 불지촌佛地村의 밤골 사라수娑羅樹 아래에서 태어났다. 불지촌은 발지촌發智村이라고도 한다. 그런데 여기서 '사라수'라는 나무에는 다음과 같은 유래가 있다.

　　원래 원효의 집은 밤골 서남쪽에 있었다. 그 어머니가 만삭이던 중 마침 이 골짜기에 있는 밤나무 밑을 지나다가 갑자기 해산하게 되었다. 급한 나머지 집으로 돌아가지 못하고 남편의 옷을 나무에 걸어 두고 그 속에서 지냈다. 그래서 이 나무를 사라수라 불렀던 것이다. 이 나무의 열매도 다른 것들에 비해 특이해 지금도 사라율娑羅栗이라 부르며 따로 구분한다.

　　옛날 어떤 주지가 절의 종에게 하루 저녁 끼니로 밤 두 알씩을 주었다. 종이 관청에 호소하자 관리가 괴상히 여겨 그 밤을 가져다가 조사해 보았더니, 한 알이 바리 하나에 가득 찼다. 그러자 관리는 도리어 밤 한 알씩만을 주라고 판결했다. 이런 까닭에 이 나무가 있는 마을을 밤골이라고 했다.

　　　　　　　　　　　　　　　　제5장 고승들의 뜻을 담다

북한산 원효암 원효의 어머니는 유성이 품속으로 들어오는 태몽을 꾸고 원효를 나았다. 그리고 원효가 태어날 때는 오색구름이 온 땅을 뒤덮었다.

원효는 출가하고 나서 자기 집을 내놓아 절을 삼고 초개사初開寺라 이름 지었다. 또 자기가 태어난 나무 옆에도 절을 세웠는데, 이름을 사라사娑羅寺라고 했다. 원효의 행장에는 서울 사람이라고 했으나, 이것은 조부가 살던 곳을 말하는 것이고, 《당승전唐僧傳》에는 본래 하상주下湘州 사람이라고 했다.

이를 좀더 살펴보면 당 고종 16년, 즉 문무왕 즉위 5년(665)에 문무왕이 상주와 하주의 땅을 나누어 삽량주를 설치했는데, 하주는 지금의 창령군이요, 압량군은 본래 하주에 속한 현이다. 상주는 지금의 상주尙州이니 상주湘州라고도 한다. 불지촌은 지금 자인현慈仁縣에 속해 있으니, 바로 압량군에서 나뉜 곳이다.

또 전해지는 다른 이야기로는 원효의 어릴 때 이름은 서당誓幢인데, 평소에는 신당新幢이라고 불렸다. 어느 날 어머니 꿈에 유성이 품속으로 들어오더니 곧 태기가 있었고, 해산하려 할 때는 오색구름이 땅을 덮었다. 이때가 진평왕 39년 대업大業 13년 정축년(617)이었다. 그는 태어나면서부터 총명하고 특이하여 스승을 따로 두지는 않았다고 한다. 그가 사방을 떠돌던 내력과 불교를 널리 알린 업적은 《당승전》과 그의 행장에 실려 있으므로 여기에는 모두 싣지 않고 다만 《향전》에 실린 한

두 가지 특이한 일만을 기록하겠다.

어느 날 원효가 길거리에서 노래를 불렀는데 가사는 이렇다.

누가 자루 없는 도끼를 주려는가.

나는 하늘 떠받칠 기둥을 찍어 보려네.

그런데 사람들은 아무도 그 뜻을 알지 못했다. 이때 무열왕이 이 노래를 듣고 말했다.

"스님이 필경 귀부인을 얻어 현명한 아들을 낳고자 하는구나. 나라에 훌륭한 인물이 생긴다면 그보다 좋은 일이 어디 있겠는가."

마침 그때 요석궁瑤石宮에 홀로 된 공주가 있었다. 왕은 옳거니 하고, 궁궐 관리에게 명하여 원효를 데려오게 했다. 관리가 원효를 찾으니, 어찌 알았는지 이미 남산에서 내려와 문천교를 지나고 있었다. 관리들이 보이자 원효는 일부러 물에 빠져 옷을 적셨다. 이에 관리가 원효를 구해 요석궁으로 데리고 가서 옷을 말리게 했다. 이렇게 하룻밤을 보낸 후 공주는 과연 태기가 있더니 설총薛聰을 낳았다.

설총은 태어나면서부터 지혜롭고 민첩하여 경서와 역사에 널리 통달하니 후에 신라를 대표하는 현인 중 한 사람이 되었다. 어디 그뿐인가. 이두문자吏讀文字를 만들어 중국말로만 표현되던 중국의 문물을 우리 식으로 할 수 있게 했다. 지금도 우리나라에서 경전을 배우고 익히는 사람들이 이를 전수해 오고 있다.

원효는 파계해서 설총을 낳은 후로는 속인의 옷으로 바꾸어 입고 스스로 소성거사小姓居士라고 이름 지었다. 하루는 우연히 광대들이 굴리는 큰 박을 얻었는데, 그 모양이 신기해 그것을 본떠서 도구를 만들었다. 그리고 《화엄경》의 "일체의 무애인無碍人*은 한 번에

*외부의 어떠한 영향에도 구애받지 않는 사람을 일컫는 말로 부처를 이렇게 부르기도 했다. 한마디로 집착이 없고 세상사를 초월한 사람이다.

제5장 고승들의 뜻을 담다

생사를 벗어난다"는 문구를 따서 이름을 '무애'라 하고 노래를 지어 세상에 퍼뜨렸다.

일찍이 원효는 이 도구를 가지고 수많은 마을을 다니면서 노래하고 춤추며 교화를 펼치고 돌아왔다. 이 때문에 무지몽매한 무리들까지도 모두 부처의 이름을 알고, 나무아미타불을 부르게 하였으니 원효의 교화야말로 참으로 컸다.

스스로 붙인 원효라는 법명의 뜻은 불교를 처음 빛나게 했다는 의미이다. 원효도 역시 우리나라 말에서 뜻이 취해진 것이니, 당시 사람들은 모두 우리나라 말로 '새벽'이라고 불렀다.

일찍이 분황사에 머물면서 《화엄경소華嚴經疏》를 지었는데, 제40권 〈회향품〉에 이르러 마침내 붓을 꺾었다. 그가 입적하자 설총이 그 유해를 부수어 원효의 생전 얼굴을 빚어서는 분황사에 모시고, 공경하고 사모하며 슬픔의 뜻을 표했다. 들리는 말에 따르면 하루는 설총이 평소처럼 예불을 드리자 얼굴상이 갑자기 돌아보았다고 한다. 그리고 지금도 바라보던 그대로 있다. 원효가 일찍이 살던 토굴 옆에 설총이 살던 집터가 있다.

의상법사

화엄을 캐다가 고국에 옮겨 심다

의상義湘의 아버지는 한신韓信이고, 성은 김씨이다. 29세에 서울 황복사에서 출가하여 승려가 되었다. 얼마 되지 않아 의상은 중국에서 부처의 깨달음을 얻고자 원효와 함께 요동 변방으로 갔다. 거기에서 변방의 군사들에게 첩자로 의심받아 갇힌 지 수십 일 만에 겨우 풀려 돌아왔다.

그 후 당 고종 초년(650)에 마침 본국으로 돌아가는 당나라 사신이 있어 그 배를 타고 중국에 들어갔다. 의상은 우선 양주에 머물렀는데, 장수 유지인이 자청하여 의상을 관청에 머물게 하고 성대하게 대접했다. 그 후 얼마 안 되어 의상은 종남산 지상사에 가서 지엄을 뵈었다.

그런데 의상이 그를 찾기 전 사실 지엄은 기이한 꿈을 꾸었다. 큰 나무가 바다 동쪽에서 났는데 가지와 잎이 널리 퍼져 중국을 덮는 것이었다. 더욱이 그 가지 위에는 봉황의 집이 있었는데, 지엄이 올라가서 보니 오색의 여의주 하나가 있었다. 어찌나 밝게 빛나는지 그 빛이 멀리까지 비쳤다. 꿈에서 깬 지엄은 너무도 범상치 않은 꿈에 필시 누가 찾아오리라 예상하고는 집을 깨끗이 청소하고 기다렸다. 그러다 마침 의상이 오자 지엄은 특별한 예로 그를 맞았다.

"내가 어젯밤 꾼 꿈이 바로 그대가 올 징조였구려."

자리에 앉은 의상은 지엄에게 가르침을 받고자 찾아왔다고 했다. 그러고는 《화엄경》의 묘한 뜻을 깊고 정밀하게 해석했다. 이를 들은 지엄은 묻고 따져서 바로잡을 만한 이를 만나 새로운 이치를 밝혀내게 되었다며 기뻐했다. 게다가 의상은 깊은 곳에 숨어 있는 이치까지 찾아내니, 청출어람의 경지에 이르렀다고 할 만했다.

이때 신라의 재상 김인문과 양도 등이 당나라에 갇혀 있었는데, 당 고종이 크게 군사를 일으켜 신라를 공격하려 했다. 이에 인문은 의상에게 먼저 돌아가 본국에 이 사실을 알려달라고 부탁했다. 그리하여 의상은 당 고종 21년, 문무왕 10년(670)에 본국으로 돌아왔다. 그리고 이 일을 조정에 알리자 신인종이 고승 명랑에게 명하여 밀교의 제단을 임시로 세워 법력으로 물리치게 했다.

당 고종 27년, 즉 문무왕 즉위 16년(676)에 의상은 태백산에 가서 조정의 뜻을 받들어 부석사를 짓고 《화엄경》을 널리 전파했다. 그러던 어느 날 종남산의 문인 현수(지엄의 제자)가 《수현소搜玄疏》를 지어 한 권을 의상에게 보내고, 아울러 다음과 같은 편지를 올렸다.

"서경 숭복사 승려 법장이 해동 신라 화엄법사께 글을 올립니다.

작별한 지 벌써 20여 년이니, 간절한 정성이 어찌 마음을 떠나겠습니까? 게다가 연기와 구름이 만 리나 되고 바다와 육지가 천 겹이오니 이 몸이 다시 뵙지 못하는 것이 한스럽습니다. 그 사무치는 그리움과 회포를 어찌 다 말하겠습니까? 전생에 인연을 같이 하고, 금생에 업을 같이 한 덕에 함께 《화엄경》에 뜻을 두고, 특별히 선사께서 이 경전을 물려주심을 받은 것이옵니다. 제가 듣기로 상인上人께서는 고향에 돌아가신 후, 《화엄경》을 강연해서 무한한 법계의 인연을 널리 펼쳐, 겹겹의 제망帝網으로 불국을 새롭게 하고, 중생에게 이익을 주심이 크고 넓다 하오니 더할 나위 없이 기쁩니다. 이러니 여래가 돌아가신 후에 불교를 빛내고, 법륜을 다시 굴려 불법을 오래 머물게 한 분은 오직 법사님이 아니겠습니까. 저 법장은 나아감에 하나도 이룸이 없고, 두루 갖춘 일이 적어, 우러러 이 경전을 생각하니 선사께 부끄러울 따름입니다. 오직 분수에 따라 받은 것을 잠시도 버릴 수 없으니 이 업에 의지하여 내세의 인연 맺기를 원할 뿐입니다.

다만 법사의 글은 뜻은 풍부하지만 글이 간결하여 후세 사람들이 이해하기가 어려울 것 같습니다. 그래서 제가 법사의 깊은 말씀과 미묘한 뜻을 기록하여 '의기義記'를 이루었습니다. 승전법사가 이것을 베껴 가지고 고향에 돌아가 전할 터이니 법사께서는 그 잘되고 못됨을 검토하셔서 부디 가르쳐 주시면 고맙겠습니다. 엎드려 바라옵건대 마땅히 내세에서는 몸을 버리고 다시 태어나 함께 노사나불盧舍那佛 (광명으로 이름을 얻은 부처)에 들어 이와 같은 끝이 없는 묘법을 듣고, 무량한 보현보살의 원행을 닦기를 원합니다. 만일 나머지 악업으로 해서 하루아침에 떨어지거든 법사께서는 옛날의 일을 잊지 마시고 어디에서나 정도로써 가르쳐 주시옵소서. 인편이 있으면 때때로 안부를 전해 주시기 바랍니다. 이만 줄입니다."

의상은 이에 태백산의 부석사, 원주의 비마라사, 가야산의 해인사, 비슬산의 옥천사, 금정산의 범어사, 남악의 화엄사 등을 비롯한 사찰 10곳에 이 가르침을 전파했다. 의상은 저서로는 《법계도서인法界圖書印》과 《약소略疏》가 있는데, 이는 중생을 구제하는 법을 모두 기록한 것으로 천 년의 모범이 되었다. 이 밖에는 저술한 것이 없지만 한 솥의 국 맛을 알기에는 한 점의 고기로도 충분한 것이다.

《법계도法界圖》는 총장 원년 무진년(668)에 완성되었으며, 이 해에 지엄智儼도 입적하였으니 이것은 마치 공자가 '기린을 잡았다'는 구절에서 붓을 꺾은 것과 같다.

세상에서 전하는 말에 의상은 부처의 화신이라 하는데 그의 제자인 오진·지통·표훈·진정·진장·도융·양원·상원·능인·의적 등 고승 10명이 우두머리가 되었다. 그들은 모두 스승에 버금가는 성인이기에 각각 전기가 있다.

오진은 일찍이 하가산 골암사에 살면서 밤마다 팔을 뻗쳐서 부석사 석등에 불을 켰다. 지통은 《추동기錐洞記》를 지었는데, 친히 의상의 가르침을 받았으므로 묘한 말이 많다. 표훈은 일찍이 불국사에 머물면서 항상 천궁을 왕래했다.

의상이 황복사<ruby>皇福寺<rt>황복사</rt></ruby>에 있을 때였다. 여러 제자들과 함께 탑을 돌았는데, 항상 층계를 밟지 않고도 허공으로 올라갔기에 그 탑에는 사다리를 설치하지 않았다. 제자들도 스승을 따라 층계를 밟지 않고 허공을 도니 의상이 제자들을 돌아보면서 말했다.

"세상 사람들이 이것을 보면 반드시 괴이하게 여길 것이다. 그러니 그들에게는 가르치지 못하겠구나."

이 나머지는 최치원이 지은 〈본전〉과 같다. 사람들이 의상을 찬양해 말했다.

수풀 헤치고 연기와 티끌 무릅쓰고 바다를 건너니
지상사는 문 열어 귀한 손님 맞아들였네.
화엄을 캐다가 고국에 옮겨 심으니
종남산과 태백산이 한결같이 봄이로구나.

모든 것을 담아 한 곡으로 읊다

서울 만선북리에 한 과부가 살고 있었다. 남편도 없이 임신해서 아이를 낳았는데, 열두 살이 되도록 말을 못하고 일어나지 못해 항상 어린 아이란 뜻으로 사동蛇童이라고 불렀다.

그러던 어느 날 그의 어머니가 죽었다. 그때 원효가 고선사에 머물고 있었는데, 사동이 그를 찾아갔다. 원효는 그를 맞아 예를 갖췄으나 사동은 답례도 하지 않고 말했다.

"옛날에 경을 싣고 다니던 암소가 이제 죽었으니 나와 함께 장사 지내는 것이 어떻겠는가?"

"좋다."

원효는 사동과 함께 그의 집으로 갔다. 사동은 원효에게 선을 기르고 악을 없애 주는 의식인 포살수계布薩受戒를 주게 했다. 원효는 그 시체 앞에서 빌었다.

"세상에 태어나지 말지니 죽는 것이 괴롭고, 죽지 말지니 세상에 태어나는 것이 괴롭구나."

사동이 이를 듣고 말이 너무 어렵다고 했다. 그러자 원효가 고쳐서 말했다.

제5장 고승들의 뜻을 담다

"죽고 사는 것이 모두 괴롭구나."

두 사람은 상여를 메고 활리산活里山 동쪽 기슭으로 갔다. 원효가 말했다.

"지혜로운 범을 지혜로운 숲에 장사 지내는 게 마땅하지 않겠는가?"

그러자 사동이 게를 지어 말했다.

> 옛날 석가모니 부처님께서
>
> 사라수 사이에서 열반하셨네.
>
> 지금 그 같은 이가 있어
>
> 연화장 세계로 들어가려 하네.

말을 마치고 풀의 줄기를 뽑으니, 그 밑에 맑고 빈 세계가 있었다. 칠보로 장식된 난간에 누각이 장엄한 것이 인간 세계가 아니었다. 사동이 시체를 업고 땅속에 들어가자 홀연히 땅이 합쳐졌다. 이것을 본 원효는 그대로 돌아왔다.

후세 사람들은 그를 위해 금강산 동남쪽에 도량사道場寺를 지었다. 그리고 매년 3월 14일이면 법회를 열었다. 사람들이 찬양해 말했다.

> 잠자코 자는 용이 어찌 등한하리.
>
> 떠나면서 읊은 한 곡 모든 것 다했네.
>
> 괴로운 생사는 본시 괴로운 것이 아니니.
>
> 연화장의 세계 넓기도 하구나.

대현과 법해

우물물을 치솟게 하고 바닷물을 기울이다

유가종瑜伽宗(법상종)의 시조인 고승 대현大賢은 남산 용장사南長寺에 머물렀다. 그 절에는 돌로 만든 미륵상이 있었다. 대현은 늘 미륵상을 돌며 기도했는데, 그때마다 미륵상도 대현을 따라 얼굴을 돌렸다. 대현은 지혜롭고 분별력이 있었으며, 정밀하고 민첩해 판단하는 것이 분명했다.

대개 법상종의 경론은 중국의 명사 백거이白居易도 알기 힘들다 할 정도로 해석하기가 매우 어려울 뿐 아니라 그 뜻과 이치가 그윽하고 깊었다. 그러니 학자들이 배우기 어려운 것은 당연한 일이었다. 하지만 대현은 홀로 그 잘못된 것을 바로잡고, 그윽하고 깊은 뜻을 빨리 터득해 사리에 통달했다.

이리하여 우리나라의 후학들이 모두 그의 해석을 따랐고, 중국의 학자들도 간혹 이것을 얻어 안목으로 삼았다.

경덕왕 천보 12년 계사년(753) 여름, 나라에 가뭄이 들었다. 경덕왕은 단비를 기원하고자 대현을 대궐로 불러 《금강경》을 강의하게 했다. 어느 날 재를 올리는데 정화수가 없어 늦어졌다. 이에 관리가 정화수를 가져온 자를 꾸짖자 그가 말했다.

"대궐 안 우물이 말라 먼 곳에서 떠오느라 늦었습니다."

대현이 그 말을 듣고 말했다.

"왜 진작 그 말을 하지 않았는가?"

그러고는 걱정하지 말라며 사람들을 달랬다. 그리고 낮에 강론할 때였다. 대현이 향로를 받들고 잠자코 있었더니 잠깐 사이에 우물물이 7길이나 치솟았다. 절의 당간지주 높이만큼 솟았으니 주위 사람들이 놀란 것은 당연했다.

후에 사람들은 그 우물을 금광정金光井이라 했다. 일찍이 대현은 자기 자신을 청구사문靑丘沙門이라 일컬었다. 사람들이 이를 찬양해 말했다.

석불좌상 사진은 경주 용장사 터에 있는 석불좌상으로 대현이 예불한 미륵상으로 추측된다.

남산에 살며 불상을 도니 불상도 따라 돌아봤나니

이 땅의 불교가 다시 중천에 떠올랐네.

궁중의 우물이 용솟음치게 한 것이

금 향로의 한 줄기 향연이었음을 누가 알리.

다음 해인 갑오년(754) 여름이었다. 왕은 고승 법해를 황룡사로 불러 《화엄경》을 강론하게 하고, 친히 가서 향을 피우며 조용히 말했다.

"지난해 여름에 대현법사는 《금강경》을 강론하여 우물물을 7길이나 치솟게 했는데, 그대의 법력은 어떠하오?"

그러자 법해가 말했다.

"그것은 작은 일에 지나지 않아 말할 것이 못 됩니다. 지금 당장 바닷물을 기울여 동악을 잠기게 하고, 서울을 물에 떠내려가게 할 수도 있습니다."

왕은 그 말을 농담으로 여기고는 믿지 않았다. 잠시 후 한낮에 강론할 때였다. 법해가 향로를 안고 가만히 있노라니 잠깐 사이에 궁중에서 우는 소리가 나고, 관리가 허둥대며 달려왔다.

"동쪽 연못이 넘쳐서 내전 50여 칸이 떠내려갔습니다."

왕은 멍하니 어쩔 줄을 몰라 하자 법해가 웃으면서 말했다.

"동해를 기울이느라 물줄기를 먼저 불린 것뿐입니다."

그 말에 왕은 자신도 모르게 일어나 법해에게 절을 올렸다. 이튿날 감은사에서 아뢰었다.

"어제 오시(오전 11시부터 오후 1시까지)에 바닷물이 넘쳐흘러서 불전의 뜰 앞까지 밀려왔다가 저녁 때 물러갔습니다."

이 일로 왕은 더욱 법해를 믿고 공경했다. 사람들이 찬양해 말했다.

> 불법의 물결 법계에 충만하여
> 사해를 불리고 줄임도 어려울 것이 없네.
> 높은 수미산 크다고 말하지 마라
> 모두 우리 스님 손끝에 있느니라.

제6장

비법으로 적을 물리치다

밀본이 귀신을 좇다

선덕여왕이 병이 들었을 때였다. 흥륜사 승려 법척이 치료했으나 오래도록 효험이 없었다. 그러자 좌우 신하들은 법력이 높기로 소문난 밀본법사密本法師를 부르자고 청했다. 이에 여왕은 대신들의 뜻을 받아들려 밀본을 궁으로 불러들였다.

궁에 온 밀본은 그저 침실 밖에서 《약사경藥師經》*을 읽기만 했다. 그리고 경을 다 읽었을 때였다. 육환장(승려가 짚는 지팡이)이 침실 안으로 날아 들어가더니 늙은 여우 한 마리와 법척을 찔러 뜰 아래에 거꾸로 내던졌다. 그러자 신기하게도 여왕의 병이 나았다. 이때 밀본의 정수리 위에 오색의 신비로운 광채가 비쳐 보는 이들이 모두 놀라워했다.

> *수나라 달마급다達摩笈多가 번역했다. 주 내용은 약사여래가 동방에 불국토를 세워 정유리국淨瑠璃國이라 하고, 또 교주가 되어 12대원十二大願을 세우고, 모든 중생의 질병은 물론 쉽게 낫지 않는 고질병까지도 치유하겠다고 한 것을 기록하고 있다.

또 재상 김양도가 어렸을 때였다. 갑자기 입이 붙고 몸이 굳어져서 말도 못하고, 팔다리도 움직이지 못했다. 그런데 가만 보니, 큰 귀신 하나가 작은 귀신 여럿을 데리고 와 집 안 음식을 모조리 썹어먹는 게 아닌가. 또 무당이 와서 제사를 지내

제6장 비법으로 적을 물리치다

면 귀신들이 서로 다투어 가며 욕을 퍼부었다. 양도는 사람들에게 이 사실을 알린 후 귀신을 물리치고 싶었지만 입이 붙어 말을 할 수가 없었다.

한편 양도의 아버지는 굿을 해도 소용이 없자, 법류사의 한 승려를 모셔다가 불경을 외게 했다. 그러자 큰 귀신이 작은 귀신에게 명을 내려 철퇴로 승려의 머리를 때리게 했다. 곧 승려는 피를 토하고 죽었다. 그제야 예사로 처리할 일이 아님을 알고 사람을 보내 밀본을 찾아오도록 했다.

"밀본법사께서 우리 청을 받아들여 곧 오신다 했습니다."

귀신들은 이 말을 듣고는 모두 얼굴빛이 변하니 작은 귀신이 말했다.

"법사가 온다니 피하는 게 좋겠습니다."

그러나 큰 귀신은 코웃음 치며 말했다.

"무슨 해로운 일이 있겠는가?"

그때였다. 갑자기 사방에서 온 몸에 쇠갑옷을 입고, 긴 창으로 무장한 큰 귀신들이 나타나더니 양도의 집에 있던 악귀들을 모조리 붙잡아 갔다. 그리고 무수히 많은 천신들이 둘러서서 누군가를 기다리니, 곧 밀본이 와서 경문을 펴려고 했다. 하지만 이미 양도는 병이 나아서 말도 하고 몸도 움직이고 있었다. 양도는 지금까지의 일을 자세히 말했다. 또한 이 일로 불교를 독실하게 믿고 한평생 게을리 하지 않았다. 흥륜사 법당의 주불인 미륵존상과 좌우 보살상도 만들었으며, 또 금으로 벽화를 그렸다.

밀본이 일찍이 금곡사에 머물 때였다. 당시 김유신과 밀본은 친분이 두터웠는데, 사람들은 밀본을 알아보지 못했다. 그때 유신의 친척인 수천이 오랫동안 병을 앓고 있었다. 이에 유신이 밀본을 보내서 치료하게 했다. 때마침 수천의 친구인 인혜라는 중이 중악에서 찾아왔다가 밀본을 보더니 업신여기며 말했다.

"그대의 행색을 보니 간사한 사람이 분명한데 어찌 남의 병을 고친다고 하는가?"

이에 밀본이 말했다.

"나는 김유신공의 명을 받고 마지못해 왔을 뿐이외다."

"이왕 온 거 내 신통력이나 보고 가시게."

곧 인혜가 향로에 향을 피우고는 주문을 외우자 오색구름이 이마를 두르고 하늘에서 꽃이 흩어져 내렸다. 이를 보고 밀본이 말했다.

"스님의 신통력은 불가사의하군요. 저에게도 변변치 못한 기술이 있사온데 시험해 보기를 청합니다. 스님께서는 잠깐 제 앞에 서 계시겠습니까?"

인혜는 그대로 따랐다. 밀본이 한 번 손가락을 튕기자 인혜가 한 길 높이 공중으로 거꾸로 올랐다가 한참 만에야 서서히 거꾸로 떨어져 머리가 땅에 말뚝처럼 박혔다. 옆에 있던 사람들이 놀라 인혜를 잡아당겼지만 꼼짝도 하지 않았다. 밀본은 그 모습을 보고는 그대로 나가 버렸다. 결국 인혜는 그대로 밤을 새웠다.

이튿날 수천이 유신에게 사람을 보내 알리니, 유신은 밀본에게 가서 인혜를 이제 그만 풀어달라고 부탁했다. 그 후 인혜는 다시는 자신의 신통력을 자랑하지 않았다. 사람들이 이 일을 찬양해 말했다.

홍자색 분분하여 얼마나 붉은색을 어지럽혔는고
아아, 물고기의 눈이 어리석은 자를 속였구나.
거사가 손가락을 튕기지 않았던들
상자에 옥 같은 돌을 얼마나 담았을까.

혜통

죽은 수달이 새끼들을 품다

승려 혜통惠通이 출가하기 전이었다. 그의 집은 남산 서쪽
기슭인 은천동 어귀에 있었다. 어느 날 혜통은 집 동쪽 시내에서 놀다가 그만 수달
한 마리를 잡아 죽이고 그 뼈를 동산에 버린 적이 있었다. 그런데 이튿날 새벽에
다시 가보니 수달의 뼈가 없었다.

이상하게 생각한 혜통이 핏자국을 따라 찾아가자 뼈는 전에 살던 굴로 들어가
새끼 다섯 마리를 안은 채 웅크리고 있었다. 혜통은 차마 아무 말도 못하고 한참을
바라보다가 자신의 잘못을 반성했다. 그리고 마침내 속세를 버리기로 결심하고 출
가하여 이름을 혜통으로 바꾸었다.

혜통은 곧 당나라에 가서 무외삼장을 찾았다. 그리고 배우기를 청하니 무외삼
장이 말했다.

"한갓 변방의 신라 사람이 어찌 불도를 닦을 만한 자격이 있겠느냐?"

무외삼장은 한마디로 거절하고는 가르쳐 주지 않았다. 그러나 혜통은 물러서지
않고 3년 동안이나 무외삼장을 섬겼다. 하지만 여전히 무외삼장은 허락하지 않으
니 혜통은 분하고 애가 타서 뜰에 선 채 화로를 머리에 이고 있었다. 잠시 후에 정

화로를 머리에 인 혜통 혜통은 무외삼장에게 설법을 배우기 위해 3년을 극진히 모셨다. 하지만 무외가 허락하지 않자 화로를 머리에 이고 서 있었다. 경남 합천 해인사에 소장되어 있다.

수리가 터지며 천둥 같은 소리가 울렸다. 무외삼장이 이 소리를 듣고 와서 보고는 화로를 치우고 터진 곳을 손가락으로 매만지며 주문을 외었다. 터진 정수리는 이내 아물었지만 대신 그 자리엔 왕王 자 무늬의 흉터가 생겼다. 그래서 혜통은 이때부터 '왕화상'이란 이름을 얻게 되었다. 아무튼 혜통의 고집에 결국 무외삼장은 제자로 허락하고 그를 무척 아껴 불도를 전했다.

이때 당나라 공주가 병을 앓고 있었다. 당 고종은 무외삼장에게 공주를 구해 달라고 청했다. 그러자 무외삼장은 자신 대신에 혜통을 추천했다. 혜통은 명을 받고 병실 근처에 거처하면서 흰 콩 한 말을 은그릇 속에 넣고 주문을 외웠다. 그러자 흰 콩이 흰 갑옷을 입은 신병으로 변해 마귀들을 쫓는 게 아닌가. 하지만 병을 이

제6장 비법으로 적을 물리치다

기지는 못했다. 이에 다시 검은 콩 한 말을 금그릇에 넣고 주문을 외웠다. 이번에는 검은 갑옷을 입은 신병이 되었다. 흑백의 신병들이 함께 마귀를 쫓으니 갑자기 교룡이 뛰쳐나가고 이내 공주의 병이 나았다.

쫓겨난 교룡은 혜통에 대한 분풀이로 신라 문잉림文仍林에 와서는 사람을 마구 해쳤다. 그때 당나라 사신으로 가 있던 정공鄭恭이 혜통에게 이 사실을 알렸다.

"스님이 쫓아낸 독룡이 신라에 와서 사람을 해치니 어서 가서 없애 주십시오."

혜통은 정공과 함께 인덕 2년 을축년(665)에 신라에 돌아와 독룡을 쫓아 버렸다. 독룡은 다시 정공을 원망하여 이번에는 버드나무로 변해 정공의 집 문 밖에 자리를 잡았다. 이 사실을 모르는 정공은 그저 나무의 무성함을 좋아하며 무척 아꼈다.

이 무렵, 신문왕이 죽고 효소왕이 즉위했다. 그리하여 신문왕의 무덤을 닦고 장사 지내는 길을 만드는데, 정공의 집 버드나무가 길을 가로막는 게 아닌가. 그래서 관리가 베어 버리려 하자 정공이 화를 내며 말했다.

"차라리 내 머리를 벨지언정 이 나무는 베지 못한다."

관리가 이 말을 왕에게 아뢰자 왕은 몹시 노해 법관에게 명했다.

"정공이 왕화상의 신술만 믿고 장차 불손한 일을 도모하려 하는 것이 분명하다. 그러니 이리 왕명을 업신여기는 게 아니겠느냐! 차라리 제 머리를 베라고 하니 소원대로 해주어라."

이리하여 정공을 죽이고 그 집을 묻어 버렸다. 그 후 조정에서는 회의가 열렸다.

"왕화상은 정공과 매우 친하니 반드시 연루된 혐의가 있을 것입니다. 마땅히 먼저 없애야 합니다."

그리하여 효소왕은 군사를 풀어 혜통을 잡아들이게 했다. 그때 혜통은 왕망사에 있다가 군사가 오는 것을 보았다. 그는 지붕에 올라가서 사기로 된 병과 붉은 먹을 묻힌 붓을 들고는 그들에게 소리쳤다.

"내가 하는 것을 보라."

그리고 병목에다 한 획을 긋고는 말했다.

"너희들은 모두 자신의 목을 보라."

그들이 자신의 목을 보니 모두 붉은 획이 그어져 있었다. 군사들은 서로 보고 경악했다. 혜통이 다시 소리쳤다.

"내가 만일 이 병목을 자르면 너희들의 목도 잘릴 것이다. 어쩌겠느냐?"

군사들은 붉은 획이 그어진 목을 왕에게 뵀다.

"왕화상의 신통력을 어찌 사람의 힘으로 막을 수 있겠느냐?"

조정은 할 수 없이 혜통을 그대로 내버려 두었다.

그러던 어느 날이었다. 효소왕의 딸이 갑자기 병이 났다. 온갖 방법을 다 동원해 보았지만 차도가 없었다. 결국 왕은 혜통에게 치료를 부탁했는데 공주는 곧 자리에서 일어났다. 이에 왕은 크게 기뻐했다. 그때 혜통이 말했다.

"사실 정공은 독룡의 저주에 걸려 그리 행동했던 것이니 죄가 없습니다."

효소왕은 이 말을 듣고 성급히 정공을 죽인 것을 후회했다. 그리고 정공의 처자를 방면하게 하고, 혜통을 국사國師(국가나 임금의 스승이 되는 덕망 있는 승려에게 내린 존칭)로 삼았다.

한편 독룡은 정공에게 원수를 갚은 후 기장산의 웅신熊神이 되어 악독함이 더욱 심했다. 이에 많은 백성들이 뜻밖에 닥친 불행에 힘들어 했다. 이를 본 혜통이 산에 가 독룡을 달래 목숨을 빼앗지 못하게 하는 불살계不殺戒를 주니 그제야 사람들이 평안해졌다.

신문왕 때는 이런 일도 있었다. 하루는 신문왕이 등창이 나서 혜통을 찾았다. 혜통이 주문을 외우자 그 자리에서 병이 나았다. 혜통이 말했다.

"폐하께선 전생에 관리였사온데 선량한 백성 신충이란 자를 잘못 판결하여 종을 삼은 적이 있습니다. 이에 신충이 원한을 품고 앙갚음을 하는 것이니, 마땅히 신충을 위해 절을 세워 명복을 빌어주고 원한을 풀어주어야만 합니다."

왕이 혜통의 말에 따라 신충봉성사信忠奉聖寺라는 절을 세웠다. 절이 완성되자 하늘에서 외치는 소리가 들렸다.

"왕께서 절을 지어 주셨기에 괴로움에서 벗어나 하늘에 태어났으니, 원한은 이제 풀렸습니다."

신문왕은 혜통의 예견에 탄복하며, 소리가 난 곳에 또 절원당折怨堂을 지었는데 그 당과 절이 지금까지 남아 있다. 사람들이 찬양해 말했다.

산복숭아와 살구나무가 울타리에 비스듬히 놓이고
봄이 깊어 시냇가엔 꽃이 피었네.
그대가 한가로이 수달을 잡은 탓에
마귀조차 서울 밖으로 멀리 쫓게 되었지.

명랑법사

당나라 대군을 비법으로 물리치다

명랑明朗법사의 자는 국육國育으로 신라의 사간 재량의 아들이다. 어머니는 남간부인으로 법승랑이라고도 했다. 그녀는 소판 김무림의 딸로, 자장의 누이동생이기도 하다. 재량에게는 세 아들이 있었는데, 맏이는 국교대덕이요, 다음은 의안대덕이다. 그리고 법사가 막내로 어머니가 푸른 구슬을 삼키는 꿈을 꾸고 낳은 아들이었다.

명랑은 신라 선덕여왕 원년(632)에 당나라에 들어갔다가 정관 9년 을미년(635)에 돌아왔다. 그때의 일을 《금광사본기金光寺本紀》는 이렇게 전한다.

명랑법사가 당나라에 건너가 도를 배우고 돌아올 때였다. 그때 바다 용이 나타나 함께 용궁에 들어가 비법을 전해 달라고 하는 게 아닌가. 이에 명랑이 용궁에 가 비법을 전수한 후 황금 1,000냥을 시주받아 돌아오는데, 이 또한 평범하지 않았다. 땅 밑으로 몰래 들어가 자기 집 우물 밑으로 솟아나왔던 것이다. 후에 자기 집을 희사하여 절을 만들고, 용왕이 보시한 황금으로 탑과 불상을 꾸미니 유난히 빛났다. 그리하여 절 이름을 금광사라 했다.

또 총장 원년 무진년(668)의 일이다. 당나라 장수 이적이 대병을 이끌고 신라와

원원사 삼층석탑과 부도 경상북도 경주에 있는 원원사遠願
寺는 명랑법사가 세운 금광사, 사천왕사와 함께 통일신라
문두루 비법의 중심 도량이었다. 또한 원원사는 명랑법사의
후계자인 안혜, 낭융 등과 김유신, 김의원 등이 뜻을 모아
세운 호국사찰이다.

연합하여 고구려를 멸망시켰다. 그러고는 남은 군사를 백제에 남겨 두고 신라마저 쳐서 멸망시키고자 했다. 그러나 신라 사람들이 이를 눈치 채고 군사를 일으켜 막았다. 당나라 고종이 이를 듣고 크게 노해 설방에게 명하여 신라를 치려고 했다. 문무왕이 이를 듣고 두려워 명랑에게 적을 물리쳐 달라 부탁하니, 명랑은 비법으로 이를 물리쳤다. 이 일로 그는 신인종神印宗(명랑이 개종한 종파)의 시조가 되었다.

하늘을 감동시키다

선도성모, 불사를 즐겨하다

진평왕 때였다. 안흥사安興寺에 지혜智惠라는 행실이 어진 비구니가 살고 있었다. 하루는 지혜가 불전을 새로 수리하려 했지만 힘이 미치지 못했다. 그러던 어느 날 꿈에 아름다운 모습에 머리를 구슬로 장식한 선녀가 와서 위로했다.

"나는 선도산仙桃山 신모神母이니라. 네가 불전을 수리하려는 것이 기특해 금 10근을 주어 돕고자 한다. 내가 있는 자리 밑에서 금을 꺼내 주존 세 불상을 장식하고 벽 위에는 53불과 육류성중六類聖衆과 모든 천신과 오악五岳●의 신군을 그리고, 매년 봄과 가을에 열흘 동안 남녀 신도들을 많이 모아 널리 중생을 위해 점찰법회를 베푸는 것으로써 일정한 규정을 삼도록 하라."

●동쪽의 금강산, 서쪽의 묘향산, 남쪽의 지리산, 북쪽의 백두산, 중앙의 삼각산을 말한다.

지혜는 놀라 꿈에서 깼다. 그리고 꿈에서 일러준 대로 무리들을 데리고 가 신모가 섰던 자리를 파니 황금 160냥이 나왔다. 그리하여 불전을 수리하는 일을 완성했으니, 모두 신모가 시킨 대로 따른 것이었다. 그러나 후에 사적은 남았지만 법사는 폐지되었다.

신모는 본래 중국 황실의 딸로 이름은 사소였다. 일찍이 신선의 술법을 배워 해동에 머물면서 오랫동안 돌아가지 않았다. 이에 황제가 소리개 발에 편지를 매달아 보내 말했다.

"소리개가 머무는 곳에 집을 지으라."

사소는 편지를 보고 황제가 하란 대로 소리개를 놓아 보냈다. 그러자 소리개가 선도산에 날아와 멈추었고, 사소는 그곳의 지선地仙이 되었다. 이 때문에 산 이름을 서연산西鳶山이라고도 했다. 신모는 오랫동안 선도산에 살면서 나라를 지키니 신령스런 일이 많았다. 이에 나라가 세워진 뒤로 항상 삼사三祀의 하나로 삼았고, 그 제사도 다른 명산보다 먼저 했다.

제54대 경명왕 때였다. 경명왕은 매 사냥을 좋아했는데 하루는 선도산에 올라 매를 놓았다가 잃어버린 일이 있었다. 왕은 신모에게 매를 찾게 해준다면 꼭 벼슬을 내려 은혜를 갚겠다고 기도를 올렸다. 그러자 잠시 후 매가 날아와 책상 위에 앉으므로 성모를 '대왕'의 작위에 봉했다.

처음 사소는 진한에 와서 성자를 낳았는데 아이는 후에 동국의 시조 임금이 되었다. 추측하건대 혁거세와 알영의 두 성군일 것이다. 이 때문에 계룡, 계림, 백마 등으로 불렀으니 이는 닭이 서쪽에 해당하기 때문이다. 일찍이 여러 하늘의 선녀에게 비단을 짜게 하고 그것을 붉은 빛으로 물들여 관복을 만들어 남편에게 주었다. 이 일로 사람들은 사소가 신통한 사람임을 알게 되었다.

《국사國史》는 사소에 대해 이렇게 전한다.

어느 날 김부식이 정화연간(1111~1117)에 사신으로 송나라에 들어가게 되었다. 송나라에 도착해 우신관에 가 참배하니, 선녀상이 모셔져 있었다. 관반학사 왕보가 부식에게 물었다.

"여기 신은 사실 신라의 신인데 공은 알고 있습니까?"

그리고 이어 말했다.

"옛날 한 중국 황실의 딸이 바다를 건너 진한에 가서 아들을 낳았소. 후에 아이는 해동의 시조가 되었다고 하오. 그리고 공주는 그곳의 시선이 되어 선도산에서 살았는데 이것이 바로 그 여선의 상입니다."

또 송나라 사신 왕양이 우리나라에 와서 동신성모를 제사 지낼 때, 제문에 어진 사람을 낳아 비로소 나라를 세웠다는 글귀가 있었다. 성모가 황금을 주어 부처를 받들게 하고, 향불을 피우며 법회를 열어 중생 제도의 길을 만들었으니 어찌 한갓 장생술을 배워서 저 아득한 속세에만 사로잡히겠는가. 사람들이 사소에 대해 찬양해 말했다.

서연산에 와서 몇 십 년을 지났던고
선녀들을 불러 신선의 옷을 짜게 했구나.
장생도 살지 않음과 다를 바 없는데
부처를 뵙고 옥황상제로 받들었구나.

욱면이 염불하여 극락에 오르다

경덕왕 때 강주(지금의 진주)에서 일어난 일이다. 불교 신도 수십 명이 극락에 뜻을 두고, 고을 경계에 미타사를 세워 1만 일 동안 기약하고 모임을 만들었다. 이때 아간 귀진의 집에 욱면郁面이라는 계집종이 있었다. 욱면은 주인을 따라 절에 가서는 마당에 서서 스님을 따라 염불했다. 귀진은 욱면이 종 주제에 염불을 외우자 주제넘다고 생각했다. 그래서 자기 일이나 열심히 하라고 꾸짖고는 절에 못 오게 할 심산으로 매일 곡식 2섬을 주어 하룻밤 동안에 다 찧으라고 했다.

그런데도 욱면은 굴하지 않고, 초저녁에 곡식을 부지런히 찧어 놓고는 절에 가서 다시 염불하는 것을 게을리 하지 않았다. 나중에는 아예 절 뜰 좌우에 긴 말뚝을 세우고 자기 손바닥을 새끼줄에 꿰어 말뚝에 고정하고는 합창한 채 좌우로 흔들며 더욱 열심히 했다. 그러던 어느 날 공중에서 하늘의 외침이 들려왔다.

"욱면 낭자는 불당에 들어가 염불하라."

절의 승려들도 듣고 욱면에게 불당에 들어가 정진하라고 권했다. 얼마 안 되어 음악소리가 서쪽 하늘에서 들려오더니 욱면의 몸이 솟구쳤다. 곧 집 대들보를 뚫

깨달은 여인 욱면이 사람의 몸 그대로 즉신성불卽身成佛한 것은 여성이 성불한 것 중에서 가장 드라마틱한 예라고 할 수 있다.

고 올라가 서쪽 교외에 가니 육신을 버리고 참모습을 드러냈다. 그리고 연화대에 앉아 큰 광명을 비치면서 사라지니 음악소리는 한참 동안 하늘에서 그치지 않았다. 그 불당에는 지금도 그 구멍이 남아 있다고 한다. 사람들이 찬양해 말했다.

서쪽 이웃 옛 절에 불등 밝은데
방아 찧고 절에 오니 밤은 깊었네.
한 마디 염불마다 부처가 되려 하여
손바닥 뚫어 새끼줄 꿰니 육신도 잊었네.

동방으로 가는가, 서방으로 가는가

문무왕 때 광덕과 엄장이라는 두 승려가 살았다. 둘은 사이가 좋아 늘 극락세계로 먼저 돌아가게 되면 반드시 서로 알리자고 약속했다. 광덕은 처자와 함께 분황사 서쪽 마을에서 신을 삼으며 살았다. 엄장은 남악에 암자를 짓고 살면서 나무를 베어 불태우고 농사를 지었다.

어느 날, 해 그림자가 붉게 물들고 소나무 그늘이 고요히 저물었을 때였다. 엄장의 집 문 밖에서 소리가 났다.

"나는 이미 서쪽으로 가니 자네는 잘 있다가 빨리 나를 따라오게."

엄장이 문 밖으로 나가 보니 구름 밖에서 음악소리가 들리고 밝은 빛이 땅에 드리워졌다.

이튿날 엄장이 광덕이 사는 곳을 찾아가 보니 과연 광덕이 이미 죽어 있었다. 이에 그의 아내와 함께 유해를 거두어 장례를 지냈다. 엄장은 일을 마치자 부인에게 말했다.

"광덕도 없고 혼자 살기 힘들 테니, 나와 함께 사는 것이 어떻겠소?"

광덕의 아내는 수락하고 곧 엄장의 집에 함께 머물렀다. 그런데 밤에 엄장이 정

분황사 모전석탑 모전석탑은 돌을 깎아서 벽돌처럼 쌓아 만든 탑이다. 한편 광덕과 엄장의 이야기는 분황사에 얽힌 이야기 중에서 가장 흥미롭다.

을 통하려 하자 부인이 이를 허락하지 않았다. 그러고는 이렇게 말하는 것이었다.

"스님께서 극락을 구하는 것은 나무에 올라가 물고기를 구하는 것과 같습니다."

엄장이 영문을 몰라 물었다.

"광덕은 이미 그러했거늘 나는 어찌 안 된단 말이오?"

그러자 부인이 말했다.

"남편은 저와 10여 년을 함께 살았지만, 하룻밤도 자리를 함께 하지 않았거늘, 어찌 몸을 더럽히겠습니까? 다만 밤마다 단정히 앉아 한결같은 목소리로 아미타불을 불렀습니다. 또 십륙관十六觀*을 짓고 온갖 유혹을 물리치며 세속에서 벗어나니 밝은 달이 창에 비치는 날이면 때때로 그 빛에 올라 가부

● 아미타불의 불신佛身과 국토를 마음에 떠오르게 하여 관찰할 수 있는 16가지의 방법을 뜻한다.

제7장 하늘을 감동시키다

좌를 틀었습니다. 이렇게 정성을 기울이니 어찌 극락에 가지 않겠습니까? 천 리를 가는 자는 그 첫걸음부터 알 수 있는 법이니, 지금 스님이 하는 일은 동방으로 가는 것이지, 서방으로 간다고 할 수 없을 것입니다."

엄장은 이 말에 부끄러워 물러나와 그 길로 원효법사의 처소로 가서 도 닦는 묘법을 간곡하게 구했다. 이에 원효는 정관법을 만들어 엄장을 지도했다. 엄장은 몸을 깨끗이 하고 잘못을 뉘우쳐 스스로 꾸짖었다. 그리고 한 마음으로 도를 닦으니 역시 서방정토로 가게 되었다. 정관법은 원효의 《삼국사》〈본전〉과 《해동고승전海東高僧傳》에 있다. 광덕의 부인은 바로 분황사의 계집종이니, 부처의 열아홉 응신의 하나이다. 광덕은 일찍이 이런 노래를 지어 불렀다.

　달님이시여
　이제 서방까지 가셔서
　무량수불 앞에 일러다가 아뢰소서.
　다짐 깊은 부처님께 두 손을 모아
　원왕생 원왕생
　그릴 사람 있다고 아뢰소서.
　아아, 이 몸 남겨 두고
　사십팔원 이루실까.

경흥이 우연히 성인을 만나다

신문왕 때에 경흥憬興이란 고승이 있었다. 성은 수씨요, 웅천주 사람이었다. 열여덟 살에 출가하여 삼장에 통달하니 명망이 높았다. 개요 원년(681), 문무왕은 세상을 떠날 때 신문왕에게 부탁했다.

"경흥법사는 국사가 될 만하니 내 명을 잊지 마라."

이에 신문왕은 즉위한 후 경흥을 국사로 명하고, 삼랑사三郎寺에 머물게 했다. 그런데 얼마 후 경흥은 갑작스러운 병에 한 달이나 누워 있게 되었다. 이때 한 여승이 그에게 문병을 왔는데, 《화엄경》 중에 〈착한 벗이 병을 고쳐준다〉는 이야기를 해주었다.

"지금 스님의 병은 근심 때문에 생긴 것이니, 기쁘게 웃으면 나을 것입니다."

그러더니 여승은 열한 가지 모습에 맞춰 우스꽝스러운 춤을 추기 시작했다. 뾰족하기도 하고, 깎은 듯도 하고 그 변하는 모습이 이루 다 말할 수 없을 정도로 다양했다. 여승 덕분에 모두 웃느라 정신이 없었다. 경흥도 따라 웃으니 어느새 병이 씻은 듯이 나았다. 그 후 여승은 남항사에 들어가 숨었고, 그가 가졌던 지팡이만 십일면보살상 앞에 있을 뿐이었다.

삼랑사 터 당간지주 삼랑사는 진평왕 19년에 창건한 큰 절로 역대 왕의 행차가 잦았던 절이다. 하지만 지금은 사라지고, 당간지주만 외롭게 그 터를 지키고 있다.

어느 날 경흥은 대궐로 가게 되었다. 이에 시종들이 동문 밖에서 먼저 채비를 차렸는데, 말과 안장은 매우 화려했고, 신과 갓도 제대로 갖추어 보는 이들이 모두 두려워 물러났다. 그때 남루한 차림의 거사가 지팡이를 짚고 등에는 광주리를 진 채 말 앞에 와서 쉬었다. 거사가 진 광주리 속에는 마른 물고기가 들어 있었다. 시종이 이를 보고는 그를 꾸짖었다.

"승복을 입은 자가 어찌 더러운 물건을 지고 있느냐?"

그러자 거사가 말했다.

"산 고기를 두 다리 사이에 끼고도 다니는데 등에 마른 고기를 지고 있는 게 무엇이 나쁘단 말인가?"

거사는 말을 마치고는 일어나 가버렸다. 경흥은 문을 나오다가 그 말을 듣고는 사람을 시켜 그를 쫓게 했다. 그런데 거사는 문수사 문 밖에 이르자 광주리를 버린 채 사라져 버렸다. 그를 쫓던 시종이 보니 지팡이만 문수보살상 앞에 있었고, 광주리에는 마른 고기가 아닌 소나무 껍질이 들어 있었다. 시종이 와서 고하자 경흥은 탄식하며 말했다.

"문수보살이 와서 내 어리석음을 꾸짖으신 게로구나."

그 후로 경흥은 말을 타지 않았다. 사람들이 이 일을 찬양해 말했다.

옛날 어진 이가 모범을 보임이 뜻한 바 많은데
어찌 자손들은 갈고 다듬지 않는가.
마른 고기 등에 진 건 옳은 일이나
뒷날 미륵불 저버릴 일 어찌하리오.

제7장 하늘을 감동시키다

좋은 음식을 먼저 옷에게 주다

망덕사望德寺는 효소왕이 즉위한 임진년(692)에 당나라 황
실의 복을 빌고자 세워졌다. 그런데 경덕왕 14년(755)에 망덕사의 탑이 흔들리더니
이 해에 안사의 난●이 일어났다.

아무튼 효소왕 즉위 8년인 정유년(697)에 망
덕사에서 낙성회를 베풀었다. 왕이 친히 가서
공양했다. 그때 행색이 초라한 비구승이 뜰에
서서 허리를 굽힌 채 청했다.

> ●중국 당唐나라 중기 때 안녹산安祿山과 사
> 명思史思明 등이 일으킨 반란(755~763)이다.
> 이 난을 계기로 당나라는 크게 와해되기 시
> 작했다. 고구려의 멸망과 더불어 당나라 전
> 기에 지대한 영향을 미쳤다.

"소승도 이 재에 참석하기를 바라나이다."

이에 왕은 말석에 참석하도록 허락했다. 재가 끝날 때쯤 왕이 그에게 농담조로
물었다.

"어디에 머물고 있는가?"

"비파암에 있나이다."

"가거든 국왕이 친히 불공하는 재에 참석했다고 말하지 마라."

이 말에 비구승은 웃으면서 대답했다.

망덕사 금당 터 경덕왕 14년에 망덕사의 탑이 흔들리자, 중국에서는 안녹산과 사사명이 반란을 일으켰다고 한다. 지금은 망덕사 터와 당간지주만 남아 있다.

"폐하께서도 다른 사람에게 진신 부처를 공양했다고 말하지 마십시오."

비구승은 말을 마치자 몸을 솟구쳐 하늘로 올라가 남쪽을 향해 갔다. 왕은 놀랍고 부끄러워하며 동쪽 언덕을 달려 올라갔다. 그리고 비구승이 간 곳을 향해 예를 올리고, 사람을 시켜 찾게 하니 남산 삼성곡參星谷(대적천大磧川) 돌 위에 지팡이와 바리때만 있을 뿐 비구승의 모습은 어디에도 없었다.

왕은 이 말을 듣고 비파암 밑에 석가사를 세우고, 비구승이 없어진 자리에 불무사를 세워 지팡이와 바리때를 두 곳에 나누어 보관했다. 두 설은 지금도 남아 있으나, 지팡이와 바리때는 없어졌다.

용수보살이 지었다는 《지론智論》 제4권에는 이렇게 전한다.

옛날 계빈 삼장법사가 한적한 곳에서 수도하다 일왕사에 도착했을 때였다. 절에서는 마침 모임이 열리고 있었다. 문지기는 그의 초라한 행색을 보고 절에 들어가지 못하게 했다. 승이 여러 번 들어가려고 청했지만 문지기는 번번이 그를 막아섰다. 그래서 삼장은 꾀를 하나 생각해냈으니, 바로 좋은 옷을 빌려 입고 가는 것이었다. 어쨌든 옷을 바꿔 입고 가니 그제야 문지기가 막지 않고 들어가게 했다. 삼장이 자리에 나아가 갖가지 좋은 음식을 얻어 먼저 옷에게 주었다. 그러자 주위 사람들이 의아해 하며 물었다.

"도대체 그게 뭐 하는 것이오?"

그러자 삼장이 대답했다.

"내가 여러 번 이곳에 들어오려 애썼지만 옷차림이 남루해서 번번이 거절당했다오. 그런데 이번에는 옷 때문에 단번에 들어오게 되었으니, 이 음식들은 마땅히 옷에게 먼저 주어야 하지 않겠소?"

그제야 사람들이 모두 부끄러워했다. 효소왕이 부처님을 알아보지 못한 것이나 일왕사 사람들이 겉모습만 보고 사람을 대접한 것이나 모두 매한가지가 아니겠는가. 사람들이 후에 찬양해 다음과 같이 말했다.

향불 피우고 부처님을 가려서 불화를 볼 때
공양하는 스님들은 친구를 부르니.
이로부터 비파암 위의 달도
때때로 구름에 가려 연못에 더디 비치도다.

월명사의 도솔가

피리소리가 밝은 달을 멈추었네

경덕왕 19년 경자년(760) 4월 초하룻날이었다. 두 개의 해가 나란히 나타나더니 열흘 동안 사라지지 않았다. 이를 본 일관이 재앙을 물리치기 위해서는 인연 있는 스님에게 부탁해 산화공덕散花功德*을 해야 한다고 아뢰었다. 경덕왕은 일관의 말에 따라 조원전朝元殿에 단을 정결히 만들었다. 그리고 청양루에 행차해 인연 있는 승려가 오기를 기다렸다.

> *불교적 의례로 부처님이 지나가는 길에 꽃을 뿌려 그 길을 영화롭게 한다는 축복의 뜻을 담고 있다. 〈도솔가〉나 〈진달래꽃〉에 이런 산화공덕이 잘 나타나 있다.

이때 월명사가 남쪽으로 난 밭길을 지나고 있었다. 왕이 사람을 보내 그를 불러 단을 열고 기도하는 글을 짓게 하자 월명사가 아뢰었다.

"소승은 그저 국선의 무리에 속해 있기 때문에 겨우 향가만 알 뿐, 범어로 된 염불은 익숙하지 못합니다."

왕이 말했다.

"이미 인연 있는 승려로 뽑혔으니 향가라도 좋소."

이에 월명이 〈도솔가〉를 지어 바쳤는데, 가사는 이렇다.

제7장 하늘을 감동시키다

오늘 이에 산화가를 불러
뿌리 온 꽃아,
너는 곧은 마음의 명을 받들어
미륵좌주를 모셔라.

〈도솔가〉를 지어 부른 지 얼마 후 신기하게도 변괴가 사라졌다. 왕은 월명을 가상하게 여겨 좋은 차 한 봉과 수정 염주 108개를 내려주었다. 이때 갑자기 곱고 깨끗한 동자가 나타나 공손히 차와 염주를 받들고 대궐 서쪽 작은 문으로 나갔다. 이를 본 월명은 대수롭지 않게 궁궐의 심부름꾼 정도로 여겼고, 왕은 왕대로 스님의 종자로 알았다. 그러나 나중에 알고 보니 모두 오해였다. 모든 사람이 모르는 동자였던 것이다.

왕이 몹시 이상히 여겨 사람을 시켜 쫓게 하니, 동자는 내원 탑 속으로 숨고 차와 수정 염주는 남쪽 벽에 그려진 미륵상 앞에 있었다. 월명의 지극한 덕과 정성이 미륵보살을 불러 모셨던 것이다. 이 일은 곧 나라에 모르는 이가 없을 정도로 퍼졌다. 그 후 경덕왕은 더욱 월명을 공경했으며, 비단 100필을 주어 큰 정성을 표시했다.

월명은 일찍이 죽은 누이동생을 위해 재를 올렸다. 향가를 지어 제사를 지내니, 갑자기 회오리바람이 일어나 종이돈을 서쪽으로 날려 없어지게 했다. 이때 부른 향가가 바로 〈제망매가祭亡妹歌〉로 다음과 같다.

생사生死의 길이
예 있으니 두려워지고
나는 간다는 말도
못 다 이르고 어찌 가는가.
어느 가을 이른 바람에

이에 저에 떨어지는 잎처럼

한 가지에 나고

가는 곳을 모르는구나.

아아, 미타찰에서 만날 날을

도를 닦아 기다리련다.

　월명은 향가 못지않게 피리도 잘 불었다. 그 날도 역시 달밤에 피리를 불면서 사천왕사 문 앞 큰길을 지나가고 있었다. 그런데 달이 그런 월명을 위해 움직이지 않고 서 있는 게 아닌가. 이 때문에 그곳을 월명리月明里라 부르게 되었다. 월명도 이 일로 이름이 널리 알려졌다.

　월명은 능준대사의 제자다. 신라 사람들은 향가를 즐겼는데, 이것은 대개 시가와 송가 같은 것이었다. 아무튼 월명의 향가에 천지와 귀신이 감동해서 신기한 일을 보인 게 한두 번이 아니었다. 사람들이 이를 찬양해 이렇게 말했다.

　바람은 종이돈을 날려 저 세상 가는 누이의 노자 되게 했고

　피리소리는 밝은 달 움직여 항아姮娥(달이나 아름다운 여인)를 멈추었네.

　도솔천이 멀다고 그 누가 말하더냐.

　만덕화萬德花 한 곡조로 즐겨 맞았네.

선율이 다시 살아나 반야경을 완성하다

　　　　　망덕사의 승려 선율은 시주 받은 돈으로 600권짜리 《반야경》을 만들고자 했다. 그런데 그것을 채 이루기도 전에 갑자기 죽게 되었다. 저승 사자가 물었다.

"너는 인간 세계에서 무슨 일을 했느냐?"

그러자 선율이 대답했다.

"저는 만년에 《반야경》을 만들려다가 미처 마치지 못하고 왔습니다."

"네 수명은 이미 끝났지만 가장 좋은 소원을 마치지 못했다니 다시 인간 세상에 돌아가서 보배로운 불전을 끝마치도록 하라."

이렇게 해서 선율은 다시 인간 세상으로 돌아오게 되었다. 그런데 돌아오는 길에 울고 있는 여자를 만났다. 여자는 선율에게 와 절을 하며 말했다.

"저도 역시 남염주의 신라 사람입니다. 제 부모님이 금강사의 논 1무를 몰래 빼앗은 일 때문에 명부에 잡혀 와서 오랫동안 모진 고통을 받았습니다. 법사께서 고향으로 돌아가시거든 제 부모에게 알려서 속히 그 논을 돌려주도록 해주십시오. 또 제가 살아 있을 때 참기름을 상 밑에 묻어 두었고, 곱게 짠 베를 이불 틈에 감추

풍경 죽기 전까지 《반야경》을 만들지 못했다는 선율과 참기름과 곱게 짠 베를 고 이 간직한 여인의 불심佛心은 갸륵하기만 하다.

어 두었습니다. 법사께서 부디 그 기름을 가져다가 불등에 불을 켜고, 그 베는 팔아 불경을 적는 데 써주십시오. 그렇게 하면 황천에서도 그 은혜를 입을 것이니, 저를 이 고통에서 벗어나게 해주십시오."

제7장 하늘을 감동시키다

여자의 딱한 사정에 측은해진 선율이 말했다.

"그대의 집이 어디 있는가?"

"사량부 구원사 서남쪽 마을입니다."

선율이 이 말을 듣고 곧 떠나 다시 살아났다. 그때는 죽은 지 이미 열흘이 지나 남산 동쪽 기슭에 장사 지낸 후라 선율은 무덤 속에서 사흘 동안이나 살려 달라고 외쳤다. 마침 무덤 옆을 지나던 목동이 그 소리를 듣고 절에 가서 알렸다.

망덕사의 승려들이 무덤을 파고 그를 꺼내니 선율은 그동안의 일을 자세히 말하고, 그 여자의 집을 찾아갔다. 여자가 죽은 지 15년이 되었는데도 참기름과 베는 그 자리에 그대로 있었다. 선율은 여자가 부탁한 대로 참기름과 베는 경전을 만드는 데 쓰고, 여자의 명복을 빌어 주었다. 그러자 여자의 영혼이 찾아와 말했다.

"법사의 은혜를 입어 저는 이미 고통에서 벗어났습니다."

그때 사람들은 이 말을 듣고 놀라 감동하지 않는 이가 없었다. 이에 서로 도와가며 《반야경》을 완성했다. 경전은 지금 경주 승사서고에 있는데, 매년 봄과 가을에 《반야경》을 돌려 읽으며 재앙을 물리쳤다. 사람들이 이를 찬양해 다음과 같이 말했다.

부럽다. 우리 스님 좋은 인연 따라
저승에서 혼백이 옛 고향으로 되돌아왔구나.
부모님이 제 안부 물으시거든
저를 위해 빨리 그 논을 돌려주라 하소서.

김현이 호랑이를 감동시키다

신라에는 매년 2월이면 초여드렛날부터 보름까지 서울의 남녀가 흥륜사 전탑을 돌며 복을 비는 풍속이 있었다. 원성왕 때였다. 이 날 화랑 김현도 밤이 깊도록 혼자 탑돌기를 하고 있었다. 그때 한 처녀가 염불을 하며 뒤따라 돌다가 서로 마음이 맞아 눈길을 주었다. 둘은 탑돌기를 마치고 정분을 나누게 되었다.

이윽고 돌아갈 시간이 되어 처녀가 일어나자 김현이 따라 나섰다. 처녀는 그런 김현을 만류하며 사양했으나 김현이 억지로 따라갔다. 처녀는 서산 기슭에 이르러 한 초가집으로 들어갔다. 안에 있던 노파가 처녀에게 물었다.

"함께 온 자는 누구냐?"

이에 처녀가 사실대로 말했다. 그러자 노파가 말했다.

"좋은 일이긴 하나 없었던 것만 못하구나. 이미 저지른 일이라 나무랄 수도 없으니 은밀한 곳에 숨겨 주어라. 네 형제들이 해칠까 두렵다."

처녀는 김현을 구석진 곳에 숨겼다. 잠시 후 호랑이 세 마리가 으르렁거리며 집으로 들어와 사람의 말로 말했다.

제7장 하늘을 감동시키다

"집 안에 비린내가 나니 요기하기 좋겠구나."

그러자 노파와 처녀가 꾸짖었다.

"너희들 코가 잘못되었나 보구나. 미친 소리를 다하는 걸 보니!"

이때 하늘에서 외치는 소리가 들렸다.

"너희들이 남의 목숨을 해치기를 좋아하니, 마땅히 한 놈을 죽여 악행을 징계하겠노라."

세 호랑이는 이 소리를 듣고는 모두 근심하는 기색이 역력했다. 그러자 처녀가 말했다.

"세 분 오빠께서 멀리 도망가 뉘우친다면 제가 그 벌을 대신 받겠습니다."

그러자 모두 기뻐하며 고개를 숙이고 꼬리를 치며 달아났다. 처녀가 들어와 김현에게 말했다.

"처음에 저는 낭군이 우리 집에 오시는 것을 부끄러워하여 짐짓 사양하고 거절했습니다. 그러나 이제는 숨김없이 말씀드리겠습니다. 더욱이 저와 낭군이 비록 다르지만 하룻밤의 즐거움을 얻어 부부의 소중한 인연을 맺었으니 무엇을 더 숨기겠습니까. 세 오빠의 악행은 이미 하늘도 미워하시니 한 집안의 재앙을 제가 감당하려 합니다. 하지만 다른 사람의 손에 죽는 것보다는 낭군의 칼에 죽고 싶습니다. 내일 제가 거리로 나가 사람들을 해치며 소동을 피우겠습니다. 그러면 임금께서 반드시 높은 벼슬을 걸고 저를 잡을 사람을 찾을 것입니다. 그때 낭군께서 저를 쫓아 성 북쪽의 숲속까지 오시면 제가 기다리고 있겠습니다."

김현이 말했다.

"사람이 사람과 사귐은 인륜의 도리지만 다른 부류와 사귀는 것은 떳떳한 일이 아니오. 그러나 일이 이미 이렇게 되었으니 진실로 하늘이 준 복이거늘 어찌 배필의 죽음을 팔아 한 세상의 벼슬을 바랄 수 있겠소?"

그러자 처녀가 말했다.

"그렇게 생각하지 마십시오. 제가 일찍 죽는 것은 하늘의 명이며, 제 소원이요 낭군의 경사입니다. 또한 일족의 복이며, 나라 사람들의 기쁨입니다. 한 번 죽어 다섯 가지 이로움을 얻을 수 있는데 어찌 그것을 마다하겠습니까? 다만 바라는 것이 있다면 저를 위해 절을 짓고 불경을 강론하여 좋은 업보를 얻는 데 도움이 되게 해주십시오. 그러면 낭군의 은혜가 더없이 클 것입니다."

이윽고 그들은 울면서 작별했다.

이튿날이었다. 처녀의 말대로 사나운 호랑이가 성 안에 들어와 사람들을 해치니 감히 당해낼 수가 없었다. 드디어 원성왕은 명을 내렸다.

"호랑이를 잡는 자에게는 2급의 벼슬을 내리겠다."

김현이 대궐에 나아가 아뢰었다.

"소신이 잡겠나이다."

이에 왕은 김현에게 먼저 벼슬을 내리고 격려했다. 김현은 칼을 들고 숲속으로 들어갔다. 그러자 호랑이는 처녀로 변하여 반갑게 웃으며 말했다.

"어젯밤 맺은 깊은 정을 잊지 마십시오. 오늘 제 발톱에 상처를 입은 사람들은 흥륜사의 간장을 바르고 그 절의 나팔소리를 들으면 나을 것입니다."

처녀는 말을 마치고 김현의 칼을 뽑아 스스로 목을 찔러 죽었다. 김현이 숲에서 나와 소리쳤다.

"호랑이를 잡았다."

김현은 호랑이를 잡은 연유는 숨기고 다만 상처를 입은 사람들을 처녀가 시킨 대로 치료하자 모두 나았다. 지금도 민가에서는 호랑이에게 입은 상처에 이 처방을 쓴다.

김현은 벼슬에 오른 후 서천 가에 절을 지어 호원사虎願寺라 했다. 그리고 늘 불경을 강론하여 호랑이의 저승길을 인도하고, 호랑이가 제 몸을 희생해 자기에게 베푼 은혜를 갚았다. 김현은 죽기 직전 이 일을 회상하며 붓으로 적어 남겼다. 그제야 사람들이 알게 되었으며, 호랑이가 들어가 죽은 숲을 논호림論虎林이라 불렀는데 지금까지도 그렇게 부르고 있다. 사람들이 찬양해 말했다.

산골집의 세 오라비 죄악이 많아
고운 입에 한 번 맺은 약속 어찌 감당하리.
의리는 죽음도 가벼이 여기고
숲속에서 맡긴 몸 낙화처럼 져 갔도다.

융천사의 혜성가

노래를 지어 변괴를 막다

진평왕 때였다. 거열랑, 실처랑, 보동랑 등 세 화랑의 무리가 풍악산(금강산)에 놀러 가려고 하는데 혜성이 나타나 별들의 운행을 어지럽혔다. 그들은 불길한 생각에 여행을 그만두려 했다. 이때 융천融天이 〈혜성가彗星歌〉라는 노래를 지어 불렀다.

옛날 동해가에
건달파乾達婆가 놀던 성을 바라보니
왜군이 왔다고
봉화를 올린 변방이 있어라.
세 화랑은 산 구경 가려 하니
달도 부지런히 등불을 켜는데
길 밝히는 별을 바라보고
'혜성이여' 하고 아뢴 사람 있구나.
아아, 달은 저 아래로 떠갔거니

보아라, 무슨 혜성이 있으랴.

그러자 별의 변괴가 즉시 사라졌고, 일본 군사는 제 나라로 돌아가니 도리어 경사가 되었다. 임금이 기뻐하여 화랑의 무리를 보내어 풍악산에서 놀게 했다.

정수법사가 얼어붙은 여인을 구하다

제40대 애장왕 때, 승려 정수正秀는 황룡사에 머물고 있었다. 그러던 어느 겨울, 눈이 많이 쌓인 날이었다. 법사는 삼랑사에서 돌아오다가 천엄사天嚴寺 문밖을 지나게 되었다. 이미 날은 저물었다. 그때 한 여자 거지가 아이를 낳고 누워 있었는데 얼어 죽을 것만 같았다. 법사는 이를 보고 불쌍히 여겨 그를 안아주자 한참 만에 깨어났다. 법사는 옷을 벗어 덮어주고 벌거벗은 채 절로 달려와 거적을 덮고 밤을 지새웠다.

바로 그날 한밤중에 하늘에서 궁정 뜰로 외치는 소리가 들렸다.

"황룡사의 승려 정수를 마땅히 임금의 스승에 봉하라."

이를 들은 애장왕은 급히 사람을 시켜 조사하여 그 사실을 알았다. 이에 왕은 엄숙하게 차려입고 정수를 대궐 안으로 맞아들여 국사로 삼았다.

세상을 피해 숨어 살다

낭지와 보현수

신령스런 까마귀가 일깨우다

삽량주(지금의 양주) 아곡현에 있는 영취산에 한 승려가 살고 있었다. 그 승려가 암자를 짓고 그곳에 산 지 여러 해가 지났으나, 고을에서는 아무도 그를 알지 못했다. 승려 또한 자신의 이름을 말하지 않았다. 그런데 《법화경》을 강론해 신통력이 있었다.

문무왕이 즉위한 해(661)에 지통智通이란 승려가 있었다. 그는 본래 이량공의 집종이었다. 일곱 살에 출가했는데, 그때 까마귀가 와 울면서 말했다.

"영취산에 가서 낭지의 제자가 되어라."

지통은 그 말을 듣고 낭지를 찾아갔다. 얼마나 걸었을까. 지통이 나무 아래에서 쉬고 있는데 문득 이상한 사람이 나타나 말했다.

"나는 보현보살인데 너에게 계를 주려고 왔다."

그리고 계를 베풀고 사라졌다. 지통은 계를 받자 신령스런 마음이 확 트이고 깨달음이 있었다. 다시 길을 가다가 한 승려를 만났다. 지통이 낭지 스님은 어디 계시냐고 묻자 승려는 어째서 낭지를 찾느냐고 물었다. 지통이 신기한 일을 겪은 것을 자세히 말하자, 승려는 빙그레 웃으며 말했다.

"내가 바로 낭지일세. 지금 법당 앞에 까마귀가 와서 알리기를, 성스러운 아이가 올 것이니 마땅히 나가서 영접하라 하여 이렇게 나와 맞이하는 것이네."

낭지는 지통의 손을 잡으며 감탄했다.

"신령스런 까마귀가 너를 깨우쳐 내게 오게 하고, 또 내게 알려서 너를 맞게 하니 어찌 상서로운 일이 아니겠는가. 아마도 산신령의 도움일 게다. 전하는 말에는 산신령을 변재천녀辯才天女(뛰어난 언변으로 사람을 잘 설득하며, 복을 가져다준다는 여신)라고 한다."

지통이 이 말을 듣고 울면서 인사하고 스님에게 귀의했다. 이윽고 계를 주려 하자 지통이 말했다.

"저는 동구 나무 밑에서 이미 보현보살에게서 계를 받았습니다."

낭지는 감탄해 말했다.

"오호, 좋구나. 네가 이미 친히 보살의 모든 계를 받았구나. 나는 태어나서 늙도록 보살 만나기를 염원했으나, 아직 감동시키지 못했으니 너보다 못하구나."

그러고는 도리어 지통에게 예를 올렸다. 이 때문에 그 나무를 '보현수普賢樹'라 했다. 다시 지통이 말했다.

"법사께서 여기 계신 지가 오래된 듯합니다."

"법흥왕 정미년(527)에 처음 여기에 와서 살았는데 지금 얼마나 되었는지 모르겠구나."

지통이 이 산에 온 것이 문무왕 즉위 원년인 신유년(661)이니, 계산하면 135년이 된다. 지통은 후에 의상의 문하에서 높고 오묘한 이치를 깨달아 불교의 교화에 이바지했다. 그리고 《추동기錐洞記》를 저술했다.

원효가 반고사에 있을 때에는 항상 낭지를 찾아가 뵈니 그는 원효에게 《초장관문初章觀文》과 《안신사심론安身思心論》을 저술하게 했다. 원효가 짓기를 마치고 선비인 문선을 시켜 책을 받들어 보내면서 책의 말미에 게를 지어 바치기도 했다.

서쪽 골짜기의 사미는 머리를 조아려

동쪽 봉우리의 싱력 암자 앞에 예하노라.

작은 먼지를 불어 영취산에 보내고

잔 물방울을 날려 용연에 던지나이다.

영취산의 동쪽에 태화강太和江이 있다. 이는 중국 태화지 용의 복을 빌기 위해 지은 절이 있기 때문에 용연이라 한 것이다. 지통과 원효는 모두 큰 성인이었다. 두 성인이 스승으로 섬겼으니 낭지의 도가 얼마나 높은지 짐작할 수 있을 것이다.

낭지는 일찍이 구름을 타고 중국 청량산에 가서 신도들과 함께 설법을 듣고는 잠깐 사이에 돌아오기도 했다. 그곳 승려들은 그를 이웃에 사는 사람이라 여겼을 뿐 거처는 알지 못했다.

어느 날 절에서 중생들에게 말하기를, 절에 늘 거주하는 자들을 제외하고 다른 절에서 온 승려들은 각기 사는 곳의 이름난 꽃과 기이한 식물을 가져다가 도량에 바치라 했다. 이에 낭지는 그 이튿날 산 속의 기이한 나무 한 가지를 꺾어 가지고 돌아와 바쳤다. 그러자 그곳 승려가 그것을 보고 말했다.

"이 나무는 범어로 '달제가'라 하고 여기서는 '혁'이라 한다. 오직 인도와 해동의 두 영취산에만 있는 것인데, 이 두 산은 모두 제10 법운지法雲地•로 보살이 사는 곳이다. 그러니 이 사람은 분명 성자일 것이다."

드디어 절의 주지는 낭지의 행색을 살펴보고 해동 영취산에 살고 있음을 알게 되었다. 이로 인해 사람들은 낭지를 다시 보게 되었고, 이름이 유명해졌다. 그때부터 사람들이 낭지가 살

• 세상에 진리의 비를 뿌리는 구름 같다는 뜻으로, 보살이 수행하는 52단계 중에서 제41단계에서 제50단계까지를 말한다. 첫째 점점 깊어지는 덕, 둘째 죽은 것은 받아들이지 않는 것, 셋째 어떤 물도 바다에 들어오면 본래의 이름을 잃어버리는 것, 넷째 모두 한 가지 맛인 것, 다섯째 보배가 많은 것, 여섯째 지극히 깊어 누구나 쉽게 들어갈 수 없는 것, 일곱째 넓고 크기가 한량이 없는 것, 여덟째 몸이 큰 중생이 많은 것, 아홉째 들어오고 나가는 물이 때를 어기지 않는 것, 열째 비가 아무리 내려도 넘치는 일이 없는 것을 말한다.

제8장 세상을 피해 숨어 살다

던 암자를 혁목암赫木庵이라 불렀는데, 지금 혁목사赫木庵의 북쪽 산등성이에 절터가 있으니 그 절이 있던 자리다. 사람들이 낭지를 찬양해 다음과 같이 말했다.

생각하노니 산속에서 백 년 동안 숨어 살며
높은 이름 세상에 드러나지 않았네.
산새의 한가로운 지저귐 막을 길 없어
구름 타고 오가는 것 속절없이 알려졌네.

연회와 문수점

주머니 속의 송곳은 감추기 어렵다

　　고승 연회緣會는 영취산에 은거하면서 언제나 《법화경》을 읽고 보현보살의 관행법을 닦았다. 그런데 신기한 것은 정원 연못에 늘 연꽃 두어 송이가 피었는데 1년 내내 시들지 않았다. 원성왕이 그 상서롭고 기이한 일을 듣고 연회를 불러 국사를 삼으려 했다. 그러자 연회는 암자를 버리고 길을 떠났다. 연회가 서쪽 고개 바위 사이를 지날 때였다. 한 노인이 밭을 갈고 있다가 연회에게 어디로 가느냐고 물었다. 연회가 대답했다.

"내 듣자니 나라에서 잘못 알고는 벼슬로 나를 얽매려 하기에 지금 피해 가는 것이오."

"여기에서도 능히 법사의 이름을 팔 수 있을 터인데 어찌하여 수고롭게 멀리까지 가서 팔려고 하오? 법사야말로 진정 이름 팔기를 싫어하지 않는 모양이로군."

노인이 말했다. 연회는 노인이 자기를 업신여기는 것이라 생각하여, 무시하고 걸음을 옮겼다. 몇 리쯤 더 갔을 때 시냇가에서 한 노파를 만났다. 또 어디를 가느냐고 물으니 연회는 똑같이 대답했다. 그러자 노파가 말했다.

"앞서 사람을 만났습니까?"

　　　　　　　　　　　　　　　　　제8장 세상을 피해 숨어 살다

"어떤 노인이 나를 업신여기기에 불쾌해서 오는 길이오."

그러자 노파가 다시 말했다.

"그분은 문수보살이신데, 그 말씀을 듣지 않다니 어찌 된 일이오?"

연회는 깜짝 놀라고 송구스러워 급히 노인에게 돌아가 머리를 숙여 사과했다.

"보살님의 말씀을 어찌 감히 듣지 않겠습니까? 그래서 다시 돌아온 것입니다. 하오나 시냇가에 있는 노파는 어떤 사람입니까?"

노인이 말했다.

"그는 변재천녀이니라."

말을 마치고 노인은 곧 사라져 버렸다. 연회는 암자로 돌아왔다. 잠시 후에 왕의 사자가 조서를 갖고 연회를 찾아왔

문수보살 문수보살은 석가가 죽은 후에 '반야般若'의 도리를 설파하며, 중생들의 지혜의 좌표가 되기도 했다. 경남 합천 해인사의 벽화에는 무착 스님과 문수보살이 그려져 있다.

다. 연회는 진작 받아야 될 것임을 깨닫고 임금의 명을 받아 대궐로 들어갔다. 왕은 그를 국사에 봉했다. 연회법사가 노인에게 감명받은 곳을 문수점文殊岾이라 하고, 노파를 만난 곳을 아니점阿尼岾이라 했다. 사람들이 찬양해 이렇게 말했다.

저자에선 어진 이가 오래 숨지 못하고
주머니 속 송곳은 감추기 어려운 것을
뜰 아래 연꽃 때문에 잘못되었지
운산雲山이 깊지 않은 탓이 아니었네.

혜현

붉은 연꽃 같은 혀를 남기다

승려 혜현惠現은 원래 백제 사람이었다. 어려서 출가하여 한마음으로 《법화경》을 외우며 부처를 본받으니 영험이 실로 컸다. 삼론三論(삼륜종의 기본 경전인 《중관론》, 《십이문론》, 《백론》)을 배우고 도를 닦아 신의 뜻을 알게 되었다.

처음에는 북부 수덕사에 살았는데, 신도가 있으면 불경을 강론하고 없으면 불경을 외우면서 지냈다. 그러나 사방 먼 곳에서도 그의 가르침을 흠모해 찾아와 문밖에 신발이 가득하니, 하루도 쉴 틈이 없었다. 혜현은 점점 번거로워지는 것이 싫어 마침내 산이 매우 험준하여 오가는 이조차 드문 달나산達拏山에 숨어 버렸다.

수덕사 삼층석탑 수덕사가 언제 창건되었는지는 알 수 없으나, 대체적으로 백제 위덕왕 재위 기간에(554~598) 창건된 것으로 추정한다. 666년에 건립된 삼층석탑은 상대갑석과 지붕돌, 3층 몸돌 일부가 파손되었지만, 전체적으로 균형미를 갖추었다.

제8장 세상을 피해 숨어 살다

혜현은 고요히 앉아 세속을 잊고 산 속에서 일생을 마쳤다. 함께 공부한 사람들이 그를 옮겨 석실 속에 모셔 두었더니 호랑이가 그 유해를 먹어 버리고, 다만 해골과 혀만 남겨 두었다. 추위와 더위가 세 번을 지나가도 혀는 오히려 붉고 부드러웠다. 그 후에는 차츰 변해 자줏빛이 돌고 단단하기가 돌과 같았다. 승려와 세상 사람들은 그를 공경하며 이것을 석탑에 간직했다. 이때 그의 나이가 58세였으니, 즉 정관 초년이었다.

혜현은 중국에서 배운 일 없이 그저 조용히 일생을 마쳤다. 그런데도 이름이 중국에까지 알려져 전기까지 써지니 당나라에서도 그 명성이 높았다. 사람들이 혜현을 찬양해 이렇게 말했다.

총채 들어 불경 전함도 귀찮아
지난날 불경 외던 소리 구름 속에 숨었어라.
세속의 역사에 이름을 오래도록 전하고
사후엔 붉은 연꽃처럼 꽃다운 그대의 혀여.

신충이 벼슬을 그만두다

효성왕이 왕위에 오르기 전이었다. 왕은 선비 신충信忠과 함께 궁궐 잣나무 밑에서 곧잘 바둑을 두었다. 어느 날 신충에게 말했다.

"훗날 내가 왕위에 올라 만약 그대를 잊는다면 저 잣나무가 증거가 될 것이다."

신충은 그 말에 감격하여 일어나서 절을 올렸다.

몇 달 뒤에 효성왕이 왕위에 올랐다. 왕은 공신들에게 상을 주었는데, 신충은 잊고 차례에 넣지 않았다. 신충이 원망하여 노래를 지었다.

> 뜰의 잣나무는 가을에도 시들지 않듯
> 너를 어찌 잊겠느냐고 하시던
> 우러러 보던 그 얼굴 변하실 줄이야.
> 달 그림자가 옛 연못의 일렁이는 물결 원망하듯이
> 그 얼굴을 바라보니, 세상이 싫증나는구나.

이 노래를 써서 잣나무에 붙였더니 나무가 갑자기 시들어 버렸다. 왕이 괴이하

제8장 세상을 피해 숨어 살다

단속사 동·서 삼층석탑 단속사 터 앞에 세워진 통일신라시대의 쌍탑이다. 동·서 두 탑은 양식이나 규모가 비슷하여 같은 시기에 만들어진 것으로 추정된다. 현재 단속사는 없고 그 터에 당간지주와 석탑만이 남아 있다. 경남 산청군 단성면에 있다.

게 여겨 사람을 보내 살펴보게 했더니 시종이 잣나무에 붙어 있던 노래를 가져왔다. 왕은 그것을 읽고 크게 놀라서 말했다.

"정사가 복잡하고 바빠 옛일을 잊을 뻔했구나."

이에 신충을 불러 벼슬을 주니 잣나무가 그제야 다시 살아났다. 그 후 신충에 대한 총애는 두 왕대에 걸쳐 두터웠다.

또 경덕왕 즉위 22년 계묘년(763)이었다. 신충은 두 친구와 벼슬을 버리고 남악에 들어갔다. 왕이 두 번이나 불렀으나 나오지 않고, 오히려 머리를 깎고 승려가 되었다. 그는 왕을 위하여 단속사斷俗寺를 짓고 거기에 살았다. 그는 평생을 산 속에서 보내면서 왕의 복을 빌기를 원했으므로 왕도 더는 막지 못하고 이를 허락하였다. 금당 뒷벽에 남아 있는 화상이 바로 그것이다. 절 남쪽에 속휴(俗休)라는 마을이 있었는데, 지금은 잘못 전해져 소화리(小花里)라 한다. 사람들이 이를 찬양해 이렇게 말했다.

이름을 날리지 못했는데 귀밑 털이 먼저 세었고
임금의 총애 비록 많으나 한평생이 바쁘도다.
언덕 저편 산이 자주 꿈속에 보이니
그곳에 가서 향불 피워 왕의 복을 빌리라.

나뭇가지를 구부려 서로 부르다

신라 때 포산包山에 관기觀機와 도성道成이라는 스님이 있었다. 어떤 사람들인지는 자세히 알 수 없으나, 관기는 남쪽 고개에 암자를 짓고, 도성은 10여 리쯤 떨어진 북쪽 굴에 살았다.

그들은 늘 구름을 헤치고 달을 노래하며 서로 왕래했다. 도성이 관기를 부르고자 하면 산 속의 나무들이 모두 남쪽을 향해 굽혀 서로 맞이하는 것같이 변했기에 관기는 이를 보고 도성에게 가기도 했다. 또 반대로 관기가 도성을 맞이하고자 할 때도 나무들이 모두 북쪽으로 굽어졌기에 이를 보고 도성도 관기에게 갔다.

이렇게 몇 해 동안을 지내던 어느 날, 하루는 도성이 뒷산 높은 바위 위에서 좌선을 하고 있었다. 그러다가 홀연히 바위에서 몸을 솟구쳐 공중으로 올라간 뒤 행방을 알 수가 없었다. 전하는 말에는 수창군에 가서 죽었다고 했다. 아무튼 관기도 뒤를 따라 세상을 떠났다.

그 후 두 대사의 이름을 따 그 터를 불렀는데, 모두 남아 있다. 도성암道成庵은 높이가 두어 길이나 되었고, 후세 사람들이 굴 아래 절을 지었다.

태평흥국 7년 임오년(982)에 승려 성범이 처음 이 절에 와서 머물렀다. 만일미타

도성암 대구 달성군 비슬산毖瑟山에 있는 사찰이다. 신라 혜공왕 때 도성이 창건한 사찰로 그는 이곳에 머물면서 남쪽 고개에 있는 관기와 도타운 우정을 나누었다.

도량萬日彌陀道場을 열어 50여 년을 부지런히 도를 닦았는데, 신기한 일이 여러 번 있었다.

한번은 이런 일도 있었다. 현풍에 사는 신도 20여 명이 매년 모임을 만들어 향나무를 절에 바쳤다. 언제나 산에 들어가 향나무를 채취하여 쪼개고 씻어서 발 위에 펼쳐 두었는데, 그 향나무는 밤에 촛불처럼 빛을 발했다. 이때부터 마을 사람은 그 향나무를 시주하고 빛을 얻은 해歲를 축하했다. 이는 두 대사의 영감이요, 산신의 도움이었다.

산신은 정성천왕靜聖天王으로 일찍이 가섭불 때에 부처님의 부탁을 받았다. 그가 맹세하여 말하기를, 산중에서 1,000명의 출가를 기다려 남은 과보를 받겠다고 했다. 지금 산중에 아홉 성인의 행적을 기록한 것이 있는데 자세하지는 않다. 아홉 성인은 관기, 도성, 반사, 첩사, 도의, 자양, 성범, 금물녀, 백우사 등이다. 사람들

제8장 세상을 피해 숨어 살다

이 찬양해 이렇게 말했다.

> 달빛을 밟고 서로 찾아 구름과 물을 희롱하던
> 그들의 풍류가 몇백 년이나 지났는가.
> 안개와 노을 낀 골짜기엔 고목만이 남았는데
> 찬 그림자 흔들리며 서로 맞이하는 듯하네.

영재가 도적을 만나다

　　　　　　승려 영재永才는 천성이 익살스럽고 재물에 욕심이 없었으며, 향가에 능했다. 영재가 만년에 남악에 은거하려고 대현령에 이르렀을 때 도적 60여 명을 만난 적이 있었다. 도적들이 영재를 해치려 했으나, 영재는 칼 앞에서도 두려워하는 기색 없이 태연한 얼굴로 그들을 대했다. 도적들이 이상히 여겨 그 이름을 물으니 영재라고 대답했다. 도적들조차도 평소에 그 이름을 들어온 터라 그에게 노래를 짓게 했다. 가사는 이러하다.

> 내 마음에 모든 형상을 모르고 지내오던 날
> 멀리 지나치고 이제는 숨어서 가고 있네.
> 오직 그릇된 파계승이여.
> 두려워할 모습에 다시 돌아가니
> 이 칼을 맞고 나면 좋을 날이 오리니.
> 아아, 오직 요만한 선善으로는 새 집이 되지 않으리.

이윽고 노래를 다 들은 도적들은 감동해서 비단 2필을 그에게 주었다. 그러자 영재는 웃으면서 사양하여 말했다.

"재물이 지옥의 근본임을 알고 장차 깊은 산중으로 피해 일생을 보내려 하는데 어찌 이것을 받겠는가?"

그리고 재물을 땅에 던져 버렸다. 이에 도적들은 그 말에 감동하여 가졌던 칼과 창을 버리고 머리를 깎고 승려가 되어 영재와 함께 지리산에 숨어 다시는 세상에 나오지 않았다. 영재의 나이 거의 아흔 살이었으니 원성왕 때의 일이었다. 사람들이 이 일을 찬양해 말했다.

지팡이 짚고 산 속으로 들어가니 뜻이 매우 깊구나.
비단이며 주옥인들 어찌 마음을 다스리랴.
숲속의 군자들아 그런 것 주지 마라.
몇 푼의 재물도 지옥의 근본이라네.

대나무의 곧은 성질을 슬퍼하다

신라 제10대 내해왕奈解王이 즉위한 지 17년(212)에 보라국, 고자국(고성), 사물국(사천) 등 여덟 나라가 합세하여 변경을 쳐들어왔다. 왕은 태자 내음과 장군 일벌 등에게 명하여 이를 막게 했다.

그러자 여덟 나라는 모두 항복했다. 이때 전쟁에서 가장 앞에 나가 싸운 이가 물계자勿稽子로 그의 공이 제일 컸다. 하지만 태자에게 미움을 받았기에 상을 받지 못했다. 누군가 물계자에게 물었다.

"이번 승리는 모두 자네 공인데, 상을 못 받았으니 태자가 원망스럽지 않은가?"

물계자가 대답했다.

"위로 임금이 있는데 어찌 태자를 원망하겠소?"

그러자 이렇게 물었다.

"그러면 임금에게 아뢰는 것이 옳지 않겠소?"

또다시 물계자가 대답했다.

"공을 자랑하고 이름을 다투어 자기를 드러내고 남을 가리는 것은 뜻 있는 선비가 할 바가 아니오. 오직 부지런히 힘쓰고 때를 기다릴 뿐이오."

그 후 내해왕 즉위 20년인 을미년(215)에 골포국(합포) 등 세 나라 왕이 각각 군사
를 이끌고 갈화(울주)를 침범하자 왕이 친히 군사를 거느리고 막았으니 세 나라 모
두 패했다. 이때도 물계자가 적병 수십 명을 베었지만, 사람들은 그의 공을 말하지
않았다. 물계자는 아내에게 말했다.

"내가 듣기에 임금을 섬기는 도리는 위태로움을 보면 목숨을 바치고, 환란을 당
해서는 몸을 잊어버리고, 절의를 지켜 살고 죽는 것을 돌보지 않는 것을 충이라 했
소. 보라(나주)와 갈화의 싸움은 진실로 나라의 근심이었고, 임금의 위태로움이었
소. 그러나 나는 일찍이 몸을 잊고 목숨을 바치는 용맹이 없었으니 이는 불충하기
짝이 없는 일이오. 이미 불충으로 임금을 섬겨 그 허물이 아버님께 미쳤으니 어찌
효라 할 수 있겠소."

그러고는 머리를 풀어헤치고 거문고를 메고 사체산으로 들어갔다. 그는 대나무의 곧은 성질이 병임을 슬퍼하고 그것에 비유하여 노래를 지었다. 그리고 흐르는 시냇물 소리에 비겨 거문고를 타고 곡조를 지었다. 그는 그곳에 숨어 살면서 다시는 세상에 나오지 않았다.

효를 행하다

진정법사의 효도와 선행이 모두 아름답다

　　　　진정眞定법사는 신라 사람으로 출가하기 전에는 군졸이었
는데 집이 가난해서 장가를 들지 못했다. 그는 부역하면서 품팔이로 곡식을 얻어
홀어머니를 봉양했다. 집안의 재산이라고는 오직 다리 부러진 솥 하나뿐이었다.

　어느 날 승려가 절에 쓸 철을 시주하라고 하자 어머니는 그 솥을 시주했다. 진정
이 돌아온 것은 얼마 후였다. 어머니는 아들에게 시주한 일을 말했다. 그리고 아들
의 생각이 어떤지를 살폈는데, 진정은 기쁜 마음에 이렇게 말했다.

　"부처님 일에 시주했는데 솥이 없다고 무슨 걱정이 되겠습니까?"

　그러고는 질그릇에 음식을 익혀 어머니를 봉양했다.

　일찍 진정이 군졸로 있을 때 의상법사는 태백산에서 설법을 하고 있었다. 의상
이 사람을 이롭게 한다는 소문을 들은 진정은 그를 사모하게 되었다. 그리하여 어
머니에게 고했다.

　"어머니 모시기를 끝낸 뒤에는 의상법사에게 가서 머리를 깎고 도를 배울 것입
니다."

　그러자 어머니가 말했다.

"부처님의 법은 만나기 어렵고, 인생은 빠른 것이니 효도를 마친 후라면 늦지 않겠느냐? 그러니 어찌 나 죽기 전에 네가 불도를 깨우쳤다는 것을 알겠느냐? 주저하지 말고 빨리 가거라."

그러자 진정이 말했다.

"어머님께는 오직 저뿐인데, 어찌 어머니를 버리고 출가를 하겠습니까?"

어머니가 말했다.

"나를 핑계로 출가를 하지 못한다면 나를 지옥에 떨어지게 하는 것이다. 비록 생전에 진수성찬으로 봉양한다 해도 어찌 그것이 효도라 하겠느냐? 내 남의 문간에서 얻어먹는다 해도 천수를 누릴 것이니 꼭 내게 효도를 하고자 한다면 그런 말은 하지 마라."

진정은 오랫동안 고민했다. 하지만 어머니는 즉시 일어나 쌀자루를 터니 쌀 일곱 되가 있었다. 그 날 이 쌀로 밥을 짓고서 어머니는 말했다.

"네가 밥을 지어 먹으며 가자면 더딜 것이니 내 앞에서 한 되만을 먹고 엿 되 밥은 싸가지고 빨리 떠나라."

진정은 눈물을 흘리며 굳이 사양하며 말했다.

"자식 된 자로 어머니를 버리고 출가하는 것도 차마 하기 어려운 일이거늘, 하물며 양식까지 모두 싸가지고 떠난다면 세상에서 저를 뭐라 하겠습니까?"

진정이 거듭 사양했으나 어머니는 출가하기를 원했다. 결국 진정은 그 뜻을 어기기 어려웠다. 마침내 진정은 3일 밤낮으로 길을 떠나 태백산에 이르렀다. 의상에게 의탁해 머리 깎고 제자가 되었다. 3년 후 어머니의 부고가 오자 진정은 가부좌를 틀고 선정에 들어가 7일 만에 나왔다.

이를 설명하는 사람이 말하기를, 어머니를 추모하는 마음과 슬픔이 지극해 감당할 수가 없어서 선정에 들어 씻어낸 것이라 했다. 또 어떤 사람은 선정으로써 어머니께서 사시는 곳을 관찰했다고 했고, 이처럼 명복을 빌었다고 말하는 사람도 있었다.

　아무튼 선정을 하고 난 뒤에 그 일을 의상에게 고하니, 의상은 제자들을 거느리고 소백산 추동으로 갔다. 풀을 엮어 초가를 짓고 제자 3,000명을 모아 약 90일 동안 《화엄대전》을 강론했다. 제자 지통이 강론의 요지를 뽑아 책 2권을 만들어 이름을 《추동기》라 하고 세상에 전했다. 강론이 끝나자 진정의 어머니가 꿈에 나타나서 말했다.

　"나는 이미 하늘에서 태어났다."

김대성이 두 세상의 부모에게 효도하다

신라 신문왕 때였다. 모량리에 경조라는 가난한 과부가 살고 있었다. 그에게는 아들이 있었는데 머리가 크고 정수리가 평평한 것이 마치 성 같아서 이름을 대성大城이라 했다. 집이 워낙 가난해 대성을 키울 수가 없자 어머니는 부자인 복안의 집에서 종 노릇을 했다. 그리고 그 집에서 약간의 밭을 얻어 근근이 먹고 살았다. 이때 승려 점개가 흥륜사에서 육륜회六輪會를 베풀고자 복안의 집에 시주를 권했다. 그러자 복안은 베 50필을 보시했고, 그 보답으로 점개는 주문을 읽어 축원했다.

"신도께서 보시하기를 좋아하니 천신이 항상 지켜주실 것입니다. 다만 한 가지를 보시하면 만 배를 얻을 것이니 안락하고 장수하게 될 것입니다."

대성이 이를 듣고 뛰어 들어가 어머니에게 말했다.

"제가 문간에서 스님이 외우는 축문을 들었는데, 하나를 보시하면 만 배를 얻는다고 합니다. 제가 생각해 보니 전생에 선을 쌓은 것이 없어 지금 이렇게 곤궁한 것입니다. 지금 보시하지 않는다면 내세에는 더 구차하게 살 것입니다. 그러니 복안에게 빌린 밭을 법회에 보시하여 뒷날을 대비하면 어떻겠습니까?"

어머니가 좋다고 하자 대성은 밭을 점개에게 보시했다. 그리고 그런 지 얼마 되지 않아 대성이 죽었다. 그날 밤 신라의 재상 김문량의 집에 하늘의 소리가 들려왔다.

"모량리의 대성이란 아이가 지금 네 집에서 태어날 것이다."

문량이 크게 놀라 사람을 보내 모량리를 조사하게 했다. 과연 대성이란 아이가 죽었는데, 그날 하늘에서 외치던 때와 같았다. 그리고 문량의 아내는 임신해 아이를 낳았다. 왼손을 꼭 쥔 아이는 7일 만에 손을 폈는데, 대성이란 두 글자를 새긴 금빛 막대기를 쥐고 있었다. 이에 이름을 대성이라 하고, 그 어미를 집에 모셔와 함께 봉양했다.

대성은 어른이 되자 사냥하기를 즐겼다. 어느 날 토함산에 올라 곰 한 마리를 잡고는 산 아래 마을에서 잤다. 꿈에 곰이 귀신이 되어 시비를 걸며 말했다.

"네 어찌 나를 죽였느냐? 이번에는 내가 너를 잡아먹겠다."

대성은 두려움에 떨며 용서

불국사 다보탑 김대성은 꿈속에서 한 약속을 지키기 위해 절을 짓고, 현세의 부모를 위해서는 '불국사'를, 전생의 부모를 위해서는 '석불사'를 세웠다.

를 구하니 귀신이 말했다.

"그럼 네가 나를 위해 절을 세워 주겠느냐?"

대성은 그렇게 하리라 약속을 했다. 꿈에서 깨자 땀으로 자리가 흠뻑 젖어 있었다. 대성은 그 후로는 사냥을 하지 않고, 곰을 잡은 자리에 장수사長壽寺를 지었다. 그리고 이승의 부모를 위해 불국사를, 전생의 부모를 위해 석불사를 세우고 신림과 표훈 두 대사를 불러 각각 머물게 했다. 그리고 부모들의 상을 차려 낳아 길러준 수고를 갚았으니 한 몸으로 전세와 현세의 두 부모에게 효도한 것은 옛적에도 드문 일이었다. 이러니 시주를 잘한 일을 어찌 믿지 않을 수 있겠는가.

한번은 이런 일도 있었다. 대성이 불국사를 세우려고 석불을 조각할 때였다. 큰 돌 하나를 다듬어 감개龕蓋(감실龕室을 덮은 천장돌)를 만드는데, 갑자기 돌이 세 조각으로 갈라져 버렸다. 대성이 분해 열을 식히려 잠시 쉬다가 어렴풋이 잠이 들었다. 그런데 그 사이에 천신이 내려와 감개를 다 만들어놓고 돌아가는 것이었다. 대성은 곧 일어나 남쪽 고개로 급히 달려가 향나무를 태워 천신에게 공양했다. 그래서 그곳의 이름을 향령이라 했다. 불국사의 구름다리와 석탑은 돌과 나무에 조각한 솜씨가 경주의 절 가운데 이보다 나은 것이 없었다. 사람들이 대성을 찬양해 이렇게 말했다.

> 모량리 봄철에 서너 이랑 밭을 시주하더니
> 향령 가을에 만금을 거두었네.
> 어머니 한평생 가난과 부귀를 겪었고
> 재상은 한바탕 꿈에서 이승과 저승을 오갔네.

지극한 효성이 석종을 울리다

신라 흥덕왕 때였다. 손순孫順은 모량리 사람으로 아버지는 학산鶴山이다. 아버지가 죽자 그는 아내와 품팔로 양식을 얻어 늙은 어머니를 봉양하였다. 어머니의 이름은 운오였다. 손순에게는 어린아이가 있었는데 항상 어머니의 음식을 빼앗아 먹었다. 손순은 난처해 하며 아내에게 말했다.

"아이는 다시 얻을 수 있지만, 어머니는 다시 얻지 못하오. 그런데 아이가 어머니의 음식을 빼앗아 먹어서 어머니가 굶으시는 일이 잦으니 이 아이를 땅에 묻어서 어머니를 배부르게 해 드려야겠소."

이에 손순은 아이를 업고 취산 북쪽으로 갔다. 그리고 들에 가서 땅을 파다가 뜻밖에도 훌륭한 석종石鐘을 얻었다. 부부는 이상한 일에 놀라워하며 그 석종을 나무 위에 걸어 놓고 시험 삼아 두드려 봤다. 그랬더니 은은한 소리가 들을 만했다.

아내가 말했다.

"우리가 기이한 물건을 얻은 것은 아마도 이 아이의 복인 듯합니다. 그러니 이 아이를 묻어서는 안 되겠습니다."

남편도 그 말이 옳다며 아이와 석종을 지고 집으로 돌아왔다. 그리고 종을 대들

제9장 효를 행하다

━
손순유허비 손순의 효행을 기리기 위한 유허비가 지금도 남아 있다. 입구 저 안쪽으로 유허비가 언뜻 보인다. 경북 경주시 현곡면에 있다.

보에 매달고 두드렸더니 그 소리가 대궐까지 들렸다. 흥덕왕이 종소리를 듣고 신하들에게 말했다.

"서쪽 들에서 이상한 종소리가 나는데 맑고도 멀리 들리는 것이 보통 종소리가 아니다. 그러니 경들은 빨리 가서 조사해 보라."

이윽고 사자가 손순의 집에 가서 조사해 이 사실을 왕에게 알렸다. 왕은 이렇게 말했다.

"옛날 곽거가 자식을 묻으려 하자 하늘에서 금 솥을 내렸다더니, 오늘날에는 손순이 그 아이를 묻으려 하자 땅 속에서 석종이 솟아 나왔구나. 옛날의 효도와 지금의 효도를 하늘과 땅이 함께 살피셨도다."

이에 손순에게 집 한 채를 내리고 매년 벼 50석을 주어 그의 효도를 세상에 드높였다. 손순은 예전에 살던 집을 희사해서 절로 삼아 홍효사弘孝寺라 하고 석종을 모셔 두었다.

하지만 안타깝게도 진성여왕 때에 후백제의 횡포한 도둑이 그 마을에 쳐들어와서 종은 없어지고 절만 남아 있다. 그 종이 나온 땅을 완호평完乎坪이라 했는데, 지금은 잘못 전하여 지량평枝良坪이라고 한다.

딸이 눈먼 어머니를 봉양하다

　　　　　하루는 효종랑이라는 사람이 문객들을 불러 남산 포석정에서 놀고자 했다. 그런데 두 사람이 늦게 왔다. 그들에게 늦은 이유를 물으니, 이렇게 대답했다.

"분황사 동쪽 마을에 스무 살 정도로 보이는 여자가 눈먼 어머니를 껴안고 서로 통곡하고 있었습니다. 마을 사람에게 그 까닭을 묻자 이렇게 말했습니다. 이 여자는 집이 가난해서 빌어다가 어머니를 봉양한 지가 여러 해가 되었는데, 흉년이 들어 밥을 빌기도 어렵게 되어 남의 집에 몸을 팔아 받은 곡식 30석을 주인 집에 맡겨 놓고 일을 해왔습니다. 날이 저물면 쌀을 가지고 집에 와서 밥을 지어 먹고 어머니 곁에서 잠을 잤고, 새벽이면 다시 주인 집으로 가서 일을 했습니다. 이렇게 한 지 며칠이 되었는데, 어머니가 말하기를 '전일에 거친 밥을 먹을 때는 마음이 편하더니, 요새는 쌀밥을 먹지만 창자를 찌르는 것 같아 마음이 편치 못하니 어찌 된 일이냐'고 했습니다. 여자가 사실대로 말했더니 어머니가 통곡하는 것이었습니다. 이에 여자는 자기가 어머니의 배만 부르게 하고 마음은 기쁘게 하지 못한 것을 탄식하여 서로 껴안고 울고 있는 것입니다. 저희는 이것을 보느라고 이렇게 늦었

포석정 신라 왕실의 아름다움을 대표하는 건축물로 연회를 즐기던 곳으로 추측된다. 흐르는 물에 술잔을 띄워놓고 담소를 나눴다고 한다. 신라 경애왕이 견훤에게 살해된 장소로 이 때문에 신라의 몰락을 상징하기도 한다.

습니다."

효종랑은 이야기를 듣고 그 모녀가 측은해서 곡식 100석을 보냈다. 그의 부모도 또한 옷 한 벌을 보냈으며, 수많은 그의 무리들도 곡식 1,000석을 거두어 모녀에게 보내주었다.

이 일이 여왕의 귀에도 들어가게 되었다. 진성여왕은 곡식 500석과 집 한 채를 내려주고 또 군사들을 보내서 그 집을 호위하게 해 도둑을 막도록 했다. 또 그 마을을 표창해서 효양리라 했다. 그 뒤에 그 집을 희사해서 절을 삼고 양존사両尊寺●라 했다. 여기에서 '양존'은 복과 지혜를 두루 갖추었다는 뜻이다.

> ● 양존사는 경주 분황사芬皇寺 동쪽에 있는 구황동 모전석탑지로 추측되며, 4개의 인왕상이 남아 있다.

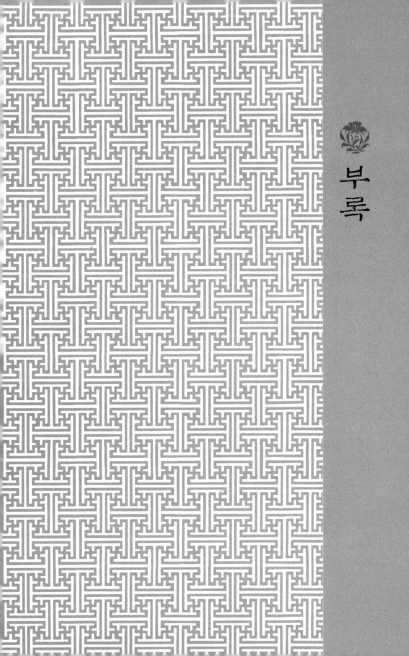

부록

삼국시대의 왕

신라	고구려	백제

기원전 57

제1대
혁거세왕(기원전 57~4)

제1대
동명왕(기원전 37~19)

0

제2대
남해왕(4~24)

제2대
유리왕(기원전 19~18)

제1대
온조왕(기원전 18~28)

제3대
노례왕(24~57)

제3대
대무신왕(18~44)

제4대 민중왕(44~48)
제5대 모본왕(48~53)

제4대
탈해왕(57~80)

제2대
다루왕(28~77)

100

제5대
파사왕(80~112)

제6대
태조왕(53~146)

제3대
기루왕(77~128)

제6대
지마왕(112~134)

제7대
일성왕(134~154)

제4대
개루왕(128~166)

제7대
차대왕(146~165)

제8대
아달라왕(154~)

제8대 아달라왕(~184)	제8대 신대왕(165~179)	
제9대 벌휴왕(184~196)	제9대 고국천왕(179~197)	제5대 초고왕(166~214)
제10대 내해왕(196~230)	제10대 산상왕(197~227)	제6대 구수왕(214~234)
		제7대 사반왕(234)
제11대 조분왕(230~247)	제11대 동천왕(227~248)	제8대 고이왕(234~286)
제12대 첨해왕(247~261)	제12대 중천왕(248~270)	
제13대 미추왕(262~284)	제13대 서천왕(270~292)	
제14대 유례왕(284~298)	제14대 봉상왕(292~300)	제9대 책계왕(286~298)
제15대 기림왕(298~310)	제15대 미천왕(300~331)	제10대 분서왕(298~304)
제16대 흘해왕(310~356)		제11대 비류왕(304~344)
	제16대 고국원왕(331~371)	제12대 계왕(344~346)
		제13대 근초고왕(346~375)
제17대 내물왕(356~402)	제17대 소수림왕(371~384)	제14대 근구수왕(375~384)
	제18대 고국양왕(384~391)	제15대 침류왕(384~385)
		제16대 진사왕(385~392)
	제19대 광개토왕(391~413)	제17대 아신왕(392~405)
제18대 실성왕(402~417)		제18대 전지왕(405~420)
		제19대 구이신왕(420~427)
제19대 눌지왕(417~)	제20대 장수왕(413~)	제20대 비유왕(427~)

200

300

400

신라	고구려	백제
제19대 눌지왕(~458)		제20대 비유왕(~455)
제20대 기비왕(458~479)	제20대 장수왕(~491)	제21대 개로왕(455~475)
		제22대 문주왕(475~477)
		제23대 삼근왕(477~479)
제21대 소지왕(479~500)		제24대 동성왕(479~501)
제22대 지증왕(500~514)	제21대 문자왕(491~519)	제25대 무령왕(501~523)
제23대 법흥왕(514~540)	제22대 안장왕(519~531)	제26대 성왕(523~554)
	제23대 안원왕(531~545)	
	제24대 양원왕(545~559)	
제24대 진흥왕(540~576)	제25대 평원왕(559~590)	제27대 위덕왕(554~598)
제25대 진지왕(576~579)		
		제28대 혜왕(598~599)
		제29대 법왕(599~600)
제26대 진평왕(579~632)	제26대 영양왕(590~618)	제30대 무왕(600~641)
	제27대 영류왕(618~642)	
제27대 선덕여왕(632~647)		제31대 의자왕(641~660)
제28대 진덕여왕(647~654)		백제 멸망(660)
제29대 무열왕(654~661)	제28대 보장왕(642~668)	
제30대 문무왕(661~681)	고구려 멸망(668)	
제31대 신문왕(681~692)		
제32대 효소왕(692~702)		

500
600
702

삼국시대의 왕

702	제33대 성덕왕(702~737)
	제34대 효성왕(737~742)
	제35대 경덕왕(742~765)
	제36대 혜공왕(765~780)
	제37대 선덕왕(780~785)
	제38대 원성왕(785~798)
	제39대 소성왕(798~800)
800	제40대 애장왕(800~809)
	제41대 헌덕왕(809~826)
	제42대 흥덕왕(826~836)
	제43대 희강왕(836~838)
	제44대 민애왕(838~839)
	제45대 신무왕(839)
	제46대 문성왕(839~857)
	제47대 헌안왕(857~861)
	제48대 경문왕(861~875)
	제49대 헌강왕(875~886)
886	

886	제50대 정강왕(886~887)
	제51대 진성여왕(887~897)
900	제52대 효공왕(897~912)
	제53대 신덕왕(912~917)
	제54대 경명왕(917~924)
	제55대 경애왕(924~927)
	제56대 경순왕(927~935) **신라 멸망(935)**
935	

삼국유사에 등장하는 고서古書

당서唐書

당나라의 정사正史로 고조 때부터 애제 때까지 290년간의 역사가 실려 있다. 송나라 때 구양수와 송기가 고치고 보완하여 펴낸 것을 《신당서》라고 부르면서, 《구당서舊唐書》와 《신당서新唐書》로 나누어졌다. 《구당서》는 200권, 《신당서》는 225권으로 엮였으며 역사적인 가치는 《구당서》가 더 크다고 할 수 있다.

법계도法界圖

신라 때 승려 의상이 《화엄경》의 요지를 추려낸 책이다. 활자본이며 1권 1책이다. 화엄의 사상이 집약된 책으로 모든 《화엄경》의 정수라 불릴 만하다.

사기史記

한나라 무제 때 사마천이 쓴 역사서다. 사마천은 황제의 미움을 받아 궁형宮刑을 받기도 하는 등 치욕 속에서 살았지만 끝내 사관의 소명을 지켰다. 상고시대 때부터 한나라 무제 때까지 2,000년 동안의 중국과 주변국의 방대한 역사를 기전체紀傳體로 적었으며 〈본기本紀〉, 〈세가世家〉, 〈열전列傳〉 등으로 나누어 모두 130편으로 구성했다. 이 책은 문학적 가치는 물론 후대의 역사서 편찬에도 지대한 영향을 미쳤다.

속고승전續高僧傳

당나라 초 남산율종조南山律宗祖인 도선道宣(596~667)이 저술했다. 총 30권으로 혜교慧皎의 《고승전高僧傳》을 이어 양대梁代부터 645년까지 고승 전기를 편집한 열전列傳이다. 《속전續傳》이라고도 했다. 또 당초唐初에 편집되었다고 해서 《당고승전唐高僧傳》이라고도 한다.

수이전殊異傳

고려 초기 문장가 소화小華 박인량朴寅亮(?~1096)이 지은 설화집이다. 한국 최초의 설화집이기도 한 이 책은 거기에 수록되었던 설화 가운데 10편이 《삼국유사》를 비롯한 후대의 다른 여러 책에 실려 전해질 뿐이다. 최치원崔致遠이 썼다는 설이 있으나 본문 중에 최치원이 나오는 것으로 보아 아닐 가능성이 크다.

약사경藥師經

불교의 약사여래藥師如來 신앙의 근본경전이다. 1권으로 되어 있으며, 본래의 이름은 《약사여래본원경藥師如來本願經》이다. 수나라 달마급다達磨笈多가 615년에 번역했다. 주요 내용은 약사여래가 동방에 불국토를 건설하여 모든 중생의 질병을 치료하는 것은 물론 고질병까지도 치유시키겠다고 한 것을 내용으로 한다.

열반경涅槃經

석가모니의 열반을 중심으로 설명한 불교 경전이다. 간혹 초기에 나온 열반경을 《소승열반경》, 대승불교가 왕성해진 후 성립된 경전을 《대승열반경》이라고 하나 모두 《대반열반경》이 맞다. 중도관에 입각하여 모든 중생의 성불 가능성을 제시하였다.

위서緯書

시위詩緯·역위易緯·서위書緯·예위禮緯·악위樂緯·춘추위春秋緯·효경위孝經緯 등 7위緯書를 말한다. 주로 내용은 유교에 바탕을 둔 길흉화복을 예언한다. 전한 말부터 후한에 이르기까지 성행했고 당시 유행하던 음양오행 등 신비사상을 바탕으로 경서를 해석한 책이다.

이제가기李磾家記

신라 말 후백제를 건국한 견훤과 관련된 일을 기록한 책이다. 혹은 《이비가기李碑家記》라고 하지만, 이는 오자誤字로 추측된다. 견훤의 신성성과 고귀성을 강조하고자 집필된 책으로 보인다. 현재 남아 있지 않아 누가 왜 저술했는지는 정확히 알 수 없다.

책부원구册府元龜

북송의 왕흠약王欽若·양억楊億 등이 진종眞宗의 명을 받들어 완성한 책이다. 총 1,000권으로 고대부터 오대五代까지의 정치에 관한 사적을 당시 현존하던 각종 서적에서 광범위하게 채집하여 제왕부帝王部에서 외신부外臣部에 이르기까지 31개 부문으로 분류하고 열기列記하였다. 《문원영화文苑英華》, 《태평어람太平御覽》 등과 더불어 북송조의 대표적인 역사서다.

추동기錐洞記

의상이 죽은 어머니를 위해 제자들을 모아 놓고 약 90일 동안 《화엄경》을 강론한 것을 지통이 요지를 추려 2권의 책으로 정리한 것이다.

통전通典

당나라의 재상 두우杜佑(735~812)가 편찬한 총 200권으로 구성된 제도사制度史다. 766년부터 30여 년에 걸쳐 초고初稿를 완성하고, 그 후에도 많은 보필補筆 작업을 했다. 질서정연한 구성과 풍부한 내용으로 중당 이전의 제도를 이해하는 데 가장 유용한 책이다.

화엄경華嚴經

불교 화엄종華嚴宗의 근본 경전으로 본래 이름은 《대방광불화엄경大方廣佛華嚴經》이다. 산스크리트 완본은 아직 발견되지 않았지만, 대승불교 초기의 모습을 알 수 있는 중요한 경전이다.

후한서後漢書

중국 남북조시대에 남조 송나라의 범엽范曄(398~445)이 편찬한 기전체로 된 사서이다. 〈본기〉 10권, 〈열전〉 80권, 〈지志〉 30권으로 구성되어 있다. 광무제光武帝(재위 25~57)부터 헌제獻帝(재위 189~220)까지 후한의 13대 196년의 역사가 담겨 있으며, 사마천司馬遷의 《사기史記》, 반고班固의 《한서漢書》, 진수陳壽의 《삼국지三國志》와 더불어 '4사四史'로 꼽힌다.

삼국유사에 등장하는 고서

청소년을 위한

삼국유사

일연 지음 · 이상인 옮김

발 행 일 초판 1쇄 2008년 10월 30일
　　　　　초판 2쇄 2008년 11월 17일
발 행 처 평단문화사
발 행 인 최석두

등록번호 제1-765호 / 등록일 1988년 7월 6일
주　　소 서울시 마포구 서교동 480-9 에이스빌딩 3층
전화번호 (02)325-8144(代) FAX (02)325-8143
이메일 pyongdan@hanmail.net
ISBN 978-89-7343-288-2 03910

이 도서의 국립중앙도서관 출판시도서목록(CIP)은 e-CIP 홈페이지
(http://www.nl.go.kr/cip.php)에서 이용하실 수 있습니다.
(CIP제어번호: CIP2008003089)